◆◆◆ この本の特徴 ◆◆◆

　学級担任って，疲れることも多いですが，とってもやりがいがありますよね。その上，このハンドブックがあれば，安心して担任を楽しむことができるでしょう。というのは，今まで月刊誌『たのしい授業』に紹介されたレポートの中から，好評だったものを厳選して再編集しているからです。

❶ 現場の先生が実際に自分でやってみて，「**子どもの評判がよかったもの**」「**みんなにも紹介したいもの**」だけを掲載しています。

❷ 「**気をつけたいこと**」や，「**子どもの反応・感想**」などもキチンと紹介しています。だから，すぐにマネできるし，成功率が高いのです。

❸ 小学校低学年から中学校まで，幅広いレポートを掲載しています。目次を見てください。**年齢・学年を問わず使えるレポートばかり**です。

❹ 小学校と中学校・高校では，担任といっても，違うところが多いでしょう。でも，「子どもとイイ関係を築く基本」はやっぱり〈たのしい授業〉です。そんな**授業についてのレポートもたくさん掲載**しています。また，学年主任の方に役立つ情報も満載です。

　　＊〈楽しい授業〉の代表として「仮説実験授業」を紹介しています。詳しくは110ページをご覧ください。

学級担任ハンドブック
もくじ

はじめに 1

子どもとイイ関係を築くための
担任・教師のイロハ

「いいかげん」のすすめ ………………………………… 山本正次 6
いい目標によって広がるイイ関係 ……… 山路敏英（中一夫編） 10
■学年主任のひそかな願い

自己紹介の仕方から保護者とのつきあい方まで
ひと工夫でクラス イキイキ！

自己紹介，どうしてますか？ ………………………… 中 一夫 28
■ラクでいやがられない自己紹介のやり方
先生に親しみを感じるゲーム ………………………… 吉野 弘 32
■学校の先生の「姓」「名前」「専門教科」で遊んじゃおう
朝の学活，帰りの学活 ………………………………… 小原茂巳 35
■それぞれの持ち味で子どもが活躍
教室掲示と教室おもちゃ ……………………………… 木下富美子 42
教室掲示，ちょっと一工夫 …………………………… 菊地美紀 44
■楽しい雰囲気がいいなあ
教室に辞書を …………………………………………… 板倉聖宣 46
僕の学級文庫リスト …………………………………… 丸屋 剛 48
■子どもとイイ関係になるために
「朝の連続小説」を楽しんでみませんか？ …………… 編集部 49
だれでも浄書名人！ …………………………………… 福井広和 50
「集金袋」の裏ワザ，紹介しますっ！ ……… 菊地美紀・山口恵子 52
とっても喜ばれた「進路だより」 …………………… 滝本 恵 53
■中一夫『たのしい進路指導』は，おすすめ
手品で拍手 ……………………………………………… 中野隆弘 57

*著者の勤務先や，本・グッズなどの値段は，掲載当時のものです。
**タイトルの上に記してあるのは，レポートの初出年月日です。
***略記：○ページ→○ペ，月刊誌『たのしい授業』→『たの授』

お母さんが来て得をする保護者会にするために	山路敏英	61
■学年主任と保護者会		
うちの子にかぎって	田辺守男	66
■保護者会・学級懇談会用〈問題集〉		
家庭訪問もたのしく	小原茂巳	75
個人面談には「友だちからの一言紹介」を	木下富美子	80
■教師は楽チン，親もうれしい		
所見どうしてますか？	小浜真司	86
■お互いイイ気持ちになるために		
「指導要録」のちょっとした活用術	赤間章夫	91
■よりよい出会いのために		
〈学級じまい〉でお別れを	野尻　浩	92
楽しく担任をするワザ	滝本　恵	100
■みなさんのまねをさせてもらっています		
仮説実験授業とは？	編集部	110

授業がスキだと学校も好き！
たのしい授業ガイダンス

たのじゅばこ〔たのしい授業の1年間〕	佐竹重泰	112
たのしい授業ガイダンス	阿部徳昭	124
■小4にオススメの授業書・教科別プランを紹介！		
八百屋さんのような教師になりたい	横山　稔	137
幸せを感じようテスト	高橋善彦	145
■定期テスト前に，やる気のでる模擬テスト		
「宿題」どうしていますか？アンケート	井藤伸比古編	149
■35人にきいてみました		
学ぶたのしさみつけてくれたらいいな	小林光子	164
お手軽授業通信	山路敏英	168
■編集から発行まで1時間でできることを目指す		

イラスト：川瀬耀子
装丁：平野孝典〔街屋〕

学級崩壊・リンチ事件・学力低下
教室のトラブル解決ABC

ボクの忘れもの対策 ……………………………………… 藤森行人　176
■子どもと教師の関係を良好に保つために

料理は冷めないうちに …………………………………… 小川　洋　181
■小原式「給食配膳法」はやっぱりオススメ

「叱り方」がほめられちゃった ………………………… 吉田義彦　185
■僕の大原則は「たのしい授業がしたい」だけ

たのしい授業と生活指導 ………………………………… 石塚　進　188
■オススメ財産リスト

教師の悩み相談室 ………………………………………… 田辺守男編　191
■シラーっとしたクラス（小学校）と，乱暴者でワガママな中学生

リンチ事件とその平和的解決 …………………………… 山路敏英　206
■中学の担任がクラスの学力アップに大奮闘（上／下）

自己への信頼をとりもどすために ……………………… 堀江晴美　217
特別勉強の効果は？ ……………………………………… 堀江晴美　243
効果アリ？テスト前の特別勉強 ………………………… 湯沢光男　256

子どもが先生に求めているものは？
子ども中心の学級経営

よく学びよく遊びの学級経営 …………………………… 角友　仁　260
■崩壊しかかったクラスを立て直すための仮説実験的対応とその結果

いつも子どもの気持ちよさを中心に …………………… 伊藤　恵　281
■定番メニューの研究と仮説実験授業

担任の仕事 ………………………………………………… 山田正男　293
「雑用」を考える ………………………………………… 山路敏英　294
教師，こんなとき嫌われる？ 山路敏英・小原茂巳（中一夫編）301
■山路さん，小原さんに学ぶ「教師の嫌われる条件」とその対策

どんな先生が嫌われる？好かれる？ …………………… 小原茂巳　310
■大学生に聞いてみました

奥付 317／索引 318／広告 320

子どもとイイ関係を築くための

担任・教師のイロハ

「いいかげん」は「よい加減」!?
一番大切な目標は?

「いいかげん」のすすめ

(初出No.47, 87・1)

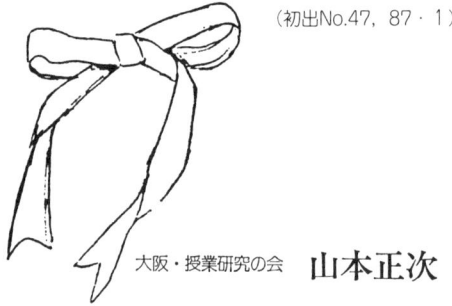

大阪・授業研究の会　山本正次

● ──── 力みすぎと甘さ

　いつだったか,中学の先生と授業のことを話していたときに,ふと「自分の担任のクラスの授業はどうもうまくいかないものだ」ということが話題になりました。担任外のクラスでは案外おもしろく展開した授業が,同じプランであるのに自分のクラスではギクシャクしてつまずきがちだというのです。本来ならば気心の知れたわがクラスの子どもたち相手の授業だから,いちばんうまくいくはずなのに,結果は往々にして逆になる。どうしてだろうか──というのです。

　そう聞けば私にも思い当るふしがありました。小学校でもとなりのクラスの先生が病欠で,その補欠授業に行ったときなど,なんとも弾んだ感じで,子どもたちがわがクラス以上に授業にのってきてくれて,気をよくすることがたびたびありました。そしてそのあとで「オレもまんざら捨てたものじゃない」とニヤニヤしたり,あるいは「ウチよりとなりのクラスの方が学級

つくりがうまくいっているのかナ……」と思ったりしたものでした。
　しかし、これは考えてみるとじつは何でもないことで、わがクラスの授業では力みすぎるからだということのようです。力みすぎるとはハリキリすぎるということ。まじめで熱心、教師としての使命感にあふれている先生ほど、なんとしても全員にここでこのことをわからさねばならぬとか、このクラスを学年一の模範クラスに作りあげたいとかいう思いがつよいものだから、ひとりでに肩に力がはいってしまうのでしょう。
　けれど、となりのクラスには何の責任もありません。極端にいうと、どうなろうと知ったことじゃない立場です。だから気楽に授業することができる。この気楽さが授業に影響するのではないでしょうか。
　たとえばとなりのクラスへ行ったときには別に気にはならなかった床の上の紙屑が、わがクラスの場合にはたちまち頭にきて「きのう、ホームルームで、教室の美化について、うんと話し合ったはずじゃないか、それにこの紙屑はなんだ、ダラシない！」と叱言がとび出すという始末です。授業はじめの叱言は授業そのものに大きくひびくことはいうまでもありません。
　とにかく、人間力めば力むほど硬直した姿勢になります。「忘れものをなくしよう」という目標をかかげる。かかげた以上、ひとりの例外も許してはならない。そしてこの目標達成のためにはきびしい点検を——という風にエスカレートします。ところが人間の集団でひとりのこらずという完全無欠状態はなかなか生まれないのがふつうです。だれかが忘れる。だれかが規則違反を犯してしまう。これは人間が個性的存在であることのあ

かしみたいなもので，だからひとりふたりの例外は仕方あるまい，まあ，いいじゃないか——と私などはともすればそう考えてしまいがちです。だが，ふつうこれは「そういういいかげんな態度ではだめだ」「そういった教師の〈甘さ〉をまず克服せねば」ときびしく批判されそうです。

● ———「いいかげん」の効用

しかし私は，いや，この「いいかげんさ」こそが大切なのではないか——と，また逆に反問したくなるのです。ひとり残らずといきごんで点検をくり返しているときの教師の姿から，私はどうも「オレが教育してやるのだ，まかせておけ」という傲慢さを先に感じてしまうのです。そこにはいつのまにか子どもを管理するという形におちこんでしまっておりながら，いっこうにそれと気付かぬ教師の姿があります。このことこそが教師の〈甘さ〉と呼ばれてよいのではないでしょうか。

そうではなくて，粘土細工のように簡単にはゆかぬ子どもたちへのおそれ，それが「いいかげんさ」という子どもへの対し方になって表われる場合もあると考えられないでしょうか。それはまた子どもの中に内在する「育つ力」への信頼の表われといえるかもしれません。そしてここからは子どもたちを管理しようなどという発想は生まれっこありません。

1984年5月14日，『朝日新聞』の「声」らんに次のような投書が載っていました。

　〈この春，孫が小学校に入学しました。入学前から大きな
　かばんを背中いっぱいにしょって家の中を歩き回ってよろ

こんでいました。先生は中年の女の方でした。入学して三日目,孫がしょんぼりして帰り「ボクがねんどを机の上にポンポンとたたいていたら,先生にねんどをとりあげられ,顔を五つたたかれて廊下に出されたので泣いていた」と申しました。〉

　そのあと,このおばあちゃんは一応「人に迷惑をかけるからだよ」と言いきかせておいたらしいのですが,この後はこの一年生,「学校はたのしい？」ときいても「ふつう」と答えるようになってしまったというのです。
　この一年担任の先生もいっしょうけんめいだったのにちがいありません。けれど子どもたちをひとりのこらず自分の言うとおり,思うとおりに——という思いでこりかたまっての結果がこれです。こりかたまっているから,入学三日目の小さな一年生の顔を五つもたたいて廊下に立たせるということが,この子にどれほどのショックを与えるかがおしはかれなくなってしまっているのです。こまったことだと思います。
　粘土をわたすと,だまっていても粘土板にパンパンとぶつけて大きな音を出しおもしろがるのが一年生というものです。けれど,あまり大さわぎになっては他のクラスに迷惑だから「ヤメナサイ」と制止せねばなりません。けれどこんなとき先生の命令を無視して,ひとりかふたりはまたパン！とやる——これが,子どもの集団というものなのです。そしてこのことをあらかじめ勘定にいれておくことが「いいかげん」に……という子どもへの対し方ができるモトです。だからこれは包容力・許容量の広さ,大きさとも言えるでしょう。　　　　（1985・6）

いい目標によって広がる
イイ関係 ●学年主任のひそかな願い

(初出No.98, 91・1)

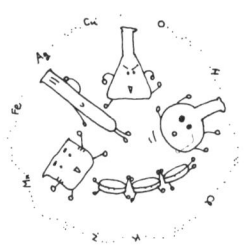

山路敏英 東京・葛飾区金町中学校

記録・中　一夫 （東京・府中第一中学校）

　　　これは1990年2月に，東京・国立公民館で行われた講演の記録をまとめたものです。

〈原則的に考える〉のが原則

　最近，仮説実験授業研究会の周辺では，授業のことだけでなく，いろんな研究が進んでいますね。

　たとえば，生活指導なんかも，石塚進さん（東京・清泉中）などが，今までの生活指導に対する考え方と全然違う発想で，実験をしてくれていたりします（「突撃ラッパは大ケガのもと」『たのしい「生活指導」』仮説社，参照）。生活指導の研究をしている人は何人かいると思うんですが，石塚さんはその先頭に立ってヤブの中を草をかきわけながらやってくれてるわけです。そういう人がいてくれることはありがたいことだと思います。

　けど，学年主任はそういう人がいなくて困るんだよね（笑）。

　ボクはここ2年ぐらい，頭の中は学年主任のことだけなんです。だから，そういう話しかできません。今日は，2年前に初めて学年主任になった時のことから，「さて，これからどうしようか？」

って，いま考えていることなどをお話ししたいと思います。

　まず，学年主任になって一番最初に，「この学年はどんな雰囲気になるんだろう？　子どもには何をしてあげられるのかなあ？」というようなことを考えました。その時に，「やっぱり，うんと元をたどって考えたいなあ」って思ったんです。それで板倉さんの本とかをいろいろ見たんだけど，学年主任のことなんか全然出てこないんだよね（笑）。

　それで，困っちゃって，小原茂巳さん（東京・清泉中）に電話して相談したんです。小原さんは，いつもいいヒントをくれます。その時は「ボクらは原則的に考える人だから，〈原則的に考える〉っていうことを原則にしてやっていこう」って言ってくれました。

死なないでください

　その後すぐに学年集会があって，〈学年主任の話〉っていうのをしないといけなかったんです。「入学おめでとう。……」っていうような話をするんだけど，一体どんなことを話したらいいのか困っちゃったんです。

　それで，〈原則的に〉〈根源的に〉というかんじで，「ボクは何を（みんなに）お願いしたいのかなあ？」って考えてみたんです。いろいろ考えて，その中から「ああ，これもおせっかいだな。これも……」って切っていくの。「一番大事なのは何かな？」って考えたわけです。でも，なかなかイイ言葉が出てこなくて困りました。

　さて，学年集会のとき，一番最初にボクは何て言ったかというと，「死なないでください」（笑）って言ったの。子どもたちも，先生方も，みんな目が点になりましたね（笑）。「こいつ，突然何を言い出すんだろう?!」っていう感じでね（笑）。それで，そのあと，その理由を説明したんです。

　「ボクは10何年教師をやって来たけど，やっぱり一番さびしか

ったのは，交通事故や病気で自分のクラスの子が死んだりしたことです。せめてボクや同じ学年の先生方と過ごす3年間に命は落とさないでもらいたい。生きてるだけでたいしたもんなんです。お願いします」

 そこからスタートしたの。……でも，それはあんまりしょっちゅうは言えないですね。「あたりまえだよ！」って言われたら，それでおしまいだからね。ただ，「ボクはそういことをいつも考えていますよ」っていう意味です。

革命的な目標も原則的であれば賛同を得られる

 その次に，大きく2つの目標を出しました。

 1つが，〈子どもたちが，楽しく学校生活を送ること〉です。それが一番大きいだろうと思いました。それを子どもたちには，もっとわかりやすく，こう言いました。

ちゃんと学校へ来てたのしくすごそう

 それから，2つ目として，〈自分のスバラシサの発見〉というのを考えました。それは大丈夫そうだと思いました。「ボクは学年の理科を全クラス受け持っている。仮説実験授業をやる中で，かなりの子のイイところをボクは見つけられるだろう。また，子どもたち同士が自分で発見できそうだ」という明るい予感がしたのです。子どもたちは，こう言いました。

自分のイイところを見つけようね

 それはこういう感じで話しました。

「学校に来るのは，基本は勉強をしに来るんだけど，それ以外の計画もあるわけだし，部活や友だち同士の楽しみごととか，まあ授業に限らず，どこでもいいからいいことあるといいよね」

 この2つの目標は学年会でボクが提案したら，すぐに「ああ，いいですねー」ってことで，了解が得られました。

それで,〈うんとさかのぼっていくと,フツーの先生でも同意できるような,全体をつつめるような原則がある〉ということを発見しました。その後ずーっとこれです。今受け持っている子どもたちが入学したときからね。今年,そのまま2年に受け持ちがもちあがったときに,やはり学年会で「2年生もこの目標でいいか?」って言ったら,「いいですよー」ってことになりました。

　昨日,ちょっとボクの隣の席の先生に聞いたんです。「じつは明日講演があるんだけど,自分でもよくわかっていないから教えてください。〈ちゃんと学校に来る〉っていう目標を出したのを,どう思いますか?」ってね。

　そしたら,「ビックリしました」って言うの。「今までそういう学年目標って聞いたことないです。聞いた時に〈なるほど〉と思ったんですけど,それってすごく革命的なことですよね」って言われました。それで,他の学校は〈ちゃんと学校に来る〉っていうのが目標になってないのに気づきました。

目標も100%は要求しない

　突然最近の話になります。ボクの学年に,登校拒否というか,学校へ来られなくなっちゃった子が,この1年間に3人ほどいました。その中で,たった一人,「原因がわからずに長く学校を休んでいる」っていう子がいたんです。その子はボクのクラスでないし,ちょっと困りました。

　ボク自身,子ども同士のトラブルについては,だいたい解決する方向がだいたい見つかってきたので,ボクがやれそうな場合には「すいませんが,他に方法がないのなら,ボクにまかせてくれませんか?」って言って,ボクが解決の方向に進めたりすることがあったんです。けれども,この子の場合は原因がわからないので,変な手の打ち方をするとかえってこじれて本当に来なくなる

という可能性があるわけです。

担任の先生は悩んでます。学年の目標が〈ちゃんと学校に来る〉っていうのが，一番上だからね。それで暗そうだったんで，その人にこう言いました。

「こういう目標だけど，子どもに100%を要求しちゃかわいそうですよね。たまにはこういう子もいますよ。担任のせいじゃないですよ。無理はしないでください」

「まあ，一人くらいはしょうがないよ」っていう言い方でね。それで，1月に入って，その担任が「このままだと，ほとんど3年間学校には来ないだろうと思うので，僕はある手を打ってみたいと思います」って言うの。「それはどういう方法？」って聞いたら，「あの子は別に誰かにイジメられたわけでもない。ただ〈勉強がついていけない〉〈友だちとなかなか関係が作れない〉ということで休んでいるようだから，クラスの子どもたちに〈学校へおいでよ！　学校へ来たら，きっといいことがあるよ〉っていう手紙を書いてもらおうと思うんだ」って言うの。で，「そりゃ何もしないよりいいかもしれない。試しにやってみますか」って言ったら，その人はさっそく学活でやってくれました。

子どもたちの作文は，まあ見事ですね。正直にいっぱい書くの。「イヤなこといっぱいあるけど（笑），楽しいこともあるよ！」「友だちもいっぱいいるよ。お家にいるよりずっといいよ」って，みんな書いてくれるわけ。作文用紙にデッカク「はやくこいよ！」って書くヤツもいたりしたね。

担任は「子どもたちがこんなふうに書いてくれて，うれしい」って言って，その作文用紙の束を持って家庭訪問に行きました。「クラスの子どもたちがみんな君のことを考えて，手紙を書いてくれたんだけど，どうかね？」って言って，長居しないですぐもどってきたの。それも「えらかったなあ」と思いました。

イイ目標はものごとをイイ方向へ進めてくれる

　それで次の日，その子は作文の束をかかえて学校へ出てきました。ボクも来てくれたことが嬉しかったんだけど，学年の職員がまたすごく喜ぶんだよね。その子は，来てもすぐ教室には入れなくて保健室に行ったんだけど，それでもみんな喜ぶの。「よかった，よかった」って。

　フツー，ボクの今までの経験から言うとね，「子どもが学校へ来ても，保健室にいるんじゃしょうがない」とかね，すぐ高い要求水準を出すんだ。でも，「保健室に1時間でもいてくれるといいね」って，そういうレベルで考えてくれるんです。

　その次の日は土曜日で，その子は半日保健室にいたの。それでまたみんなで予想を立てました。「月曜日は来るかな～？」「来ると思うなあ」……そうやってみんなで予想を立てるの。それで，月曜日になると――

　来たのね。そして今度は教室に入ったの。その次の日は保健室にいて，子どもたちが「教室に行こうよ」って呼びに来て，教室に行くっていう感じになりました。数日後には，ちょっと遅刻するけど，自分でノタノタと階段をのぼって教室に入っていきました。

　その間，一週間くらい，みんなで毎日「よかった，よかった」「今日は階段をのぼった！」「今日は教室に入った！」「今日は給食まで食べた！」……そう，よろこびあったのね。その子は，今はもうほんとに毎日ちゃんと遅刻しないで来ています。もう大丈夫だろうというところまで来ました。

　その件はボクが問題を処理したんではなくて，その担任の先生が処理してくれて，ボクは一切タッチしていません。けれども，そのとき，「〈ちゃんと学校に来る〉というような大きい目標はイイ目標だな」と自分で思ったんです。そして，「イイ目標があると

他の先生も動きやすいんだな。イイ方向に向かっていくんだな。ありがてえなあ。〈原則的に考える〉ってことは，なかなかいいもんだなあ」って思いました。

学年主任の目標とその順位

この辺でボクの立てた目標を整理します。学年主任っていうのは，いっぱい目標があって，いつも頭の中を整理してないとゴチャゴチャになってわかんなくなるから，何かあった時に自分の頭の中で整理してみるんです。

まず，一番上に，〈死なないでください——生きてるだけでたいしたもんだ〉っていう，しょっちゅうは言わないのがあります。その次が年中言う一番大切な2つで，これが一番大きいヤツです。

　◎ちゃんと学校に来て，楽しくすごしてほしい
　◎自分のいいところを見つけてほしい

ボクとしては，この下にもまだあるんです。上の二つは三重丸ぐらいで原則的にずっと上で，その下に，口には出さないんだけど，二重丸ぐらいで密かに思っているのがこれです。

　◎お母(父)さんたちも，楽しく子育てしてほしい

逆に，「お母(父)さんたちが喜んでくれるようなことはしたいな。そういう情報は伝えたいな」っていうことです。

そして，その次に同じ2重丸くらいでくるのがこれです。

　◎学年の先生方が，イイ気分で仕事してほしい

それから，最後の方に，ようやく最近できてきたのがこれです。

　○管理職にも，イイ気分で仕事してほしい（笑）

2年くらいやってて，ようやくはっきりしてきたのはこのへんまでです。とくに，3重丸のついているところは「なかなかいいな。イイ結果を生むなあ」というかんじです。

お母さん，学年の先生方もたのしく

〈お母(父)さんたちも，楽しく子育てしてほしい〉っていうことなんですが，ボクらが一番お母さんたちと付き合うのは，家庭訪問，保護者会です。これは小原茂巳さん（東京・清泉中）からいっぱいイイ情報がきますから，それを参考にマネさせてもらっています（「ちょっぴりたのしく保護者会」『たのしい教師入門』仮説社など参照）。例えば，家庭訪問の時は，子どもの家に向かう道みち，その子と一緒に歩きながら「今，何をガンバっているか」等を聞いて，子どものイイところを出来るだけお母さんに言うようにしています（「うちの子学校でどうでしょう，にどう答える？」『たのしい教師入門』参照）。

それから，保護者会のときは極力グチを言わないようにしています。まあ，「こういう事件がありました」っていう事実は言いますけど。……ただ，それをたくさん並べると，お母さんたちは暗くなるだけだしね。

ボクの学年は学校が属している学区で(80数校ある)，学力テストをやるとほとんどビリなの。それで，やっぱりそれを言いたくなるんだけど，親はそれを言われてもしょうがないじゃない

これがフツーの授業かな
● 山路敏英 著
一九〇〇円（税別）

仮説実験授業で味わった楽しさにとりこになった。生活指導がヘタで，暗くて，軟弱でもかまわない。フツーの人間にできる授業が一番。でもなぜかフツーでないことが起こる……。教師になりたてで，「授業がうまくいかない」と思っている人はもちろん，経験は積んだけど試行錯誤ばかりで……という人にも！

仮説社

（笑）。それに，勉強の方は学校の責任だから，「先生たちみんなも努力してます」って言っておしまい（笑）。

　　　小原「ずっと前からビリなの？」

　そう。入学した時からずっとね。その結果を見た時，学年の先生方みんなで「エーッ！」とか言ってるから，ボクは「もうあとは上がるしかないんだから（笑），偏差値が1でも上がったら，それでよろこんでください」って言ったの。

　保護者会の話は本書にも載っていますが（「お母さん方が来て得をする保護者会にするために」），あんなかんじで，できるだけ，「なるほどなあ」と思ってもらえるような，〈お母さんが知っているといい〉と思える話をするようにしています。

　次は〈学年の先生方がイイ気分で仕事をしてほしい〉。これがなかなかむずかしいですね（笑）。

　これもまた隣の人にインタビューしました。「先生方がイイ気分でいられる，決定的なものはまず何ですかね？」って。そしたら，「＊〈定刻主義〉です」だって。（「ヘェー，ナルホド」）

　「〈4時なら4時にちゃんと終わります〉って言って，ちゃんと終われば，次の仕事の予定が立つ」って言うの。会議はやっぱりみんな好きじゃないからね。

〔＊山路さんが学年主任として打ち出した方針。仮説実験授業研究会の方針と同様に，「会議（山路さんの場合は学年会とか）などは人数が少なくても定刻になったら始め，定刻になったら終わる」というもの。この〈定刻主義〉を山路さんが提案した時，拍手で迎えられたそうです〕

それぞれの先生のイイところを発見していきたい

　それからもう一つ，ボクが懸命に努力していることがあります。昨年まではあんまり努力してなかったことなんだけど。

学年の先生の中には苦手な人もいるじゃない（笑）。年中，文句ばっかり言ってるとか（笑）。「うーん，困ったな」（笑）っていうことがあるでしょ。それが，9月に〈移動教室〉をやってからは，ちょっと考えるようになったんです。

　ボクらは教室に行った時に，イヤなヤツが一人ぐらいいるけど，「何かのきっかけで，その子のイイ所がみつからないかな？」って思いつつ仮説実験授業をしてたりするでしょ。同じように，学年会では，仮説実験授業はできないけど，いろんな仕事をしていく中でそれぞれの人が活躍してくれるところ，イイところって見えてくるじゃない。「それを見逃さないのがボクの仕事かな」って思うんです。（「オォ～～～～～～！！！」）

　正直言って，学年にはそれぞれいろんな個性の先生がいるでしょ。元気で突撃ラッパを吹いたりして*困る先生もいるでしょ。〔*子どもとの信頼関係を考えずに「もっと毅然とした態度で子どもに接しよう」などと言ったり，実際にしたりすること。前出の，石塚進「突撃ラッパは大ケガのもと」を参照〕。でも，ある先生は子どもを短い時間でビシッと並ばせることができます。それも，叩いたり，正座させたりしなくてやれるの。子どもを整列させて，早い時期に集会をサッと終わらせて，説教なんかもしないでいいような手を打ってくれます。イイ方法をとっているの。だから，ボクは，「それイイから，これからもちょっとそれで活躍してください」ってお願いしたの。

　その先生がどういうふうにやってくれてるかというと，移動教室のとき，子どもに最初にこう言ったの。

　「みんな集会はあんまり好きじゃないよね。だからサッとやって，サッと終わらせる努力を先生方もするから，みんなもサッと並んでサッと静かにしてよ。一応お互いの契約として，数を10数えるよ。だいたい，5くらいで並んで，次の5くらいで静かにな

ってほしい。これからずっとそうやるからね」
　そうすると,子どもたちはちゃんとそういう契約としてやってくれます。別に「並ばなかったり,しゃべったりしてたら殴られる」なんていう恐怖心で動いているわけじゃなくてね。
　それからは,集会のときに,その先生は前に立って「うるせー!」なんてどならなくなったよ。突然,数を数え始めるのね(笑)。「1, 2, 3……」ってね。外見的にはすごく管理的に見えるかもしれないけど,それは〈これに従わなかった者は処罰する!〉っていうのじゃなくて,〈契約〉ということで動いているから違うんだよね。
　なかなかありがたいことだと思ったので,「〈おこらないですむ〉っていうのは,お互いのためにいいから,続けてください」って言ったのね。9月にやった移動教室の時からずっとそれが続いています。それで,そういうことはもうその人にまかせちゃいました。行事がある時には,その人が一番先にやってくれるの。
　そういうイイ所を見つけるとね,ボクも人の見方が変わってきますね。「前はただ元気で突撃ラッパを吹くだけの人なのかと思っていたんだけど,そうでもないな」とかね。それでボクもその先生のこと,苦手でなくなって,かえって好きになる。不思議なもので,「何かボクと子どもの関係とよく似てるなあ」なんていう気がしてきます。

学年行事も仮説実験的に

　そういうのとまた別に,学年でやる〈移動教室〉とか〈カルタ大会〉なんていう行事を,仮説実験的にやりました。やる前に,「終わったら子どもたちに〈たのしかったかどうか?〉を聞きましょうね。私が担当しますから,みなさんの仕事は増えません,大丈夫ですよ。この行事について〈5, 4, 3, 2, 1〉の評価を取

って，結果を見て成功かどうか判断しましょう」って言っておきました。ども，みんなはあんまり気にしてなくって，「山路さん，何かやってんなあ」って感じで見ていました。

　けれども，ボクが結果を集計してみんなに配ると，それを見て学年の先生たちが喜ぶのね。「おおー！　5と4で70％いった！」って。そして，子どもたちが書いてくれた感想文を(これは担任が取ってくれたもので，170枚もあるんだけど)，みんなでまわし読みするの。

　「エー！　こいつこんなこと書いてる！」「こいつオリエンテーリングでこんな失敗してんのか！」……とか言って読んでると，先生方が子どもたちのいいところをつい見つけちゃうのね。やっぱり「楽しかった」って書いてある感想文をみてるとね，つい見つけちゃう。そうすると，学年の雰囲気が違ってきますね。〈イイところを見つけようね〉なんていうのは，すごくすんなりわかってもらえるようになってきたようです。

　そうやって，実験結果を通して子どもの気持ちが見えてきて，そういうことに気づくようになると，先生方も子どもを一面的に見なくなってくるのね。そうするとやっぱりイイ関係ができてきます。元気な人も，最近，突撃ラッパを吹かなくなったもの。

管理職にもイイ気分で仕事をしてほしい

　前はボク，困った時にしか管理職のところへ行きませんでした。「今日こういう困ったことがあって，変にこじれちゃって……」なんて時にしか行かなかったんです。でも最近は，イイ話を持って行くようにしています。イイことあるからね。

　「いやー，校長先生，休んでいた子が学校に来るようになりましたよ」ってね。朝，ちょっと行って，「ちょっと報告があります。この前こういう事件があったんですけど，こういう方法で解

決して，今は喜んで学校へ来ていますよ」っていう話をするの。そういう話をするとね，やっぱり管理職もうれしいみたいね。

　A子さんという子がいて，去年あたりはけっこう大変だったんです。彼女が学校でうまくいってなくて，そのことでまがったことが大キライなお父さんが抗議をしてきてね。けど，今，その子はボクのクラスになって，クラスのリーダーになりました。男の子も従えています。男の子のヤンチャ坊主が，給食の時，パンを投げたりして行儀が悪かったりすると，「だめでしょ！」なんて叱ってくれるの。そうすると，男の子が「はい」（笑）なんて言って素直に従うの。その子がそんなふうに気持ちよくすごすようになっちゃったから，お父さんの方も学校に何も言ってこなくなりました。

　この間，校長さんと教頭さんが「山路さん，ちょっとちょっと」って呼ぶから，「あ，なんかやばいなー」って思って行ったの。そしたら，「この頃，A子さんのお父さんから電話がこないね」って言うんです。だから「まあ，今は平和に暮らしていますから，大丈夫です」って答えたの。すると，「どうするとそうなるのかね？じつは教育委員会から，〈以前はさんざんA子さんのお父さんから教育委員会に電話がかかってきたんだけど，このごろさっぱり来ないですね。それは校長が変わったからではないか？〉って，問い合わせがあったんだよ。〈それはよくわかりません〉って返事をしておいたんだけど，山路さんどうですか？」って聞かれたの。で，「それはわからないけど，今は子どもが平和に暮らしているから，親も安心してくれてるんでしょう」って言ったの。

　「どういう方法をとりましたか」って言われても，ボク，全然わからないけど，ただお父さんには安心してもらえるようなことをちょっとはしたのね。

通知票の所見をテープに録音して渡す

　彼女のお父さんは大変目が悪いんです。だから新聞なんかはほとんど無理で読めません。

　それだと，よけい不安がつのるでしょ。で，学年末の通知票を渡しても読めないから，所見をテープに録音しました。それで，通知票と一緒にテープを渡して，「お父さんに聞かせてください」ってＡ子さんに言ったの。「……そういうふうにしたんで，お父さんは学校からの情報はちゃんと得ていて，それに子どもも平和に暮らしてますから，たぶんそれで文句は出ないでしょうね」って校長さんには話したの。

　そのテープはちゃんとノートに台本を書いて，理科室にテープレコーダーを用意して，台本を読んで吹き込みました。

　　小川洋さん（東京）「ちょっと，その手紙を読んでくれ
　　　ませんか？」

　長いんだよね。ノートで２ページくらい。(「オォ〜〜〜」)

　　Ａ子さんのお父さん，御無沙汰しています。金町中の山路です。１学期は今日で終わりますが，この１学期間，Ａ子さんはステキなところをたくさん見せてくれましたので，お知らせします。通知票ではわずか数行で，語りきれないので声の便りにしました。

　　始めのうちはよくわからなかったのですが，Ａ子さんはたいへん正義感の強い子です。「ただ正義感が強ければいいか？」というと，必ずしも，そうでありません。自分より年下の子や，自分より弱い子に対して正義感を持った時には，イジメになってしまいます。つまり，時と場合によるわけです。

　　幸いなことに，Ａ子さんは実に上手にその正義感を生かしてくれました。乱暴な男の子に対する時，「みんなのために」

と思いっきりステキな正義感を出してくれます。学級〈委員長〉という肩書のためにやっているというわけではないようです。だから，クラスの子どもたちから信頼されて，あてにされているんだと思います。6組の男の子たちもA子さんには一目置いているところがあります。

　中学生の女の子というのは，クラス内では，よく数人の極端なグループに分かれて，グループ同士で対立します。クラスで何かを決める時も，そのグループがじゃまをして，なかなかまとまらないことがあります。けれども6組の女の子たちは，〈仲良しグループ〉があっても，それにこだわりすぎたり，対立することはなく，本当にみんな一緒に仲良く出来ています。その中心がA子さんです。ボクはいつも「ありがたいなー」と思っています。

　また，「部活動でも本当に良くやってくれている」と，顧問のF先生も言っています。(中略)

　9月には移動教室，10月には文化祭と，活躍の場がたくさんあります。そう言うと，本人の負担になってしまいますね。まあ，気楽に楽しく学校生活を送ってもらえたら，ボクはうれしいです。そして，自分の個性を生かせる場では，思いっきり出してもらえばいいと思っています。

　なお，英語のS先生の退職にあたって，手紙とプレゼントを用意してくれるなんて，ボクの気の回らないところまでやってくれて，ホントにありがたい人です。

　では，どうかA子さんのことはご心配なさらず，お体の治療に専念なされることを願っています。

　突然の声の手紙で失礼いたしました。　　　　　　　　敬具
(「オオオオ～～～!!　スゴイ！」)
なんかいっぱいやってくれる女の子だからね，ボクの感謝の気

持ちを何らかの形で伝えてあげたいと思っていました。

イイ視点をみんなが与えてくれる

〈今までのボク〉についての話しかしていないので，〈これからのボク〉について少し話したいと思います。

今までとくに学年主任について書かれたことなどがなかったので，ボクは「学年主任の仕事で使えることって無いなあ」って思ってたんだけど，じつはボクに〈視点〉がなかっただけだと思うんです。

それでその〈視点〉を与えてくれるという意味でとても役立っているのが，メグちゃん（伊藤恵さん，東京・国立第四小）とか「たの教サークル」の人たちとの話なんですね。〈イイところを見つける視点〉とか〈人権感覚〉とかね。学年で何かの問題にぶちあたったとき，他の先生に「いや，それってこういうイイところがあるんじゃない？」っていう視点をボクがあげるためのヒントがいっぱいもらえるんです。

たとえば，メグちゃんの講演記録「仮説実験授業がつくる新しい文化圏」（ガリ本『講演記録集 ザ・仮説 第4集』たの教出版）を，小川洋さんがテープ起こししてくれています。その講演はとってもステキだったのですが，その記録の小川さんの〈あとがき〉がまたステキなので，その一部だけ，紹介させてもらいます。

> ボクはメグちゃんほど子どもを尊重している教師を知らない。まさに，言葉の正しい意味で「メグちゃんは民主的な教師」（これは小原茂巳さんの言葉）だと，いつも思います。そのメグちゃんが，なぜ子どもを尊重できちゃうのか。〈人権感覚〉が，授業以外でも発揮されちゃうのはなぜなのか？
>
> そういう，ボクの疑問の答えがこの講演にはあります。仮説実験授業をキッカケにして，子どもと新しい文化圏を作り，

> さらにそれがまたあたらしい民主的な関係を生み出す。〈文化圏〉という言葉がすごくいい。大人同士の関係にも応用できそうな予感がします。

これは、ほとんど「ボクのために小川さんが書いてくれた」っていう気がして、うれしかったです。ボクは小川さんのこの言葉がすごく気に入って、「これだなー。とくに〈学年主任のために〉とか言って話す人はいないけど、ボクの仕事に役に立つのは実はこういうことなんだな」と思ったんです。

あとは、困った時には板倉さんの発想法がいい助けになります。その一つがこの文です。

> 私は、「どんな学校にも一人くらいは、何でも根源的に考える習慣をもった哲学者がいてくれるといい」と思っています。ふつうの人はふだんそんなことを考えるのは面倒なので、何かあったとき、そういう哲学者の意見を聞くようにしたりすると、新しい発見が出来ていいと思うのです。あなたの周りにそういう人がいなかったら、あなた自身がそういう人になってくれませんか。(ガリ本『1988板倉式発想法の会』、岩手仮説の会「板倉式発想法の基礎」9ぺより)

「板倉さんは呼びかけている」ってかんじで、すごくうれしく思いました。〈根源的に考えるのが大切だ〉っていうのを教えられて、とてもうれしい気がしましたので、紹介しました。

こんなふうに、いろんな人の文章の中から〈視点〉を探しつつ、学年主任の仕事を研究していきたいと思っています。

じゃあ、とりあえず終わります。(拍手)

自己紹介の仕方から
保護者とのつきあい方まで

ひと工夫でクラス イキイキ！

自己紹介
教室掲示
保護者会
所見の書き方など

自己紹介，どうしてますか？
● ラクでいやがられない自己紹介のやり方

(初出No.265, 03・4)

中　一夫　東京・福生市福生第二中学校

自己紹介ってむずかしい

新学期がスタート。新しいクラスで子どもたちとの出会い。学活などがい〜っぱいある中で，わりと最初の方によく予定されているのが「(子どもたちの) 自己紹介」という時間。

この「自己紹介」には，けっこう頭を悩ませるんですよねー。前に一人ずつ出てもらって，名前，趣味や特技，部活やみんなへの一言などを言ってもらうのが一般的なやり方だと思うけど，子どもたちはけっこういやがるんですよ，前にでて何か自分のことを言うのってね。

あがっているせいか，かなりぶっきらぼうに言って，さっさと席にもどる子などが多くて，あんまりスタートでたのしいムードにならないんです。ボクがちょっと盛り上げようと質問したりしても，その質問を迷惑そうにされたりして，冷や汗タラ〜ってなったり。それに40人近く自己紹介を続けると，視聴率が低くなっちゃって，「静かに聞きなさい，失礼だよ！」なんて最初から注意するはめになったりします。簡単そうに見えて，意外にむずかしいんじゃないかな？

「先生，自己紹介やめましょう」

そう言えば，放課後，となりの先生のクラスの女の子たちが職員室にやってきて，その先生に言っ

てました。

「先生，明日，自己紹介やるんですか～。やめましょうよー。あれいやだー」

その訴えに，「何言ってんだ。自己紹介をやらないクラスなんかないんだ！ しっかり考えておきなさい！」って答える先生。

う～ん，自己紹介ってやらないといけないのかな？ ゲームなんかで早くお互い話すきっかけを作った方がいい自己紹介になるのにな……などと考えながら，「せっかくだから，この機会に，誰でも簡単に目的を達せられるような自己紹介の仕方を考えたらいいのかもね」って思いました。

いままで『たの授』などではそういうネタがけっこうあります。ボクもいろんな形の「自己紹介」をやってもらったことがあるのですが，今回ボクがやった形，そしておすすめなものをいくつか簡単にまとめてみることにしました。

「クラスメイトの名前を読もう」＋インタビュー

今年やったのはこれ。短時間でできて，用意もラク，サッとやれるという感じ。それに「一応の自己紹介をした」という風になるから便利でボクは好きですね。

それに「お互いに話すきっかけになる」のが子どもたちに喜ばれるようです。みんなイヤがらずにやってくれました。

やり方は，宮内浩二さんの「クラスメイトの名前を読もう」（『たの授』94年4月号，No.139，『教室の定番ゲーム』仮説社，に収録）と，木村先生（東京，元中学校教員）から教わったインタビューのやり方をあわせたものです。

〔やり方〕

1．クラス名簿を子どもたちに1枚ずつ配る。

2．全員の氏名の読みと部活名を各自書いてもらう。分からないところは空欄にする（およそ7分くらい。みんなの手の止まったころで次にうつる）。

3．名前の読みが分からない・自信がないというところ・部活名が分からないところ，を本人に聞いて，全部完成させる。この間，自

由に移動して聞きまくる。

4．完成した人から，前に言いにくる。だいたい10人程度終わった段階（5分くらい）でストップ。

5．全員席にもどり，名簿を完成させる作業にうつる。まず，出席順に立って自分の名前と部活名を言ってもらう。各自あってたら〇をつけていく。空欄になっているところ，まちがっているところは，正解を書く。名前の読みと部活名と正解の数をそれぞれ数える。

6．採点結果を発表。上位の人に景品（エンピツなど）をプレゼント。

――以上で終わりです。

アクロスティックの自己紹介

これは『たの授』でも何回も紹介された「定番メニュー」の一つでしょう。ボクも毎年好んでやっています（野村晶子「アクロスティックで自己紹介」『たの授』83年4月号，No.1，『たのしい授業プラン国語1』仮説社，に収録）。小原茂巳さんがこれ用の用紙を作ってくれているので，今年はそれをちょっと変えてやってみました。

ただ，こういう作文がニガ手な子もいますから，「全員に書かせる」というのは最近はあまりやっていません。書ける人に書いてもらって，いくつか（クラス全員の1／4くらい）を学級通信の中で紹介するパターンが多いです。それでもかなり歓迎されます。

今年の用紙には「新しいクラス・先生へ」という欄をもうけて，最初の印象や感想を書いてもらえるようにしました。イイものだけ同じように通信で紹介しました。

子どもの写真をとる

小川洋さんに教わった記念写真も，おすすめだという気がします。これは，入学式の日などに子どもたち一人一人の写真を撮ってあげ，それを掲示するというものです。小川さんは木下富美子さんから教わったそうです。（木下富美子「最初からたのしさ優先で」『たの授』97年3月号，No.180，『最初の授業カタログ』仮説社，に収録）。

小川さんにならって，今年の目

標などを書いてもらった紙に，とった写真を貼って掲示。それを見るだけでかなり立派な自己紹介になるような気がします。「今年の目標」なども，よく短冊型の画用紙に書かせて貼ったりしているクラスが多くありますが，それよりこんな形の方がずっとみんなに見てもらえるようです。

そうそう，これは保護者会などでは大好評。ボクは秋の学芸発表会などでも展示して，クラスをかざっています。

ゲーム

最初に書いたように，「自己紹介」というのは，「お互いに話しかけたり，知りあったりするためのきっかけ」となることを目的としているでしょう。

それならそれで，実際に「早く話しかけたり，知りあったりするためのきっかけを多くあたえる」ことの方が直接的で，効果があるでしょう。

それに効果的なのは，「みんなで協力したり，話をしながらやらないとできないもの」をやること。しかも，「たのしくやりたくなるもの」であることが条件になります。

それをかなえるのは，ゲーム。クラスの最初には，ボクはけっこうよくゲームをやります。

おすすめのゲームは，これ。

●クイズ100人に聞きました

　初めて会った人どうしでもすぐできます。ゲームを通じておたがい楽しい関係をつくるのにぴったり。

●小原式連想ゲーム

　ゲームそのものを楽しみたいときにおススメなのが，これ。最後に「その言葉がどう伝わったか」を聞くときのドキドキがたまらない！

もっといろいろやることもありますが，とりあえずは，このへんをくりかえし。そんなことをやっているうちに，緊張感もとけてくるようです。　　　　（1995.4）

＊「クイズ100人にききました」「小原式連想ゲーム」は，いずれも『教室の定番ゲーム１』(仮説社)にくわしく掲載されています。ぜひ参照してください。

先生に親しみを感じるゲーム

●学校の先生の「姓」「名前」「専門教科」で遊んじゃおう

(初出No.254, 02・6)

吉野　弘　群馬・利根郡新治中学校

　道徳の時間に，「友情を深めよう」なんていう風にこじつけて，結構いろいろなゲームをしています。これから紹介するゲームは，「次の道徳の時間，何をやろうかな……」と考えていたところ，ふと思いついたゲームです。

　このゲームに，子どもたち（中１，約30名）は大変興味を持って取り組んでくれました。勝ったり負けたり，一喜一憂する姿は見ていて気持ちがいいものです。最後には「もっとやって」とせがんでくれました。また，先生が一歩身近に感じられたようで，休み時間などに先生の名前のことが話題になっていました。

　その後もまた違う１年生ともやったのですが，大うけでした。

　別に学年や学期にこだわらなくてもよいと思います。小学校でも十分に楽しめるでしょう。

準備：カードを作る

　Ｂ５判の半分の大きさの画用紙を，学校にいる先生の人数分用意します（用務員さんやAssistant English Teacherも入れるといいですよ。私がやったときは，全部で20人くらいでした）。

　マジックで，一人一枚ずつ，画用紙の表に「姓」，裏に「名前」を書いていきます。全部書いたら，姓の書いてある方を上にして，全部重ねておいてください。

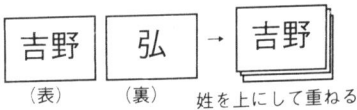

ゲーム前に確認＆練習

① 「姓」の読み方の確認

　先生は，用意したカードの束を手に持ち，生徒に一枚ずつ「姓」の書いてある方を見せて，音読してもらいます。その際，（ちょうど英語の先生がフラッシュカード

を使って新出単語を読ませるように）パッパッとカードを見せていきます。

パッパッと。終わったカードは、一番後ろに。

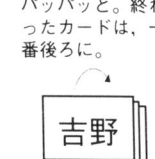

生徒は、先生の姓はおおむね知っていると思いますので、1回、さらっと音読するだけでいいでしょう。

② 「姓」を見て「名」を言う

次は、「姓」の書いてある方を見せて、生徒にその人の「名」をあててもらいます。

生徒が名をさっといえる先生はあまりないと思います。そこで、すぐに「名」の書いてある方（裏）をくるっと見せて、読ませます。難しい読み方の先生の名はしっかり確かめておいて、教えます。

生徒にとっては、先生の姓と名がミスマッチに思えるのか、親しみがわくのか、これだけで笑いがでたり「ホーッ」と感心したり……なかなか楽しめるのです。

③ もう一度、練習

「姓」の書いてあるほうを（フラッシュカードのように）パッパッと見せていき、「名」を言ってもらいます。

その際ぼくは生徒に、一人ずつ、全員に答えてもらいました。一人あたり3人（枚）分くらいがいいと思います。

つっかえたら裏を見せて確認します（全員、完璧にならなくともよい。むしろ、完璧でない方が、ゲームとしてはおもしろいし、もりあがるのだから……）。

ゲームのやり方

① クラスを、真ん中から2チームに分けます。

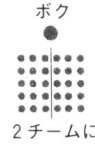
2チームに

② ゲームのやり方を説明します（やり方は後述）。

③ 両チームから一名ずつでて、1対1で勝負します。その際、勝負する人だけ立って、他は座って待機します。

最終的には全員勝負するのですが、その順番は事前に決めておきます。

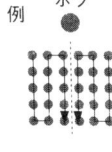
例

④ ではゲーム開始！カードの「姓」の書いてある方を見せ、すばやく大きい声でその人の「名」を言ってもらいます。はやく正解を言えた人のチームに1ポイン

33

ト。まわりの人は教えてはいけません。教えたら1ポイント減点。間違えても減点なしです。

　点数を正の字で黒板に書いていくといいでしょう。

⑤勝負が終わった2人はその場に座り、次の生徒が同様にしてまた勝負！……これを繰り返していきます。

　最終的にポイントの多いチームの勝利となります。ただ、両チームの得点の差が大きくなってしまうと緊迫感が薄れます。そういうときは、途中で2ポイント、3ポイント、5ポイントにしたりして調整しましょう。なるべく逆転の可能性を残しておくといいと思います。

　時間にあわせて一回りしても二回りしてもいいです。他のバリエーションと組み合わせてもいいでしょう。

他のバリエーション

・「名」を見て「姓」を言う。
・「姓」を見て「専門教科」を言う。
・「名」を見て「専門教科」を言う。

　確認＆練習のやり方、ゲームのやり方は同様。

　「〈姓〉の裏に〈名〉が書いてあるカード」があれば、一応、この3つのゲームはできます。例えば、「姓」を見せて「専門教科」を答えてもらい、その正解をぼくが口で言うのです。

　でも、余裕があれば、「〈姓〉の裏に〈専門教科〉が書いてあるカード」や「〈名〉の裏に〈専門教科〉が書いてあるカード」を用意するといいでしょう。

　校長先生や教頭先生の専門教科をほとんどの生徒は知りません。だから、「へーっ」などと、かなり反響があります。教科を言わせると、ついつい先生の名を言ってしまう子が出てきて、かなり大うけになることが予想できます。

　小学生には「専門教科」というバリエーションは適当ではないでしょう。でも、姓と名だけでも十分楽しめると思います。

　　　　　＊

　2チームに分けての競争の仕方や、フラッシュカード的なカードの使い方は、以前私が英語を教えていた時（本当は理科）、英語の専門の先生に教わったものです。

朝の学活,帰りの学活
●それぞれの持ち味で子どもが活躍

(初出No.223, 00・4)

小原茂巳 東京・羽村市第二中学校

●朝学活の司会は「しっかり者」のさっちゃんが

　僕のクラスの朝の学活は,いつも議長であるさっちゃん(土方聡巳さん)の司会で始まります。朝,担任の僕が教室に入っていくと,さっちゃんが前に出てきて朝の会を始めてくれます。
　「それでは,号令係の小野寺君,お願いします」
　「気をつけ！　おはようございます」
——教室のみんなは,この小野寺君の合図でもって,座ったままで「おはようございまーす」を言います。僕も「おはよう！」。
　さっちゃんは,司会を続けます。
　「それでは,今日の出席をとります。各班の班長さんは出欠を確認してください。まず1班はどうですか？」
　「みんないまーす」
　「はい,どうも。次は2班です。どうですか？」「田辺君がまだきていません」。ここで,「アイツ,また遅刻だー(笑)」というヤジが飛びました。
　さっちゃんは,やさしくて,めんどうみがよく,すごくしっか

りした人なので，教室のみんなは，彼女に一目置いています。ツッパリ清和君も，「さっちゃんが言うんだったらナー」などとおとなしくなります。

　僕は，さっちゃんの隣りで椅子にちょこんと座っていて，出席簿にペンを走らせます。なんか僕がさっちゃんの助手みたいです。

　「それでは，今日の連絡をします。静かに聞いてください」。これも，さっちゃんのセリフです。

　「今日は平常授業です。昼休み，保健委員の人は，保健室に集まってください。それから，保護者会の出席表をまだ出していない人がいます。早く，岩崎さんまで出してください。……」

　こんなふうに，さっちゃんは，ほとんどすべての連絡をしてくれます（さっちゃんがお休みの時は，もちろん僕がやっています）。

　すべての連絡が終わった後に，さっちゃんは，「それでは，次に小原先生のお話です」と言って，僕にバトンタッチしてくれます。ここで，僕の出番です。

　連絡はすべて済んでいるので，僕はキラクにみんなの前に立つことができます。僕は「連絡のつけたし」をして，後は何をしゃべってもいいわけです。らくちんだー。イイ役だー。

　ただし，この時の僕の役目は，できるだけ笑顔でもって，「さあー，今日もなんか1つでもいい事があるといいね。いい事をみつけようね」などと，子どもたちと僕自身の気持ちを明るい方・たのしい方へ持っていくことだと思っています。そして，もう一つ，「カゼをひいてる人はいないですか？　調子悪い人はいないですか？」などと健康チェックをすることです。それから，ときどき，「悩みのある人，相談のある人は気軽に声をかけてね」などと子どもたちに話しかけています。

　それにしても，僕はさっちゃんをいっぱい頼りにしているなー。

●僕はらくちん，イイ役もらってるー

　じつは，さっちゃんは，毎朝，僕より先に職員室にきて，連絡黒板の連絡事項をノートに写してくれているのです。

　それで，遅刻すれすれに出勤した僕の席にやってきて，「先生，おはようございます」と声をかけてくれるのです。僕の朝は，いつもこのさっちゃんとの会話から始まります。

　「おはよう，さっちゃん。こんなに早くから，いつもありがとうね」

　僕は，このさっちゃんの朝の笑顔のおかげで，毎朝，気持ちよくスタートできているのです。

　「先生からのみんなへの連絡は何かありませんか」

　「そうね，保護者会の出席表の集まりが悪いので，〈そろそろみんな出そうよ〉とみんなに言ってくれないかなー」

　さっちゃんは，ノートに走り書きします。「他にありませんか」
──こんなふうに，さっちゃんは，毎朝一番に，すべての連絡を聞きに来てくれているのです。うれしいなー。かわいいなー。

●帰りの学活の司会は「元気者」がいい

　さっちゃんみたいに頼りになる人がいなかったら，僕は1年間，とても困ると思います。ところが不思議なことに，僕のクラスでは，毎年決まってこの「さっちゃん」的役目をしてくれる人が現れるのです。

　たとえば，今年の学級の係を決めるときの様子をちょっと紹介してみます。4月の始め頃に，僕は子どもたちに「誰か，朝と帰りの会の司会＝議長の仕事をやってくれる人，いませんか」と頼んでみました。

　「ちょっと大変かもしれないけれど，朝の議長さんには，毎朝，学活の前に，職員室に連絡を聞きにきてほしいんだよねー。他の

クラスでは，日直の人が，毎朝代わる代わるやってたりするけれど，それだと，〈朝が苦手な人〉や〈職員室なんてイヤだよという人〉に悪いじゃないか。だから，その役目をやってくれる人が現れるとすごく助かるんだよねー。僕もすごくうれしいです」

　こんな時，決まって，「えっ，毎朝なの？　そんなの大変だよー。イヤだよー」という子や，そんな顔をする子が現れます。今年も，大山君という元気なツッパリ君が，そんな声をあげました。

　そんな声には，「そうだよねー。毎朝だなんて，大変だよねー。うんっ，だから大山君はやらなくていいよー」と，サラッと答えます。

　僕は続けます。「でもねー。〈それって，私はそんなにイヤじゃないよ。私，やってみようかなー〉なんて思う人もいるかもしれないもんねー。そんな人がいたら，日直のみんなも助かるし，僕もすごくうれしいです。だから，〈やってみようかな〉という人は，ぜひ僕に声をかけてくださいねー」

　すると，「それ，俺，やってみたい！」と一番始めに言い出したのは，なんとおもしろいことに，さっき「そんなのイヤだよ」と大声を出したばかりの大山君だったのです。ただし，「だけど，俺，毎朝早く学校に来るってのは無理だよ！　やらないよ！」という条件付きです。教室のみんなは，大山君が立候補したことに驚き，次に「条件付き」ということでゲラゲラ笑い出しました。

　つまり大山君は，朝早い登校はイヤだけど，司会の仕事はやってみたいというのです。

　僕は，すぐに大山君に返事をしました。

　「おー，それはすばらしい！　大山君，立候補してくれてありがたいなー。それじゃー，大山君には，朝早くとは全く関係のない，遅刻してもなんとかなる（笑）〈帰りの会の議長〉をお願いしまーす」

教室中に，また笑いが起こりました。そして，みんなの拍手でもって「帰りの会の議長＝大山君」が決定したのです。
　じつは，帰りの会の司会は，この大山君みたいな元気者が最適任者なのです。
　「声がデカイ」「みんなを仕切れる」「本人が早く帰りたい，遊びたいと強く願っている」——この条件を満たしている生徒が司会をやると，とかくガヤガヤと落ち着かない帰りの学活がシャキッとしまるのです。本人が早く帰りたいのですから，クラスのみんなを大声でもってかき集めてきてくれます。そして「静かにしてー！」と迫力でもって静め，てきぱきと進行してくれるのです。
　だから，この元気者でちょっぴり危ない（？）大山君の立候補も，僕にとっても〈シメタ〉だったのです。それに，大山君自身もこの役になれてうれしそうです。人間って，本来，人の役に立つことってやってみたいんだよねー。

●肝心な連絡は，やっぱりさっちゃん

　さて，大山君に続いて，「朝の議長」に立候補してくれたのがさっちゃんでした。こちらの方は，大山君と違って，教室に笑いの声もあがらずに，一斉に歓迎の拍手がわき起こりました。教室のみんなにとっては，「日直」の時の「早朝登校の義務」から解放されるので，うれしいのです。
　「それでは，大山君とさっちゃん，今年前期の議長をよろしくお願いしまーす」。——パチパチ……。
　なお，もし立候補者が現れなかったら，僕は，何人かに個人的にお願いしようと思っていました。「朝の議長は，シッカリした人（できたらさわやかな女の子がいいな。ナーンチャッテ）」「帰りの会は元気者」にね。
　実際に立候補者が現れない時（年）もありました。その時は，

「あー，この子にやってもらえるとうれしいな。やってくれそうだな」と思える生徒の何人かにお願いしてみました。そしたら，「やってもいいよ」と答えてくれた子がいたのです。

こちらから声をかけると，案外，気持ちよく引き受けてくれる人っているものなのです。「なんか自分のやれることってないかなー」——こういう気持ち，じつは多くの人（子どもたち）が持っているんじゃないかなー。まあ，僕の甘えもあるのですが。

たしかに僕は，「人（子ども）を頼りにする」「人（子ども）に甘える」ところがいっぱいあります。ただし，この時，僕なりには，「相手に負担をかけすぎる」「迷惑をかける」という事態にならないように十分に気をつけているつもりです。だから，ときどき，相手に「押し付けになっていないかどうか」をたずねることにしているのです。

ところで，帰りの会の司会は，もちろん大山君なのですが，「①明日の授業の確認（教科係の連絡）」「②各委員会や各係の連絡」次の「③放課後の予定と明日の予定の連絡」の時には，また，さっちゃんに発言してもらいます（今度は自分の席で）。

大事な連絡は，やっぱりしっかり者で僕たちの「お姉さん」的存在のさっちゃんにやってもらうのが一番いいのです。これで，僕も子どもたちもみんな安心できます。（大山君，ゴメン！）

最後に，僕はみんなに「さよならねー。交通事故には気をつけて帰ってよー。じゃー，また明日会おうね。元気でねー」と笑顔でサヨナラが言えるのです。僕はまた最後にイイ役をもらえています。僕は，こんなふうに子どもたちに甘えつつ，学活をやっているのです。

● **「ありがとう」が言えるように**

朝学活の時は，回収物などを集めることがあります。「保護者

会出欠票」「遠足参加届け」などさまざまな回収物の点検なんかも，僕は，いろんな子どもたちに頼んでいます。特に，ふだん目立たないおとなしい子なんかには，こちらからお願いすると，すごくていねいに熱心にやってくれます。

　後で回収物と点検票を職員室に持ってきてくれた時に，ふだんおしゃべりする機会が少ない彼女たちとおしゃべりができるのでシアワセです。それに，僕にとって面倒な仕事をお願いしていたわけだから，その時，僕は心から彼女たちに「ありがとうね」が言えます。それは僕にとっても，とてもうれしいことです。そういえば，毎朝，職員室にきてくれるさっちゃんも，僕の「ありがとうね」にすごくうれしそうにほほえんでくれます。

　ところで，僕のこの学活のやり方を，去年一年間，そっくり真似してくれた人がいました。僕の隣りの席の和田先生です。

　「このやり方，いいですねー。朝一番にかわいいＳ子さんに会えるし，担任は助かるし，議長のＳ子さんも嫌がらずに誇りを持ってやってくれているし……」。

　彼のところに毎朝訪れる議長さんも，やっぱりしっかり者のなぜかかわいい女の子でした。　　　　　　　（生徒名は一部仮名です）

教室掲示と教室おもちゃ

(初出No.167, 96・4)

木下富美子
東京・秋津東小学校

教室の掲示は, 子どもたちが気分よく, また使いやすいようにと考えるのは当然ですが, その内容以外に, 私は年ごとにベースカラーを決めて（今は6年生で黄緑色）, 台紙にする色画用紙やファイルなどの備品をその色に統一しています。教室内がスッキリした感じになるだけでなく, 後で資料を整理するときにも便利です。今年掲示したものを分類してみると,
①私の好きな詩歌（ほぼ月替わり）
②私自身の標語（時に変わる）
③子どもたちの間で話題になっていることについての資料や新聞の切り抜きなど（その都度）
④そうじ・給食について（常設）
⑤毎月の言葉（月替わり）
といったところです。その一例を次に紹介します。

♪ 春の俳句

季節にあった詩を教室前面にはります。4月は呪文のような元気の出る俳句にしました。

「三月の
　甘納豆の
　うふふふふ」

「春の風　るんるんけんけん　あんぽんたん」

どちらも, 坪内稔典『俳句のユーモア』（講談社選書メチエ13）で見つけたもの。「春の風」は, 作者自身が「元気がでないとき, ひとりでつぶやくと元気がわいてくるお気に入りの句」だということです。「甘納豆」は, そこはかとなく漂うユーモアが私は気にいっています。

なお, 東君平さんの詩には短くていいものがあります。とりあえず『紅茶の時間』（サンリオ出版）をおすすめします。

♪ 私自身のための標語二つ
・いつも笑顔で元気です
・どっちにころんでもシメタ

これは後ろの壁に貼りました。

4月の自己紹介の時に「先生も笑顔でいたい, みんなの笑顔もたくさんみたい。先生がいつまでも怒っていたら注意して」とお願いしておきます。私がぶつぶつ怒ると, 子どものだれかが後ろの標語

を指さします。私もハッとわれに
かえり、笑顔にもどれます。

♪ そうじ・給食用

私の作ったアクロスティックを
横の壁に貼っています。日々の生
活を見直すきっかけになるかな？
「一応指導はしてますよ」というこ
とにはなるでしょう。

●そうじ・さしすせそ
さっとはじめる/しぼりはかたく/
すみずみはいて/せいとんかくに
ん/そろって　ごくろうさま

●きゅうしょく・合言葉
きらいなものも一口味見/ゆっく
りかんで/うれしいおかわり/し
ょっきのかたづけ/くずをひろっ
てごちそうさま

♪ 毎月の言葉

4月は「あいさつはオアシス」。
おはよう/ありがとう/しつれい
します/すみません

2月は校長の朝会の話から「か
ぜ退治あいうえお」にしました。
あつぎをしない/いつもはやね早
起き/うがいを3回/えいようを
とる/おもてであそぶ

♪ 教室の人気者

これは「掲示」ではありません。

「兄弟によくいじめられる末っ
子は気持ちのやりばがないので、
ネコを飼ってやるといい」と聞い
たことがあります。また新聞の保
育記事で「嫌なことがあったり、
悲しいときに子どもたちのおもい
をぶつける人形〈カンシャク君〉
をおいたら、子どもたちがなじん
で愛用している」というのを読ん
だことがあります。それでさっそ
くぬいぐるみを置きました。

たまたまもらったピンク色のブ
タでしたが、子どもたちは可愛が
ったり、たたいたりと、なかなか
人気がありました。

この他、雨が降ったりして外で
遊べないとき、また給食の配膳を
待つ間などに自由に使ってよいモ
ノを教室の出窓に置いています。

今のところ「漢字博士」1〜3
(ユニデザイン、1854〜2369円)、
「おばけかるた」(川端誠、グラン
まま社、980円)、「日本の地図プ
レイゲーム」(ヤングエポック社、
980円)、各種資料集のカード・カ
ルタ、漢字クロスワード(わくを
印刷した紙たくさん)など。「こ
れが特にヨイ」という自信はあり
ません。「教室おもちゃ」につい
ては、誰か本格的に研究してほし
いと思っています。

教室掲示, ちょっと 一工夫

楽しい雰囲気がいいなあ

(初出No.167, 96・4)

菊地美紀

埼玉・狭山市立南小学校

　日直なんかで教室をまわると,いろんな掲示がしてあります。

　私は個人的には「鉛筆の持ち方」「○学期のめあて」「○○の使い方」的な掲示は,あまり好きじゃありません。どうせなら楽しい雰囲気が伝わってきて,子どもたちも見てくれるものがイイなあ,と思ってます。

　ウチのクラスに遊びにきた他のクラスの子たちも,教室掲示を見て,「いいなあ3年3組は楽しそうで」と言っていたり,参観にいらしたおかあさんも「教室を見て,子どもたちがたのしそうだなあと思いました」とか,「3組は元気の巣箱ですね」とか言ってくださったりしました。

　中には掲示物を見て,「菊地さんは授業以外のことをやりすぎてんじゃないか?」なんていう人もいましたし,「こんなんじゃおちつかねーよ!」と思う人もいるかもしれません。でも,大した手間もいらず,たのしそうな雰囲気にはなると思うで,私のやっていることを少し紹介したいと思います。

♪ イベントカレンダー

　短冊型の紙(B4上質紙を3等分)をたくさん用意しておきます。そして,たのしかったこと,うれしかったこと,行事,はじめてやったことなど,特別なことがあったらどんどん書いていきます。何か快挙を成し遂げた子の名前なんかものせてあげます。

　一方,教室の廊下側の壁の上の方には針金を張り,そこに洗濯物を干すように,書いた短冊を洗濯バサミでぶらさげています。

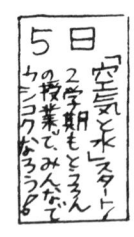

　日付とタイトルは色マジックで,しかも,できごとの分野(たとえば,ものづくり,仮説実験授業,行

事など）ごとに色分けしておくと，「最近はどの栄養素が不足しているか」もわかります。

それに，学期末には「たのしい授業カレンダー」（見本は『たのしい授業』No101）を作るのですが，その時これがあるととてもラクです。ふだんでも，子どもとこれを眺めては「あんな楽しいことがあったね」とふりかえれるし，自己満足にもひたれます。

♪読んだ本の絵

私は毎朝5分間，本を読んであげています。たった5分間だけど，それを1年続けるとなかなかの本の数です。

さて，一冊の本を読み終わると，「その本の絵とタイトル」をかいてくれる人を募集します。かいてもらったもの（B5上質紙を本型に切ったもの）は壁に貼っていくわけですが，「その絵をかくと，一番にその本を借りられる」という特権があります。

毎回多くの子が「かきたい！」と手をあげてくれますが，とくにウケのよかった本には名のりでる子が殺到するので，書いたことのない人を優先します。

絵をかいた子が喜んでくれるのはもちろんですが，「読んだ本」がズラッと並んだのを見るのはウレシイものです。選ぶ本のカタヨリもすぐにわかります。

♪子どもたちの写真

たとえば，今は，「たまご立て」（『たのしい授業』91年3月増刊，No.101）の写真が貼ってあります。このとき全員立ったのです。みんなすごくいい笑顔をしています。あの感動がよみがえります。

子どもが喜ぶし，保護者にも人気があります。

教室に辞書を

東京・板倉研究室 **板倉聖宣**

　ふだんから辞書を引く習慣をもっていると、自分で知識を増やすことができます。ところが、大抵の人は、辞書を引く習慣を身につけていません。そこで、確かな知識をふやすことが出来ないように思えてなりません。

　一流の文化人と思える人でも、「辞書によると」などと書いている人がいますが、これは、その人が確かに「ある辞書を引いた」証拠ともいえますが、「その人が辞書を引き慣れていない証拠」とも言えます。「辞書」といっても著編者が違うと、その記述はかなり違うのがふつうで、項目によっては正反対のことが書いてあるときだってあるのです。そこで、「小学館の『国語大事典』によると」などと、書名が特定できるように書かなければならないのです。

　じつは、かく云う私も、研究者になるまで、英和辞典のほかは、まったくというほど辞書を引かずにいたのです。私の中学校時代の国語の先生は、教科書のある漢字が読めないと、「辞書を引け！」と言って立たせましたが、辞書を引いてくる仲間はほとんどいなかったので、片端から立たせられるばかりでした。今になってみれば、先生はそのときどうしてその場で辞書を引かせて、「ほら、ここにはこう書いてあるではないか」と指摘しなかったのか、と思います。「辞書を引くと新しい面白い知識を手に入れられる」ということを知らせなければ、辞書を引く習慣など、身につかないのです。

　サークルなどで話しあっていて、ちょっと分からない言葉が出てきた時、スーッと立って辞書を探し出して調べる人が現れることがあります。すると、その集団にはそういう人が増えてきます。そういう様子を見て、「ああ、こういう人たちがいると、その集団はとても知的に確かなものになるん

だな」と感動したことがあります。

そこで，ちょっとでも確認しておきたいことが出てきた時のために，あなたの教室に役立つ辞書類を置いておくことを提案します。授業中にふと「この辞書にはどう書いてあるかな」と言って辞書を引いて，「ああ，この辞書にはこう書いてあります」と口にするといいのです。そうすると「そうか，先生もああやって知識を確かめているんだな」と分かってくるはずです。

少し高学年になれば，〈授業中に辞書を引く係〉を決めてしてもいいでしょう。「〇〇さんと△△さん，国語辞書を引いてみて」などと頼んでみると，簡単に二，三種類の辞書が引けたりします。

国語辞典や漢和辞典を使う授業については，村上道子さんの『ことばの授業』（仮説社）にとてもいい実践記録が載っているので，参考にするといいと思います。そこにも書かれているように，国語辞典などは，一冊でなく，異なる辞典を何冊も置いておくようにすると，辞書によって書き方も違うことが分かって，いろいろな辞書を引くことの楽しみも分かってきます。

そうすると，辞書によってとても明解な書き方をしてあることを知って，嬉しくなることがあるでしょう。「普段から，みんなで辞書を引いて，自分たちの知識を拡げたり深める仕方を教える」というのが，日常的な最高の〈調べ学習〉になる，と思います。

小学校はたいていクラス担任制で，教師にとっても子どもにとっても，「自分たちの教室」があります。だから，その教室にいろいろな辞書を置いておくのです。百科辞典は嵩張りますが，役立つことでしょう。中学校，高等学校の理科担任には，「理科実験室」や「理科準備室」という居室があります。そういう部屋には，図鑑類を置いておくのです。

たいていの知識は，覚えておく必要はないので，必要になったときごとに辞書を引いて確かめる習慣を身につけておけばいいのです。

● おすすめする本

(初出No.106, 91・8)

僕の学級文庫リスト
● 子どもとイイ関係になるために

埼玉・入間市西部中学校
丸屋　剛

　今年度(1989年度)、僕は学級文庫の充実に力を入れています。そのせいか僕のクラスの子どもたちは休み時間などによく本を読んでいます。中には授業時間になっても夢中になって読んでいる子どもがいるほどです。僕のクラスの学級文庫の中で、子どもたちに人気のある本を紹介しましょう。☆は絵本。◎はマンガです。(定価は1989年頃のものです)

☆**魔女の宅急便**(徳間書店)1550円・**魔女の宅急便**〔原作〕角野栄子(福音館)1290円☆**となりのトトロ**(徳間書店)1550円☆**天空の城ラピュタ**(徳間書店)1050円☆**風の谷のナウシカ上・下**(徳間書店)1550円◎小学館版学習まんが**日本の歴史**全22巻各600円◎中央公論社学習マンガ**世界の歴史**全15巻各600円◎集英社版学習**漫画日本の伝記**全16巻各700円・**ズッコケ3人組**シリーズ〔新書版〕(ポプラ社)各440円☆**ウォーリーをさがせ！**(フレーベル館)1250円☆**ウォーリーをおえ！**(フレーベル館)1250円☆**ウォーリーの不思議な旅**(フレーベル館)1300円◎**くもんのまんが世界の歴史**全3巻(くもん出版)各600円◎**くもんのまんが歴史人物**シリーズ全10巻各600円◎**どうぶつあしがたずかん**(岩崎書店)1300円◎**恐竜大記行**(集英社)980円◎**ことわざ絵本**(岩崎書店)580円・栗良平作品集2**一杯のかけそば**(栗っ子の会)1236円☆**馬のゴン太の旅日記**(小学館)1236円・**おれがあいつであいつがおれで**(旺文社)1010円◎**はだしのゲン**全10巻(汐文社)620円・**少年サッカーチーム友情へのキックオフ**(ポプラ社)906円・**青い目のバンチョウ**(偕成社)805円・**なるほどゼミナール宇宙と地球**(日本実業出版社)1010円◎**妖怪まんが鬼太郎**水木しげる(小学館)600円◎**人面草**水木しげる(朝日ソノラマ社)710円◎**アトム博士の相対性理論**手塚治虫(東陽出版)1525円・**科学の学び方・教え方**板倉聖宣(太郎次郎社)1250円・**間違いだらけのクルマ選び**(草思社)1150円・**2年2組はヒヨコのクラス**(理論社)その他、赤川次郎や西村京太郎の文庫本など。

　もっとも子どもに人気があるのは「ウォーリー」シリーズ。その次は「まんが歴史」シリーズ。子どもは本の扱いが乱暴なので、本に透明フィルムをはりつけてます。B5判約110冊分50mで8600円。また、本が破けたら透明速効ボンドで修理すればなおります。

「朝の連続小説」を楽しんでみませんか？

　「朝の連続小説」は，毎朝，授業が始まる前に5分間，お話を読んであげるという実践です。『たのしい授業』の創刊号（1983年3月号）で紹介されて以来，反響も大きく，全国に広がっています。

　子どもたちはお話を読んでもらって，みんなといっしょに聞くことが大好き。そこには一人で読む「読書」の楽しさとはまた違った楽しさがあります。「朝の連続小説」をきっかけに本を読むのが好きになった子どもたちも多いようです。あなたも気軽に楽しめる「朝の連続小説」で，本との出会いをつくってあげませんか？　詳しくは下記の本をご参照ください。

●●●●●●●●●●●●●●

朝の連続小説　杉山　亮 編著
●毎日5分の読みがたり

■「朝の連続小説」がなぜおすすめなのか。お話作家であり，保父としての経験をもつ杉山さんならではの視点で語りかけてくれます。
■「こんなふうにやってます」「こんな本が喜ばれた」……「朝の連続小説」の実践報告や子どもたちの感想を紹介。
■子どもたちに人気のおすすめ本も一挙紹介。何を読もうかと迷った時，いつもと違ったものを読みたい時，頼りになるブックガイド。
■「朝の連続小説」のお試し用に，すぐに読んであげられる杉山さん書き下ろしのお話「峠の五忍者ー」「消えたパンダ金魚」も収録。

1900円（税別）
仮説社

＊『たのしい授業プラン国語』1・2（税別各2000円，仮説社）にも「朝の連続小説」の実践記録が紹介されています。ご参照ください。

だれでも浄書名人!

(初出No.251, 02・4)

福井広和　岡山・岡山市伊島小学校

学級担任をしていると，子どもの名前を浄書する機会がよくあります。通知表の表書き，賞状，卒業生名簿……etc。字の下手な私などは，結構これが苦痛です。

とくに書道展で使う「特選」の賞状なんかを任されたら，心臓が高鳴り，手がふるえ，「書道展やるくらいなら字のうまい先生が賞状の名前まで書いて渡してよ」と泣きごとの一つや二つ言いたくもなります。だからこれまでは，たいてい字の上手な同僚を拝み倒して，交換条件つきでかわりに書いてもらっていました。

● 賞状書きの必殺技！

ところが，私の参加している理科のサークルでそんな話をしていたら，国府小学校の松本総先生が「自分で書いているし，しかも苦にならない」と言うのです。えぇ？　松本先生ってそんなに字がうまかったっけ（失礼！）。

驚く私に，松本先生は「ある道具とちょっとした工夫で誰にでも綺麗に浄書ができるようになる」と教えてくれました。では，以下に松本先生から教わった賞状書きの必殺技を紹介しましょう。

● 道具

・ライトボックス

写真のネガを見るための蛍光灯の入った箱。最近ではわずか1cmの薄型で携帯できるものが5千円前後で売られています。写真屋さん等で扱っています。

・筆ペン

私は「ぺんてる筆，中字」というのを使っていますが，自分の使いやすいものを探すと良いでしょう。

・毛筆体の児童名簿

年度の始めにワープロで作ります。「毛筆体」で，縦書きと横

書きで印刷しておきます。

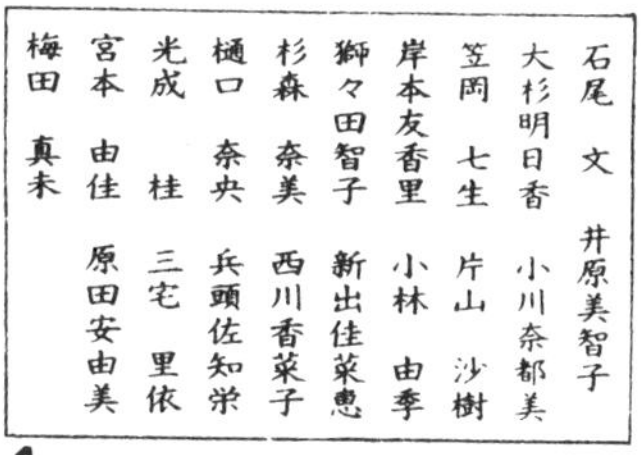

```
石尾　文　井原美智子
大杉明日香　小川奈都美
笠岡七生　片山沙樹
岸本友香里　　　
獅々田智子　新出住菜恵
杉森奈美　小林由季
樋口奈央　西川香菜子
光成桂　兵頭佐知栄
宮本由佳　三宅里依
梅田真未　原田安由美
```

↳ 年度始めに，こういう名簿を作っておく（横書きも）

●やり方

① 毛筆体の児童名簿を賞状の氏名欄に合わせて，拡大または縮小コピーをする。

② ライトボックスを点灯させ，毛筆体の児童名簿の上に賞状を重ねて置く。すると，これから書く名前がはっきりと賞状の上に現れてくる。

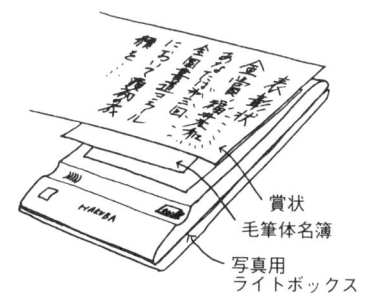

　　　　賞状
　　　　毛筆体名簿
　　　　写真用
　　　　ライトボックス

③ 浮き出てきた名前にあわせて筆ペンで，丁寧になぞる。

……これで完成です！

●コツ

　文字を美しく見せるコツは，太い部分と細い部分の差をはっきりとつけることです。一般的に縦の線は太く，横の線は細く書くと，それらしく見えます。もちろん，初めは少し練習しておいた方がいいでしょう。

　普段から学級で「掃除がんばり賞」や「福井杯サッカー大会優勝」「計算名人認定賞」なんてのを乱発していれば，次第に字が上手になり，浄書も苦痛ではなくなってきます。そのうち必殺技もいらなくなるかも。

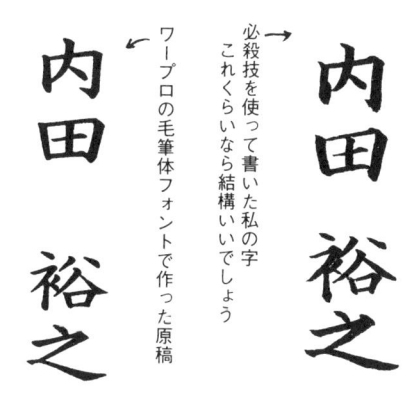

必殺技を使って書いた私の字
これくらいなら結構いいでしょう →

内田　裕之

← ワープロの毛筆体フォントで作った原稿

内田　裕之

51

「集金袋」の裏ワザ，紹介しますっ！

(初出No.251, 02・4)

●袋から小銭が落ちない工夫①

 みなさん，子どもの集金袋からお金（とくに小銭）が落ちないようにするために，どうしてますか？　クリップでとめてますか？

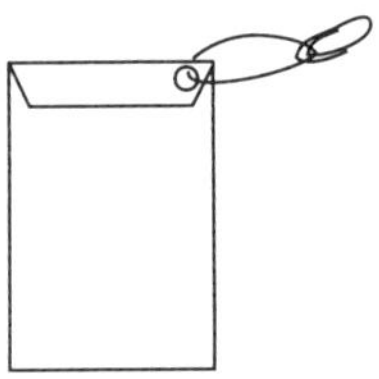

 私は去年まで，袋の端に穴をあけ，そこにひもや糸をつけ，クリップをつけていました。

 ところが，これはいちいち「クリップをはずす」というだけの作業も意外とめんどくさいうえに，袋にクリップをつけておくと，糸同士がからまっちゃったりして，「んー，もぉ～」なんて思うこともしばしばありました。

 でも今年はちがいます。そういったわずらわしさはなく，子どもからも「オ――ッ！！」と歓声をあびた，ラクな方法があるので紹介します（隣のクラスの先生のやり方をマネさせてもらいました）。

1. 右上図の点線の四角の部分（フタではなく，フタがかぶさる部分）にセロテープを貼る。

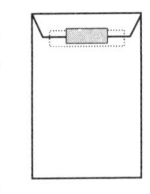

2. 黒い四角の部分にビニールテープを貼る。

 これだけです。これで，何度開閉してもOKです。クリップが無くなることも糸がからまることもない，この方法，ぜひみなさんも試してみませんか。　　（1999.5.1）

（菊地美紀　埼玉・東所沢小学校）

●袋から小銭が落ちない工夫②

 テレビ番組の「伊東家の食卓」で，こんな裏技が紹介されていました。

 集金袋のふたにパンチで穴をあけて外側からセロテープを貼ります。ふたを閉めると穴の部分のテープが張りついてふたが開かないし，繰り返し使えるというわけです。新学期にやってみようと思っています。

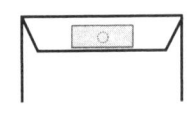

 放送では，あるお母さんが「クラスではやっている裏技を紹介します」と言っていました。（2002.3）

（山口恵子　神奈川・大庭小学校）

とっても喜ばれた「進路だより」

●中一夫『たのしい進路指導』は，おすすめ

(初出No.253, 02・5)

滝本 恵　埼玉・川越市南古谷中学校

ラクして喜ばれる

中一夫さん（東京・昭和中学校）の『たのしい進路指導』（仮説社，1997）は，「誰でもマネできて成果があがる進路指導」の考え方と方法を紹介している本です。

そのなかには，中さんが，板倉聖宣さんをはじめ，小原茂巳さん（東京・羽村第二中），山路敏英さん（東京・扇中）や，仮説実験授業サークルの方々から学んだこともたくさん盛り込まれていて，ほんとうにありがたい，役に立つ本です。

とくに「進路だより」は，そのまま印刷して子どもたちに読んであげるだけで（または配るだけで），子どもたちや親にとても感謝されます。

3年前（1994），異動したばかりの学校で，はじめての中3を担任したときは，この本の元になった中さんの「進路だより」のレポートに，ほんとうに助けてもらいました（担任クラスにはかなりの号数を，授業に出ているクラスにも数号を配りました）。

教室がシーンと

今年（1997）は，3年ぶりに中3です。私は副担任なので，クラスは持っていないのですが，でもそれではあまりにも宝の持ち腐れなので，授業に出ているクラス（6クラス中4クラス）には，いくつかの号を配らせてもらおうと思いました。

さっそく6月初めの1学期の中間テストを返すときに，「進路だよりNo.5　自分にあった職業って──ボクの進路（山路敏英）」を読んでみました。これは，「最初のテストが終わって，結果を悔やんだりするより，早く〈もっと先

の目標＝自分にあった道〉を考えるようにしたいもの」という内容で，自分の好きな道を見つけた山路さんの話がしみじみとした感動と勇気を子どもたちに与えてくれます（同書46ペ）。

1～2年のころのテスト返しのときはいつもゲームをやっていたせいか，それともテストが終わった解放感なのか，読み始めたころはすごい騒々しいクラスもありました。ところが，私が淡々と「進路だより」を読み進めるうちに，教室の中はシーンと静まりかえり，いつのまにか全員が食い入るようにプリントを目で追っていました。これは劇的とも感じられる変化でした。

読み終わって，「感想を聞かせてもらえますか」とお願いすると，ほとんどの子どもたちが，紙いっぱいに，真剣に感想文を書いてくれました（私が出した「進路だより」は，東京の中学の先生，小沢俊一さんのアイデアをまねして，「さくらめ～る」という名前にしました）。

子どもたちの感想をいくつか紹介します。

◎ちょっと心が軽くなりました

　この時期になると，いろんな人から「将来何になりたいの？」と聞かれて，「今，何になりたいのかを決めなくちゃいけないのかな」と思っていました。もう何になりたいのか決まっている友だちもけっこういて不安になっていたけど，この話を読んで，ちょっと心が軽くなりました。
　　　　　　　　（絵理子さん）

◎とってもいいことを教えてくださってありがとう

　自分の挫折してダメだったことに，自分なりに考えていってすごいと思います。とってもいいことを教えてくださってありがとうございます。私もタキモト先生の仮説で楽しく学んで，いろいろチャレンジしてみますね。
　　　　　　　　　（愛子さん）

◎山路さんへ

　私も，昔の山路さんのように，やりたいこと（将来の夢）という，これというものがありません。でも最後のほうで，「自分の生涯の仕事を選びとっていくということは，ほかの仕事の可能性をあきらめていくことではないか」という文が印象に残りました。私もこの仕事を選んでよかったなと思える仕事につきたいです。
　　　　　　　　　（裕子さん）

子どもたちは「進路だより」を喜んでくれるだろうとは思っていましたが、こんなにも真剣に受けとめてくれるとは、予想以上でした。

1学期末にも「進路だより」

　そこで7月初めの1学期末テストを返すときに、こんどは「進路だよりNo.9　先生たちの苦手教科克服法」を読んでみました。これは、「夏休みを前に、夏休みの勉強法・苦手教科の克服法など、勉強の仕方を教えたもの」で、先生たちにインタビューしながら、子どもたちがヤル気になってくれるような話題をとりあげています（同書47ペ）。

　こんどは、子どもたちは初めから静かにプリントに目を落としていました。読み終わると、子どもたちはやはり感想文用紙いっぱいに、自分たちの思いをたくさん書いてくれました。いくつか紹介します。

◎この話は、実に参考になった
　受験勉強は、やらなきゃならないと思っていたけど、やり方がわからなかった。それに、夏休みの過ごし方もわからなかった。世間では勉強する休みといわれているけど、具体的なものではなかったので、この話は実に参考になった。　　（憲昭君）

◎父の言っていたことは、本当だったんだ

　私もこの夏休みには気合いを入れて、頑張るゾ！　という気持ちになりました。私の父も高校受験の時は、1冊だけ問題集を買って、それこそそこのページを見ただけで答えが浮かんでくるくらい何度もやったそうです。あ〜、父の言っていたことは、良い方法だったんだなーと見直しました。　　（岬さん）

◎断ってしまった友だちに「プールに行く」と言いたい

　これを読んで、ぼくは自信が少しつきました。ぼくは友だちに「プールに行こう」と言われましたが、「夏休みは勉強でだめだよ」と言ってしまいました。だから「プールに行く」と言いたいと思います。この文はとてもよかったです。　　（怜君）

◎受験はイヤなイメージだけだったけど

　受験というものは、とてもイヤなイメージしか持っていなかった私。でも、中さんのお話を聞いてハッと気づいたことがあ

ります。何だってそうだけど、進歩したりして自信をつけることって大切だと思います。そうやって自信をつけるためには、少しずつ苦手な問題をやりこなしていけばいいのかなあと。一気にはできないことも少しずつならできると思います。

（裕子さん）

　ほとんど全員の子どもたちが、「この〈進路だより〉を読んでもらってとてもよかった」と書いていました。

　これは、2通の「進路だより」の感想をあわせて書いてくれた恵理子さんの文章です。

※「さくらめ〜る」は安心できます

　「さくらめ〜る」って毎回なんか安心できる内容ですよね。テストで失敗しちゃったけど、いまここからスタートし直そう！って思います。（もちろん授業態度も、ここからスタートです）

（恵理子さん）

子どもの不安を減らす進路指導

『たのしい進路指導』の14ぺにこうあります。

　それまでボクらのやっていた「進路指導」というのは、子どもたちを焦らせることはしてても、彼らの不安を減らすようなことはほとんどしてあげられていないことに気づきました。子どもたちの「がんばろうと思います」という言葉に、「不安が減れば前に向かって進んでいってくれるんだ」ということに気づいたのです。

　子どもたちの感想文は、「不安が減れば、がんばる気持ちになってくれる」ことを見事に証明してくれていると思いました。

　また、同書27〜8ぺには、中さんが、私（滝本）が以前に「ミスしたときに」を自分の学校で紹介して喜ばれた例をあげて、

　「自分が書いたかどうかは関係なく、必要とされるものを提供してくれる先生は感謝されるんだ」ということも知りました。

と書いてありますが、あらためて本当にそうだなと感じました。

　いろんな人の知恵が満載で、しかもそれがスグに役立つ形でまとめられている。この『たのしい進路指導』。ほんとうによい本ができてうれしいです。2学期3学期も、少しでも多くの「進路だより」を子どもたちに読んであげたいなと思います。　　　　（1997.7）

手品で拍手

中野隆弘　東京・国分寺市立第五中学校

(初出No.247, 01・12)

●あ～あ，の補教

　何年か前，7人いる同学年の先生のうち，2人が休みということがありました。

　休みの先生がいると，その人の授業は，来ている先生で手分けして授業（補教）をすることになります。すると，僕の空き時間が少なくなってしまいます。「あ～あ，がっかりだな」。僕も休むことがあるからお互いさまだけど，空き時間に予定していたことがあると，やっぱり，「あ～あ」と思ってしまうのです。

　そしてやはり，僕が担当する時間が出てきました。「何か課題はあるのですか？」と聞くと，「国語の文法のプリントがある」とのこと。だけど，「他にやることがあるなら，無理にやらなくてもよい」ということでした。

　その日に突然言われたので，僕には何の用意もありません。僕の理科の授業をしようにも，生徒たちは道具をもっていないのです。仕方がないので，そのプリントをやることにしました。

　でも，僕が国語の文法は苦手だったこともあって，「文法のプリントをやって」と言ったときに「きっとイヤな顔をされるだろう」と予想してしまいます（こんなことを言うと，「俺は文法大好きだよ」という声も聞こえてきそうですが……）。

　しかも，そのクラスには，僕の苦手な明くん（仮名）がいました。明くんは，タバコを吸ったり，なにかと問題を起こし，学年でも話題になっていた子でした。僕は担任ではないし，あまり気軽に話ができる関係ではなかったので，普段から何となく距離をおいていたのです。

　そういうこともあって，余計気が重くなってしまいました。

●そうだ，手品をやろう！

　そこで，「何かみんなの喜びそうなことはないかな？　楽しいことをしたら，少し気が軽くなるかな」と考えたら，ちょうどカバンに手品，「掌中のハンカチーフ」（税・送料別500円。仮説社でも販売）があることを思い出しました。

　「そうだ，この学年にはあまり手品をやっていないから，手品を見せるといいかな？」

　この手品は，簡単でしかも手品らしい手品（？）で，僕のお気に入りの手品の1つなんです。

　さて，教室で「国語の文法のプリントをやってください」と言うと，やっぱりみんなイヤ～な顔をしました。そこで，「このプリントを，チャイムの鳴る5分前まで頑張ってください。そうしたら，手品を見せますからね」と，約束しました。

　すると，「今やってよ」という声もあがったのですが，「楽しみは後に残しておいた方がいい」と，ここはぐっと我慢。

●生徒たちから拍手

　チャイムが鳴る5分前，「じゃぁ，時間になったから手品を見てね」と言って始めました。

〔筆者がこの手品を詳しく紹介した記事が，『ものづくりハンドブック5』に載っています〕。

＊

　まず，生徒の一人からハンカチを借ります。そのハンカチの表と裏を見せ，さらに僕の両手を見せて，タネが無いことを示します。

　そして，軽く握った左手の上にそのハンカチをのせ，そこに右手の指を押し込むようにしてくぼみをつけます。

　それから，右手で空中から何かをつかみ取ってハンカチの中に投げ入れるジェスチャーをします。

　すると，ハンカチのくぼみの中から，別のハンカチ（カラー）が現れるのです！　右手で引っ張り出して，生徒に見せます。

　さて，今度は出てきたカラーハンカチを消してしまいます。右手でカラーハンカチを押し込んでいきます。すると，そのハンカチは完全に入ってしまいます。

　そこで，もったいぶって左手の

こぶしの上に置いたハンカチを広げて見せます。カラーハンカチは，みごとに消えてしまっています。左手を開くと，何も残っていません。右手にも何もありません。

＊

これをやったら，生徒たちから拍手が自然におこりました。なんかいい感じだなぁ～。

● **手品で広がる笑顔**

生徒から「もう一回やってよ」という声があがりました。そこで，もう一回やります。それも，少しゆっくりめに，少しタネをバラす感じでやります。でも，この手品は相当目の付けどころが良くないと，タネはバレません。そこで，2回，3回とやっていくと，だんだんわかってくる生徒が増えてきました。まだあの明くんは，「えっ，わかんない，わかんない」と言っています。

最後はみんなにわかるようにやって見せました。みんな「なぁ～んだ」と言いながら，ニコニコと笑顔になりました。たったの5分間でしたが（手品はこのくらいの時間がいい），みんなが楽しい雰囲気になりました。「やって良かったな。手品はいいな」と改めて思いました。

最近のオススメ手品　フライング ライト

最近，ファンタスティックでユーモラスな手品を見つけたので紹介します。

この手品は部屋を少し暗くしてやると，とても効果的です。

＊

まず，両手を見せて，何も持っていないことを示します。

そして，何もない空中をつかむと，右手の指先に赤い光が現れます。

その光を左手の方に投げると，光は左手の指先に移ります。

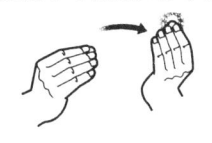

左手の光を右手でつかむと，光が分裂して両手に光が！

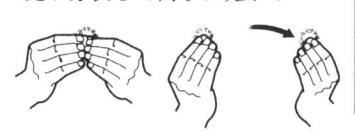

左手にフッと息を吹きかけると、左手の光は消えます。

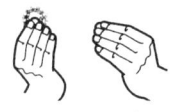

　残った右手の光を右耳の穴に入れると、光は耳の奥を通って、左の耳から出てきますから、左手でつまんで引き出します。

　さらに、今度は鼻から入れると、口から光がでてきます。

　その光を口に入れると、おなかを通り抜けて、おしりから出てきます。

　また、二人ならば光のキャッチボールもできます。

　最後に、光のついている指先にフッと息を吹きかけると光は消えます。

＊

　その他、工夫次第でいろいろな楽しみ方ができます。

　この手品は、以前ディズニーランドで「フィンガーライト」という名前で売っていて、そこでしか手に入らなかったのですが、最近ディズニーランド以外でも買えるようになりました。

　この手品を何年か前に「ニコニコたのしい授業サークル」で紹介したところ、とても好評でした。そして、その後、何人かの人が学校でやってくれたのですが、ほとんどみんな「生徒たちは、とても喜んでくれたよ」と教えてくれました。

　また、４才になった僕の娘の前でやったら、娘もとても喜んでくれました。その後、時々「あの手品やってよ」といわれます。やるたびに喜んで笑ってくれます。

　練習もほとんどいらなくて、小さい子どもから大人まで、みんなに喜んでもらえる手品だと思います。お楽しみ会や宴会などでやってみませんか？

＊1200円（税・送料別、仮説社でも販売）

(初出No.85, 90・2)

●学年主任と保護者会

お母さんが来て得をする保護者会にするために

山路敏英 東京・葛飾区金町中学校

〔これは，1989年1月に東京仮説会館でおこなわれた「A Happy New Year たのゼミ」での講演記録で，田辺守男さん（埼玉・向原中学）がまとめられたものを編集部で再編集しました〕

1 キョーフの学年保護者会

ボクは今，2年の学年主任をしているんですが，学年主任をやっていると面倒な仕事がいっぱいあって，「あ～，やだなあ」と思うことがたびたびあります。たとえば，学校の中で「学年保護者会」というのがあります。学級の保護者会よりスケールがでかくて，体育館に100人以上のお母さん方が来ます。お化粧したお母さん方がズラ～ッと並ぶと，すごい迫力ですね。

学年保護者会は学年主任の話が中心になります。1時間のうち，校長の話が5分，学年主任の話が30分，生活指導主任の話が20分……そんな感じです。でも，30分間も何か話をするというのは，ボクにとってはすごくつらいことなのね。仮説実験授業のことなら2時間話してもいいと思うんだけど，立場上，理科の話とかに限定しちゃマズイわけね。なぜかというと，必ずしも他の先生たちみんながたのしい授業をできるわけではないので，ボクの授業

で起こった話ばかりをすると，ほかの先生に対して失礼になりかねないからね。かといって，「仮説実験授業」をぬきにして話すということになると，ボクからは何も出てこないですね。

　だけど，親の気持ちもすごくよくわかる。ボクも一応，子をもつ親なので，小学校に保護者会があると行くでしょ。体育館で話を聞くのね。そうすると「つまんねー話をしてんなぁ～！」とつくづく思うのね（笑）。同業者ながらあきれたりするわけですよ（笑）。聞いている時は，ボクは自分の立場をほとんど忘れてて，「しょうがねえ話をするんだなあ。管理職になっても，ああやってしょうがねえ話をするもんかあ」（笑）と聞いているわけです。ところが家に帰ってハタと気がついてみると，「あ，オレは今度は逆の立場になるんだ」と思って脂汗が流れるわけです（笑）。

　そういう時の親っていうのは，先生様の話だから，いくら「しょうがねえ話だなあ」と思っても，おとなしく聞いてくれます。いや，聞いているフリをしてくれるわけです。フリをしているっていうのがすごくよくわかったのは，学校で保護者会のあった日，うちに帰ってから奥さんに「保護者会で今日どんな話があったの？」と聞かれて，「うっ！」とつまって何も出てこなかったわけね。ほとんどボクが覚えてられないような話をしているわけです。そういうことをやるのは，〈親が耳に栓をしているような会でしゃべる〉というようなもので，話す方も苦痛でしょう。

2 保護者会の目標を立てる

　だから，「親に喜んでもらいたいなあ」とか「親に聞いてもらうに値するような話をしなくちゃいけないなあ」と思って，保護者会で話をするときの方針をひとつだけ立てました。それは，

　　　　〈お母さんが知っているといい〉ということを話す

ということです。

先日の保護者会で，ボクが話したことは「3つ」です。一つ目は，板倉先生がどこかでおっしゃっていたことです。

　　「親というのは〈自分の子どもが心豊かに育ってほしい〉という理想を一つ持っていると同時に，〈いい学校に進学してもらいたい〉という現実的な願いも持っている。
　　　この二つの願いは対立している。そういう矛盾したものを両方持っているのが親だ」

ということです。ボクらがそういうことを知った上で仕事をしているのと，どっちか片方だけの考えで仕事をしているのとでは，親に対する印象もずいぶん違うなあと思います。

　ですから，「僕ら職員は，〈親の願いというのは矛盾したものが二つあって，その両方とも，できることならかなえたい〉という姿勢でやっていますよ」という話をしました。

　これは，お母さん方がほっとしてくれました。というのも，ふつう，親自身がこの二つの矛盾をかかえていて悩んでいる。矛盾していて，対立していて，時によってどっちかが優勢になってるけど，争っている。だから，「矛盾したものが心の中にあるのがフツーの親ですよ」ってことがわかると安心するじゃない。ボクも板倉さんのこの話を聞いて，子どもの親として安心したのね。

　だから，お母さんたちも自分の中の矛盾した気持ちをわかっていると，安心して，ある時はオニのように「勉強しなさい！」って怒ったり，ある時はうんと理想高く「人間っていうのはこうじゃないか」と話したりもできると思うんです。

③ 見方が変わると新しい発見ができる

　そして，もう少し具体的になりますが，二つ目は，〈成績と勉強時間は比例する〉ということも話しました。僕は〈成績をあげたかったら，勉強時間をふやさないとあがらない〉というのを，親

にも,そして子どもにも教えてあげます。「おまえ,成績あげたかったら,とにかくやるしかないんだよ」ということは,知っていた方がいいでしょう。

　それから,最後に,〈自信と意欲〉という話をしたんです。これも板倉先生の言葉なんですが,「人間が自信をもったり意欲をもって何かやろうという気になるのは,いいところを認められたりほめられたりするからである」というようなことを何かの本に書かれていました。このことについては,ボクはすごく自信をもって話したんです。こんなボク自身の経験があったからです。

　ボクは小学校の6年間というもの,通信簿の所見欄に必ず書かれた言葉があるんです。「動作がのろい」「スローモーである」「2時間目の国語になっても,1時間目の算数をやっている」(笑)とかね。言葉がちょっとずつ違うけど,みんな同じような内容のことが書いてある。ボクはそういうことについて,ズ〜ッと劣等感をもって生きてきました。

　ところがある時,僕の友達がこういう風に言ってくれました。「山路さんて,牛のように(笑)ゆっくりじっくり考えられて,いろんな方面から考えられるからイイね」と言ってくれた人がいました。それは,伊藤恵さん(東京・国立第四小)なのね。ボクはそのおかげで「あっそうか,ボクは,うっとうしいと思ってきたこの性格を直そうと思っていたけど,40年かかってどうにもならなかった問題を一気に解決してくれた」ということがわかった。

　その経験をもとにして,「人って,見方によっては,いいところが発見できるものだなあ」っていう話をお母さんたちにしました。これには,お母さんたち,笑いながら——僕の実話だからね——共感して喜んで,やっぱり安心してくれる。すごく安心して,お母さんたち「うんうん」ってうなずいてくれたのね。「あー,ありがたいなあ」ってボクは思いました。

そういう話をして,「たとえば,これから通信簿を見るとするでしょう。もし,１,１,１,１……と１が並んでいて,体育だけが２だったとする。そういうのを見た時に,〈あなた体育以外,みんな１じゃない！〉という言い方をするのと,〈あ～,あなた体育は得意なのね〉という言い方をするのとでは全然ちがうでしょ」という話をしました。できるところを親子ではっきり認めあえたら,ステキなこと発見できますよね。

4 明るさが伝染してしまう

　終わってから,他の職員に「山路先生の講演会でしたね」(笑)と言われました。30分,ミニ講演しちゃったんだね。「子どものいいところを伸ばしましょうね」といって,ボクはすごく明るいムードで終わったんだけど,気の毒だなと思ったのはボクの話の後の,生活指導主任の話(笑)。悪いことしたなと思ったの。本当は,「この学年にはあばれん坊がいてガラスがよく割れたり,火災報知器がよくイタズラされたりする」とか,「お菓子もってくるヤツが大勢いて困る」「２学期にはこういう事件があって……」と,しゃべらなきゃいけないことがいっぱいあったのね。

　ところが,僕の話でムードが変わっちゃったのね。「イイこと見つけましょうね」って感じになって,悪いこと言えなくなったわけ(笑)。結局,生活指導主任は「まあ,２学期いろいろありましたが……」(笑)と悪いところをみんなカットして,「今の子どもたち,とても元気でいいです。素直だし……」ってイイこと言ってくれて,それで明るいムードのままで保護者会を終わりました。ラッキーだったなあと思いました。

　〈楽しくとまではいかないけれど,せめて不快にはさせたくない〉というぐらいの気持ちで,これからも保護者会がやれたらなあと思います。

●保護者会・学級懇談会用〈問題集〉

うちの子にかぎって

(初出No.122, 92・12)

埼玉・入間市向原中学校　**田辺守男**

はじめに

　これは，懇談会・保護者会用に作った問題集です。ねらいは，「反抗期にさしかかった子の複雑な心理を知るひとつの手がかりになる」といったところです。

　この問題集の大もとは，僕の友人の碓井一四さん（埼玉・東金子中学校）という人が考えたもので，彼が保護者会でやった時にウケたという話を聞き，僕もやってみたところ，とても好評でした。それで，その内容を僕が授業プラン風にまとめ，1989年5月に東京のたの教サークル〔たのしい教師をめざすサークル〕で発表しました。

　そうしたら，何人もの方が実際にやってくださり，「楽しめた」ととても好評でしたので，やってくださった方の感想とともに紹介してみたいと思います。

進め方

　まず「問題用紙」を見てください（次頁）。

うちの子に限って〈問題用紙〉

〔子ども用説明文〕ある日突然，親に反抗！　さて，親にどうしてもらいたい？

〔保護者用説明文〕ある日突然，わが子が反抗！　さて，わが子の心はいかに……？　次の各問題で，子どもたちの希望はどれが一番多かったと思いますか？

〔問題1〕あなたが，ある日突然，今までとは違う派手な服装や髪形をしたとします（理由は何でもよい）。さて，そんなとき，あなたの親にはどうしてほしいと思いますか。
　　ア．厳しくしかる。
　　イ．親子で話し合う。
　　ウ．黙って見守る。
　　エ．他の人（先生とか）におこってもらう。
　　オ．子どもと同じ格好をする。
　　カ．その他。（　　　　　　　　）
　　ア～カを選んだ理由は？（　　　　　　　　）

〔問題2〕あなたが，ある日突然，親（または家の人）に，「うるせぇ！」とか「てめえ！」とか「ババァ！」とか言うようになったとします。さて，そんなとき，あなたの親にはどうしてほしいと思いますか？
　　ア．厳しくしかる。
　　イ．親子で話し合う。
　　ウ．子どもと対等に言い争う。
　　エ．ショックで寝込む。
　　オ．黙って聞きのがす。
　　カ．その他。（　　　　　　　　）
　　ア～カを選んだ理由は？（　　　　　　　　）

〔問題3〕あなたが，ある日突然，「今度の日曜日，新宿（または各地の有名で危険な繁華街）に行きたい」と親に言ったら，許可してくれました。ところが，彼女（彼氏）と一緒に行くことがあとでバレました。さて，バレたあと，親にはどうしてほしいですか？

　　ア．厳しくしかる。
　　イ．一度許可したので，あきらめる。
　　ウ．相手の親と連絡をとる。
　　エ．男女交際の正しいあり方について話し合う（そして行かせる）。
　　オ．当日，ひそかに尾行する。
　　カ．その他。（　　　　　　　　）
　　ア〜カを選んだ理由は？（　　　　　　　　）

〔問題4〕あなたが，ある日突然，買ってきた（もらった，借りた）いかがわしい本（エロ本，ワイセツな文庫本）を，部屋のベッドの上に置き忘れて学校に行ったとします。その後，親がそれを見つけました。さて，そんなとき，あなたの親にはどうしてほしいですか？

　　ア．厳しくしかる。
　　イ．エロ本の正しい扱い方について話し合う。
　　ウ．わざと机の上に置いておく（発見したことをそれとなく知らせる）。
　　エ．じっくり中身を読んでもいいが元に戻す（知らぬふりをする）
　　オ．その他。（　　　　　　　　）
　　ア〜オを選んだ理由は？（　　　　　　　　）

この問題集を子どもと保護者の両方にやってもらうのですが，「子ども用」と「保護者用」ではタイトル下の説明文だけを変えます。あとの問題の文章は子ども用も保護者用も同じです。子どもに渡すものには「子ども用説明文」を，保護者に渡すものには「保護者用説明文」を入れてプリントしてください。

　準備（「子ども用問題用紙を印刷しておく）

　保護者会前に，クラスの子に問題1～4まで答えてもらい，手をあげてもらって，集計をする（手をあげづらかったら，○をつけてもらい，こちらで集計する）。

　もし，準備する時間がない場合には，「ある学校の結果です」と言って，他の学校の（たとえば次頁にある僕の学校の結果）を使ってもよい。

保護者会本番（「保護者用問題用紙を印刷し，4分の1に切る）
1．〔問題1〕を親に配って読む。
2．親に予想を立ててもらう。「子どもたちに〈親にどうしてほしいか〉という希望を聞いたのですが，どれが一番多かったと思いますか？」と話して予想を立ててもらう。
3．挙手をしてもらって数える。
4．理由があれば発表してもらう（強制はしない）。
5．結果の発表。
　「準備」で集計した数字を発表する。子どもの理由もいくつか発表するとよい。準備していない時は，他の学校の結果を「ある学校の結果です」といって，参考資料として示す。
6．以下，問題2，3，4とやっていく。
7．最後に感想を聞く（感想を紙に書いてもらうとよい）。

親や先生方の反応
　僕のクラスでやったときの結果は次のようなものでした。

各問題の結果（向原中1年1組40人）

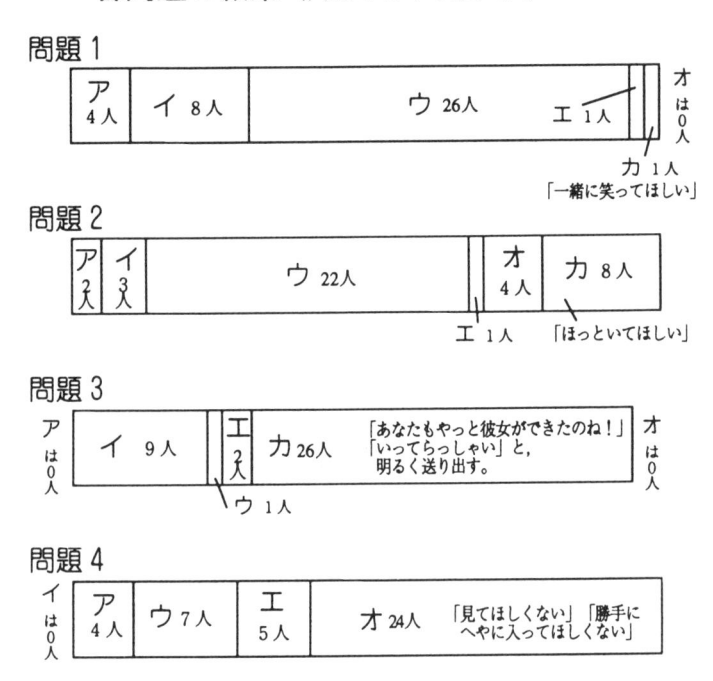

問題1

| ア 4人 | イ 8人 | ウ 26人 | エ 1人 | オ は0人 |

カ 1人 「一緒に笑ってほしい」

問題2

| ア 2人 | イ 3人 | ウ 22人 | エ 1人 | オ 4人 | カ 8人 |

「ほっといてほしい」

問題3

ア は0人 | イ 9人 | エ 2人 | カ 26人 | オ は0人

ウ 1人

「あなたもやっと彼女ができたのね！」「いってらっしゃい」と，明るく送り出す。

問題4

イ は0人 | ア 4人 | ウ 7人 | エ 5人 | オ 24人

「見てほしくない」「勝手にへやに入ってほしくない」

　初めてこれをやった時（中1），お母さん方から笑いがいっぱい出ました。選択肢がおもしろかったようです。予想に手を上げてもらう時の不安な様子や，結果を発表して「エ〜？」と驚く声が出るなど，子どもの仮説実験授業の授業風景によく似ていて，それも楽しかったです。うちのクラスでちょっと服装とか派手めな子のお母さんが参加していたので少し不安でしたが，「クラスで一番多いのはどれか？」を予想してもらう方式だったので，僕の予想どおり，手を上げてくれたし，結果を知って他のお母さん方

と同じように反応したのでホッとしました。

　感想文の方は、教室の入り口に用紙とエンピツを置き、「帰りに自由にお書き下さい」と言っただけだったので、残念ながら書いてくれる人はいませんでした。直接くばった方がいいです（その後、この問題を使ったときでなくても、楽しい内容の保護者会をやったときはそうしています）。

　次の日に、子どもたちに聞いたら、親子の会話がはずんだという子がかなりいました。

　また、この資料を学年会議の時、同じ学年の先生方に見せたら、「私もやりたい」という人がいて、結局8クラス全部でやりました。他のクラスの保護者の反応もよかったようです。

家庭の教育方針に立ち入らない

　この問題集をまとめるときに、「親に予想を立ててもらう」のを、「子どもが立てた予想は、どれが一番多かったか」という聞き方にたどりつくまでにかなり悩みました。最初に、3つの方法を考えました。

　　①自分の子どもの予想＝「自分の親ならこうするだろう」を予想してもらう。
　　②自分の子どもの希望＝「自分の親にこうしてもらいたい」を予想してもらう。
　　③親自身の考え＝「お母（父）さんだったらどうしますか？」というのを言ってもらう。

　ここで問題になりそうなのは、「親としての教育方針を公にする」ということです。参加してくる親は、クラスの他の親子の様子や家庭のことを少しでも知っている人がいます。ですから、先生から③「お子さんが反抗したとき、お母さんならどうしますか？」という質問をされると、手を上げにくくなります。もしか

すると，別のお母さんから「え〜？　あの人〈子どもと同じ格好にする〉に手を上げたわよ。ちょっと頭オカシイんじゃない？」と思われかねません。あるいは，②「お宅のお子さんは，どういう希望を出すと思いますか？」という個人的な質問にすると，「あのお母さん，〈厳しく叱ってほしい〉とわが子が思っているみたいだけど，〈あの息子はワガママでしょうがない〉という評判よ」などと，ウワサされる可能性がありそうなのを僕は心配しました。①も個人的なことなので，心配です。

　そこで，参加してくれる親が安心して予想できる方法はないだろうかと考えたところ，「自分の子どもの予想・希望」を予想してもらうのでなく，「うちのクラスの子の予想・希望はどれが一番多かったか？」という質問を思いつきました。これなら個人的な考え方に対して，他人から詮索されることがないからです。そして，全体的な傾向を知ることができ，さらには「さて，わが子はどうなんだろうか？」と個人的なことにも頭が働きそうです。

　ただし，この結果からは，〈中学生ぐらいになるとどういう考え方をしているのか〉という一般的な傾向はわかっても，〈さて我が子に対してはどうするのがよいのか〉という解答にはなりません。でも，〈全体的な傾向を考えながらも，つい個人的な我が子のことも考えざるをえない〉というのが親のホンネだと思います。そこが，この問題のポイントでもありそうです。

　この方法を考えるにあたって僕が参考にしたのは，板倉聖宣さんの講演です。板倉さんが講演のとき，〈電気を通すもの，通さないもの〉の実験をしました。そして「さて，この1円玉は電気が通ると思いますか？」という質問を，聴衆である先生方に出したのです。その時，板倉さんは「この質問の答えを，直接先生方に聞くのは失礼ですから，〈フツーのお母さん方に聞いたときには，⑦つく，④つかない，のどちらと答えた人が多いと思いますか？〉

という問題を考えてください」と言いました。

　僕は，その時，「そうか，先生には先生のプライドがある。もしも間違えたら恥だから，手を上げない可能性が大きいな。でも，〈他の人はどう答えたか〉を予想してもらうのならできそうだな」と考えたのです。

追試してくれた人の感想

　山路敏英さん（東京・葛飾区金町中学校）は，保護者会でやってくれて，その時の様子を僕に直接電話で伝えてくれました。

> 　体育館で，たくさんのお母さん方を目の前にしてやったんだけど，とてもよかったよ。選択肢の中に，必ず一つは〈子どもと同じ格好をする〉とかいう，ちょっとズッコケるのがあって，笑いがおこったよ。
> 　問題そのものは，「実際わが子がそうなったらどうしよう」って感じで，深刻になりそうだったけど，やっぱり，自分の考えを予想するんじゃなくて，どれが一番多かったかを聞くので安心して手が上げられたみたい。
> 　問題が4つというのも良かったね。ボクの感じだけど，〈4つのうち2つは予想が当たって安心して，2つは予想がハズレて，子どもに対して新しい発見ができる〉というお母さん方がいっぱいいたんじゃないかな？　全部ハズレたらヒサンだものね。

　山路さんは，僕の意図をズバリ指摘してくれて嬉しかったです。
　また，藤森行人さん（福生第5小）は，彼が作っている小冊子『たのたの』でこのレポートを紹介してくれました。その時，僕の実験結果を帯グラフにして見やすくしてくれました（前出グラフ）。

ツッパリの子のお母さんが参加したら

　この資料で懇談会をやる時に，気になることがありました。そ

れは，石塚進さん（中山中学校）も指摘してくれたことですが，「もし現在ツッパっている子の親が出席していたら，やりにくい」ということ。そして「もうすでにツッパっている子の親には，〈これからどうしたらいいか〉ということの答えにはならない」ということです。まったくその通りです。ただ後者の方は，このレポートのめざすところが違いますので，問題は前者の方でしょう。

　僕も今年，前回やってから3年たったので，そろそろやろうと思っていました（1→2→3年と持ち上がると，同じ子を担任することがあるので，前回やったクラスが卒業するまではできなかった）。けれど，今年は，うちのクラスにかなり目立つ子がいて，しかもその子のお母さんはPTAの役員をやっており，保護者会には毎回参加するという人なのです。それで，さすがに気がひけてやめることにしました。ツッパリがたくさんいる学校にいる人などは，確かに困ると思います。そういうときには，「問題1をカットして，2・3・4だけをやる」というのは，いかがでしょうか。

子どもの見方・考え方を知る方法

　この問題集は，学級懇談会や保護者会用に，「反抗期にさしかかった子どもたちのある日突然の変貌ぶりに，ほんのちょっとでも役に立てばいいなあ」と思って作りました。でも，やってみると，ただ単に反抗期の子どもを持つ親や教師の対応の問題だけでなく，〈子どもの見方・考え方〉の新しい発見につながることがわかりました。まさに〈子どもの気持ちは聞いてみないとわからない〉という言葉そのものです。

　ですから，「保護者会用」としてありますが，他のことにも活用できそうです。例えば，僕ら教師だって予想がはずれたりするので，校内研修などで〈子どものことを知る〉というような内容でも使えると思うのですが，いかがでしょうか。

(初出No.168, 96・5)

家庭訪問も
たのしく

小原茂巳　東京・立川第四中学校

●決め手はやっぱり「たのしい授業」

　「あ〜ぁ，家庭訪問って疲れるぅ」。家庭訪問が始まって２，３日たつと，職員室でこんなセリフがささやかれるようになります。

　でも僕は，この家庭訪問が案外好きな方なんです。

　だって家庭訪問だと，午後には堂々と学校を脱出できるんですもの。その上，僕の各家庭での訪問時間は他の人とくらべて短めなので，通常の勤務時間よりちょっぴり早く自由の身になれるからです。う〜ん，なんだかトクした気分。

　でも，そんなこととは別に，僕が家庭訪問が好きなのにはもっとちゃんとした理由があるんです。

　それは，家庭訪問でお母さんたちに「イイこと」「うれしいこと」を言ってもらえるような予感がする，そしてこれが毎年，当たっちゃうからなんです。こんなことを言うとなんだかゴウマンに聞こえるかもしれないけれど，仮説実験授業をやっていると，日々，子どもたちの笑顔にいっぱい出会えるのでそんな予感を持ってしまうのです。僕の授業（仮説実験授業）を歓迎してくれる子どもたち——そんな彼らが僕はすごくかわいくなってしまう。そしてそういう彼らのお母さんたちに会えるから，僕は，家庭訪問が好きなのです。

●こんなうれしいエピソードも

たとえば，去年の家庭訪問ではこんなことがありました。
〈鈴木一郎君のお母さんの話〉

> 「うちの子，小学校の時からこれまで，小原先生を入れて8人の先生と出会ってきたのですけど，今年はじめて"今度の小原先生はいい先生だよ"と自分から言ってきたんですよ。この子，勉強が大の苦手なんですけど，先生の授業がすごく気に入ってるみたいで，よく先生の話をするんです。それに"俺たちの気持ちがよくわかる先生だ"なんて，ベタほめなんですよ。あの子，家でこんなこと言うの，ほんとに初めてなんです……」

う～ん，こんなことを言われると，すごくうれしいですね。でも，僕はその場ではほとんど照れっぱなしです。そしてその夕方，喫茶店などでこのことを「僕のステキ日記」に記録する時，シアワセな気分がドッとわきおこってくるのです。

〈川上久恵さんのお母さんの話〉

> 「先生から，この間，いただいた手紙，うれしくて，うれしくて……。今，神棚にのせているのですよ」

久恵さんの家庭は，ちょっぴり複雑な家庭。そして久恵さんは，ちょうど今，親や学校などに"反抗的"な時期で，夜遊びなどしてお母さんを困らせています。そんな久恵さんだけど，僕の科学の授業では目を輝かせてくれているし，担任の僕に「好きな歌手は誰？」「その人のCD貸してあげようか」とか，あるいは親や教師のグチなどを言って，近づいてくることがあります。

そこで僕は一度，お母さんに「ステキ手紙」を送ったことがあるのです。内容はすごく簡単なものです。

> 「前略。久恵さんは，僕の科学の授業など，とてもハリキッてくれているので，僕はすごくうれしいです。班長に立候補したりで，彼女は今，やる気いーっぱいです。これからも久恵さ

んのイイ所をいっぱい見つけていきたいと思っています。この僕のうれしい気持ちをお母さんにもお知らせしたくて，突然ペンをとってしまいました。乱筆乱文でごめんなさいね（小原茂巳）」

なんとこんな走り書き程度の手紙を，川上家では神棚にのせるほど大切にしてくれていたのです。これを聞いて，この日も，とってもうれしくなってしまいました。

ただし，こういうことは期待し過ぎちゃダメですね。子どもたちの笑顔は親の笑顔につながるとはいうものの，子どもと親は別の人格でもあるのです。「もしかして，いいことがあるかも……」くらいの予想でいきましょう。

いずれにしろ，僕たち教師は，〈子どもたちに喜んでもらえるもの（授業）を持っている〉というだけで，こんなふうに授業以外の場での生徒（そしてその父母）との人間関係にも，ちょぴりイイ予感を持つことができるのです。

● 家庭訪問──僕のちょっとしたこころがけ

ここで，僕が家庭訪問の際にこころがけていることのいくつかを紹介してみましょう。

1. 定刻主義でいきましょう。

僕はほとんど定刻（もしくは定刻より少し前）に各家庭に到着するようにしています。これだけでも，お母さんたちは好感を持ってくれるみたいですよ。それってどうも，約束の時間より遅れて家庭訪問している教師が多いってことみたいですね。

2. 話し合いは必ず，親・こども・教師の三者で。

僕は，〈子どもたちのイイ所を報告するのが家庭訪問の基本〉だと考えています。だからその話を子どもたら本人に聞かせないのはもったいないと思います。

「いいお子さんですねー。僕の科学の授業の時なんか，すごく意

欲的に発言してくれてるんですよ。ほんとすばらしいですよ」「○○君がいるおかげで，授業がいっぱい盛り上がっています。ほんとに貴重な存在ですよ」「○○さんって，いつも笑顔であいさつしてくれるんですよ。感じのとてもいいお嬢さんで，すばらしいですね」

こんなふうにお母さんに向かって話しかけるのですが，ふだん本人たちには十分に伝え切れてない僕の気持ちを，こんな形ででも，本人の耳に入れたいのです。それが「三者で」の第1の理由です。

それから，三者でやることのもう一つのメリットは，お母さんとの話が途絶えてしまった時に，話を子どもの方に振ることができるということです。

シィ〜ン──「どう，学校，たのしくやれてる？ 今，どんなことが楽しいですか？」「一番親しい友だちは誰ですか？」「学校で嫌なことってなーい？ 大丈夫ですか？」といったぐあい。

なお，子どもたちには，事前に「面談は三者ではじめるけれど，途中タイクツになったらその場から消えてもいいからね。だけど，はじめは必ずいてくださいよ。僕とお母さんがキンチョーして途中シィ〜ンとしてしまったら，ジョーダンなんか言って盛り上げ役をしてくださーい」などと頼んでおきます。

すると，子どもたちは，「ヤッター！ 途中から消えていいんだ」などと反応しますが，いざ，本番では，ほとんどの子どもたちがニコニコしたまま，最後までその場にいてくれます。

3．「いい子だなー」と思える子の家ではこんな質問を。

「いいお子さんですねー。うらやましいですよ。どんなふうに育てられてきたのですか？ 教えてくださいよ」

するとたいていのお母さんは，照れながら「いや，そんな何にもしてきてないですよ」などと言いつつも，気持ち良く自分の子育てについて教えてくれます。それってタメになる話だし，第一，気持ちよくしゃべってもらえたら，それだけでうれしいですよね。

4．しばしば問題を起こしてしまう子の家ではこんな話し方を。

「学校では，いろんな失敗をしちゃうのは当たり前です。失敗から学ぶ所が学校ですもの。○○君はいい子ですよ。だって同じ失敗を繰り返さないですもの。何度注意しても同じことを繰り返した時は，僕もガ～ンと怒るつもりなんだけど，○○君は僕の言うことをちゃんと聞いてくれているんですよ。同じことは二度としない。僕，うれしいなーと思っています。いい子ですよ」

実際，問題をしばしば起こしちゃう生徒だとしても，その生徒との関係が〈たのしい授業〉で，ちょっぴりイイ関係だったりした場合，少しは担任に気を使ってくれるようで，まったく同じ失敗は繰り返さないでくれることが多いのです。

●おまけのエピソード

それでは最後に，もうひとつうれしいエピソードを紹介します。
〈柳沢泉さんのお母さんの話〉

　　「先生の仮説実験授業，私，大好きで，いつも"かわら版"〔授業通信〕を楽しみにしているんですよ。この間の"アラザンは電気をよく通すか？"という問題，私，予想がはずれちゃったわー。そこで今日は，私が用意していた問題に，先生が予想してくださいね（笑）。では，問題！──ジャーン──この目の前にある私の作ったカリントウは何でできているでしょうか？」

僕はみごと予想をはずしてしまいました。

その後，柳沢さんは，そのマカロニで作ったカリントウをごっそり袋につめておみやげにしてくれました。たのしくて，おいしいおいしい家庭訪問でした。

なお，家庭訪問をより楽しくするためのアイデアについては，別に単行本『たのしい教師入門』(小原茂巳著，仮説社) で紹介してあります。あわせて読んでもらえるとうれしいです。（人名は一部仮名）

個人面談には
「友だちからの一言紹介」を

(初出No.211, 99・5)

●教師は楽チン，親もうれしい

木下富美子 東京・大泉学園緑小学校

面談には明るい話題を

　個人面談や家庭訪問など，学校では教師が親と一対一で話をする機会がよくあります。一人一人の子どもの具体的なことについて，つっこんだ話をするわけですが，私は，「何をどのように話したらいいのか」と困ってしまうことがあります。また，中には「話しにくいけど，ちょっと知っておいてもらった方がいい」というような事柄を抱えている子もいて，そんな子の親との面談はとくに緊張してしまいます。親の方でも「先生と向き合う」ということで構えていらっしゃるようなので，なおさら話を切り出すのが難しいのです。

　以前，個人面談の時に，お母さんの方から「うちの子，グズグズしているでしょう。家でもまったく……」などと話を始められ，だんだんそういう話に流れてしまったことがあります。私の方ではその子のマイナス点はあまり言うつもりがなかったのですが，実際，学校でもワンテンポ遅れることの多い子だったので，私もお母さんの言葉をハッキリと否定できなかったのです。持ち時間

の10分は，あっという間に終わってしまい，最後は「その子がグズである」ということを親と2人で確認した格好になってしまいました。とても後味が悪かったので，面談の後，家に電話をしてもう少し話をしたことを覚えています。

　こんなこともあるので，面談ではまずは教師がリードして，明るい話題に持っていけるように，準備をしておくことが必要だと思います。普段は個人的に話すことのないおうちの方と話をするせっかくのチャンスなのですから，できれば親も教師もいい気分になれたらうれしいですよね。

「友だちから見た○○さんを紹介します」
　教師との面談で親が一番知りたいのは，「学校での勉強は心配ないのか，仲間たちと上手に遊べているのか」という点だと思います。だから，喜んでいただくためには，まずはそれをお伝えすることだと思います。でも，教師はやはり，「勉強面での評価だけで子どものことを判断してしまっていて，その子のふだんの様子まで一方的な見方をしていることが多いのではないか」と気がかりです。そこで，私は個人面談のときには，「友だちからの一言紹介」を用意することにしています。面談の前に，子どもたちに「クラスの友だち一人一人の<u>よいところ</u>」を一言ずつ書いてもらい，当日それをおうちの方に紹介するのです。

　子どもたちが見ている目は案外たしかなものです。反対に私が全然知らなかったことなどもたくさんあって驚かされます。毎日いっしょに遊んだり，ふざけあったりしている友だちのことなので，子どもたちが取り上げる話題は幅が広いのです。たとえば，「ネコが大好きで，筆記用具などには何にでもネコの絵がついている」とか，「給食中にダジャレばっかり言う」などという，私がふだん気づかないことが意外とたくさん書かれています。

私は，面談の時には，「こんにちは」の挨拶の後，いきなり「クラスの子どもたちの目に映っている〇〇さんのことを紹介します」と言ってそれを読み上げています。そうすると，和やかな雰囲気で話を進めることができてとてもよいのです。おうちの方が一番喜ぶのは，何と言っても友だちからの評価です。友だちからほめられたり認められたりするのは，教師にほめられるよりも数段うれしいのではないでしょうか。

子どもたちの評価は安心
　子どもたちには，無記名で書いてもらっています。そして，
　「友だちのいい所を見つけて書いてね。とくに遊んでいる時や給食の時のことなどは先生が知らないことがたくさんあると思うので，〈あいつ，こんな面白い所があるんだよ，いいやつだよ〉と先生に分かるように書いてください」
　「おうちの人は，皆さんが，〈学校で友だちと仲良くしているかな〉とか，〈勉強についていけているかな〉〈いじめられていないかな〉ということが気になるのよ。その辺で，家の人が安心できる情報を集めたいので，協力してください」
とお願いしています。また，
　「自分の名前の欄，遠慮しないで，いい所をいっぱい書いてね。〈このごろ進歩したよ，4月からこんなことが分かったよ〉と自分で自分をほめてあげてね」
とも言っています。
　子どもたちは友だちに対してかなり寛大で，いい所をどんどん見つけて書いてくれます。私が「集団の中で規則を守らない」とか「勉強を熱心にしない」などと評価してしまいがちないたずらっ子でも，友だちからの評価はよいのです。時々騒いだりする彼らと一緒になって，「溜飲を下げている」ということもあるのか

もしれません。「教師である私は，子どもを評価する基準がとても厳しくなっているのかもしれない」と考えさせられてしまいます。

また，気になるのは，いわゆる「嫌われている子」ですが，今まで数年間この方法をやってきて，誰にもコメントを書いてもらえなかった子は一人もいませんでした。その子の何かしらよい所を，誰かしらが書いてくれます。子どもたちって，あたたかいです。

一日分ずつ書いてもらう

この「友だちからの一言紹介」を，子どもたちは嫌がらずに書いてくれますが，それでも，「40人のクラス全員分について書いて」なんて頼まれたら，きっとうんざりしてしまうでしょう。

だから私は，一日の面談の人数分，だいたい6人分ずつを，毎日5〜8分くらいで書いてもらうことにしています。そして，「どうしても全員分を書けなくてもいいけど，できたら4人以上は書いてほしい」とお願いしています。何も全員が評価し合う必要はありません。その子についてのおおよその傾向が分かればいいのですから，極端な話，一人の子について3〜4人が書いてくれていればいいわけです。

そんなわけで，子どもたちも6人の中から3〜4人を選び，気楽にさらさらと書いてくれます。慣れてくれば，もっとたくさんの子について書いてくれるようになるでしょう。

「一言紹介用紙」はこれが便利

子どもたちに書いてもらう用紙をちょっと工夫すると，面談の時にとっても便利です。B4判の紙にクラス30人の名前のゴム印を押して，一人分が5cm×5cmぐらいの枠になるように作るのですが，コツは，「面談する子の順番（家庭訪問なら，家をまわる順番）に名前のゴム印を押す」ことです。

30人クラスで面談が5日間なら，用紙に，縦に6人分，横に5人分が入る枠を作ります。私は線も引かずに，折り目を付けて，いきなりゴム印を押してしまい，それを印刷しています。
　子どもたちに書いてもらったら，用紙を裏返しにして集め，書いてもらった部分（1日分）を裁断機で切り取って短冊にします。そして，翌日またその用紙を渡して2日目分の一言紹介を書いてもらいます。
　面談当日は，その日の分の短冊だけを持って行き，お札のようにめくりながら読んでいきます。クラス名簿の順に押すと名前を探すのが大変ですが，こうやってあればとても見やすく重宝です。
　じつは，この「友だちからの一言紹介」は通信簿の所見を書くときにも大いなる味方になるのですが，このときはクラス名簿順にゴム印を押して用紙を作るとよいでしょう。
　余談ですが，枠が空いているときには，どさくさにまぎれて自分のゴム印も押しておくとよいでしょう。ちなみに，以前，私がやってみたときには，「元気な子です／理科がおもしろい／手品がうまい／たのしい」……なんて書かれていたりして，「思わぬところでうれしい拾いもの」という感じでした。

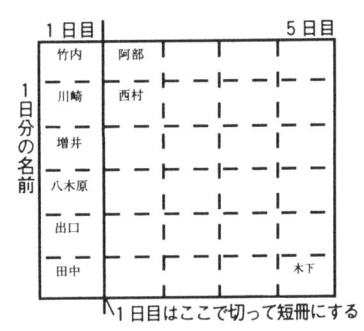

面談で読むときには……
　面談の時には，原則的には書いてもらったものを全部読み上げます。「足が速い」と書いている子が3人いたとしたら，省略せずに3回読みます。書いている子が多ければ，そう評価している子が多いということだからです。そして，「子どもたちにとって

は,〈足が速い〉っていうことはすごいあこがれなんですよ」と私のコメントを入れます。するとおうちの方も,「それだけが取り柄で……」などということにもなり,話が和やかにできます。

　また,日常生活を丸ごと一緒にしている友だちのことなので,悪気はなく書いたものでも本音がのぞいてしまうことがあります。もちろん,あまり悪いことだったら読み上げませんが,たとえば「授業中に立ち歩く」などという程度なら,親の様子を見ながらさらっと読んでしまうこともあります。「こういうときもあるんですよ」と,子どもたちの見方を通して,間接的に私の思いを伝えることができるからです。

おまけの工夫・タイマーとおみやげ

　ところで,話に夢中になっていると,面談の10分なんてアッという間に終わってしまいます。でも,「話を終わりにする」というのがまた難しい。とくに話し好きなお母さんのときには困ります。それで,私は「こんにちは」と同時にタイマーを押して,10分後に「ピピピ」と鳴るようにセットしておきます。これは話を終えるキッカケになります。それでも話が切れないときは,「日を改めてまた。いつでもご連絡ください。お気軽にどうぞ」と言っておしまいにします。私は家庭訪問のときにもこのタイマーを使っています。首からタイマーを下げて行くので,笑われたり,驚かれたりしますが,「時間通り」と感心されたりもします。

　それから,私は面談の時にはおみやげを持って帰ってもらうことにしています。おみやげには,運動会についての作文や絵など,子どもが活躍した時の「あしあと」がいいと思います。作文や絵などは,意外と子どもからおうちの方に渡っていなかったりするので,年に一回くらいはちゃんと手渡して,親子の話題にしてもらうのも悪くないと思います。おうちの方にも喜ばれますよ。

所見どうしてますか？
●お互いイイ気持ちになるために
(初出No.191, 97・12)

小浜真司　北海道・小樽市長橋中学校

●クルシかった通知表の所見書き

　ボクは中学校で技術家庭科を教えていますが，かつては担任をもつと，毎学期の最後にはたいへん忙しい思いをしていました。教科の評価以外に，通知表に成績をつける，欠席数の確認……。

　そのなかでも一番「つかれるなあ～，しんどいなあ」と思っていたのは，〈通知表の所見欄〉の記入です。所見っていうのは，学校での子どもの様子を家庭に伝える短い文章ですが，初めて担任をもったころは，数日間ウンウンうなっていました。最近それほど苦しまずに比較的スラスラと書けるようになったのは，『たのしい授業』にいくつか載っていた方法をとっているからなのです。つまり，

　山路敏英「ありがとう子どもたち」，木下富美子「もらってうれしい通信簿」，小原茂巳「ぼくの通知表所見は〈ラブレター〉」（全て『たのしいテスト・評価ハンドブック』（『たのしい授業』98年増刊号）に収録）などを読んで，ボクのできそうなところをマネしているのです。

●原則を考える

　ボクは，『たのしい授業』に載っているプランや仮説実験授業

などをやり始めた頃,「こういう授業をちょっとでもすると,すぐにみ〜んなイイ子になって,問題を起こしたりする子がいなくなって,ボクの言うことをよ〜く聞いてくれて,いじめもない,なんにも問題のないクラスになる」と思いこんでいました。しかし,現実はかなり違っていました。ボクは,それでずいぶん悩んだという過去があるので,「『たのしい授業』に載っていることをマネするときには,気をつけないといけないことがある」ということをつくづく考えるようになりました。それは,「たのしい授業の一番の〈原則〉というか〈考え方〉をおさえておかなければいけない」ということです。〈原則〉といってもそれほど大げさではありません。

> 自分(教師)も相手(子ども)もイイ気持ちになるように。
> せめて,お互いイヤな気持ちにはならないように。

　これが,いちばんの原則のような気がします。これは,小原さん,山路さんの文章や,丸山秀一さん(北海道・登別高校)から学んだことです。
　どちらか一方だけがイイ気持ちだったり,あるいは,どちらかがイヤな気持ちになっているのならば,それはどこかでムリがあるのだから,うまくいかなくなるのではないでしょうか。ボクがそうだったのです。教師が一生懸命やった結果,かえって子どもたちとの関係が悪くなってしまうようでは,あまりにもみじめです。〈通知表の原則〉について小原さんはこう書いています。

　通知表を書くときの僕の原則は「悪い知らせは絶対に書かない」ということなのです。もし,知らせる必要があるのなら,それは通知表ではなくて,個人的な「手紙」でお知らせすればいいのです。(「ぼくの通知表所見は〈ラブレター〉」『たのしいテスト・評価ハンドブック』(『たのしい授業』98年増刊号)

ボクにも「そのとおりだよなあ～」って思えます。通知表は次の学期にもまた目に触れるんだもの,「悪いことは絶対に書かない」のは特に大切なことだと思います。
　具体的な所見例は, 前記の本を見ていただけばわかるので省略しますが, ボクなりに心がけていることを紹介します。

●**いいところ, 進歩したところを景気よく書く**
　ダメなところなんて, 別に教師じゃなくたって, 誰だって発見できますよね。それに, ボク自身の経験からも,「あなたはこんなところがダメですね～」と言われて,「はいそうですね, それは気づきませんでした。すぐに直します」というふうにはいかないような気がします。「そうはいわれてもね～…かんべんしてください！」って感じかな。それに,「センセー, それに気がついてるなら何とかしてくれているの？」と思っちゃうかもしれません。もしかしたら, 欠点というのは別の人から見たら長所かもしれないから, そ～っとしておいたほうがいい, という考え方もあり得ます。
　とはいっても, ボクにはそうそう〈子どもたちの素晴しさ〉なんてわかりません。子どもたちはふだんは, うるさいし, 話を聞いてないし, 生意気だし……「どこが素敵なんだろう？」なんて思うこともしばしばなのです。そこで, 考えました。
（1）**いいところを発見できるような手だてを講ずる**
　仮説実験授業が当り前になっている人には言うまでもないことかもしれませんが, 子どもたちのいいところを発見するには, ボクの場合やっぱり「たのしい授業」をすることです。授業で子どもたちの喜んでいる姿が見えたり, 感想文に「とてもたのしかった」なんて書いてもらえると, 子どもたちのいいところがよく見えてくるのです。それに,「みんな楽しんでくれた, やってよか

ったなぁ」っていう喜びが，ボクら教師にもい〜っぱい残るんです。だから，あんまり「たのしい授業」ができない学期は，ちょっぴりつらいです。

（2）子どもたちに所見を手伝ってもらう

セコいボクは，山路さんや木下さんが，子どもたちに所見を手伝ってもらっているということを知って，「これだ！」と思い，毎学期〈自分でつける通知表〉というのを出しています。これは，すでにかなりの先生がやっていることでしょう。これもフツーの授業が多かった学期には，たくさんは書いてもらえませんでした。

（3）ステキ日記をつけておく

中学校では，子どもたちとベッタリという時間はあまり，というか，ほとんどありません（あればあったで疲れるんですけど……修学旅行とか）。そんな中で，ボクは「素敵だなあ」「いいなあ」と思ったことだけをキラクにノートに書き留めておきます。「毎日書こう！」とかイヤだったことも書こうとすると，自分が疲れてしまうし，あとから見たときにうんざりするので，ボク自身の機嫌をとりながら，「今日の授業はとっても楽しんでくれた」「おそるおそる注意したけど，直してくれた」「授業でハリキっていた」など，簡単に書くだけです。これは，小原さんのマネです。

＊

最後に，ボクが書いてもらっている〈自分でつける通知表〉（2学期用）を紹介しておきます。これは，木下さんと犬塚清和さん（愛知）のマネです。2，4〜6，8の選択肢は，犬塚著『なんでもないようなことが』（ガリ本図書館，単行本になる前のガリ本）をそのまま使わせていただいてます。ただ，「書いてもらうためのお願い」を木下さんのように口で言うのが恥ずかしいので，質問のはじめにメッセージとして入れました。このほか，思い出しやすいように2学期の行事，やった授業の一覧表も渡しました。

自分のスバラシさを見つけてね
　　　　　　　　　　　　番　名前

　2学期がもう終わろうとしています。アナタにとって，どんな4ヵ月間でしたか？　たのしかったですか？

　「おお，オレ，こーゆーところはよくがんばったよ」「私は，こーゆーところが進歩したなあ」なんていうところはありませんか。自分のことをホメられるようになったでしょうか？　どうですか？　2学期をふりかえってみて，自分のいいところ・がんばっているところを見つけて，教えてください。お願いします。

　みなさんは，今までと比べて進歩していると思います。ボクがあなたたちと接する時間はあまりありませんでした。そういうボクですから，気がついていないかも知れないので，自分自身のほめていいところを書いてください。〔以下，書き込み欄は省略〕

1．あなたのクラスの活動〔係など〕を教えてください。
2．係の仕事はできましたか？（行事〔文化祭〕のときのことでもなんでもよいです）
　　　　しっかりできた　　まあまあ　　さぼってしまった
　　　　　その理由（　　　　　　　　　　　　　　　　　）
3．学習，生活，友達のことなどで，よかったこと，がんばったこと，変わったことを教えてください。
　○学習面のこと（この2学期にがんばった教科は…）
　○生活面のこと
　○友達とのこと
4．「あの子がいるからクラスが楽しいよ」と思える人を2〜3人書いてください。
5．「あの子って，いろんなことに気がついて，やさしいなあ」と思える人を2〜3人書いてください。
6．自分の進路について，いま考えてることは？（行きたい高校など）
7．二学期の感想があったら書いてください。楽しかった行事についてでもなんでもかまいません。
8．「あなたの冬休み」についてスローガンを一言。

(初出No.251, 02・4)

「指導要録」のちょっとした活用術 ●よりよい出会いのために

赤間章夫　宮城・多賀城市城南小学校

みなさんは,「指導要録」を活用していますか？

「指導要録は学年末の記入作業まで開かない」「たまに見るとすれば,トラブルがあって,昔の記録を調べるときだけ」——そんな場合が多いのではないでしょうか。

まあ,ちょっと前まで私もそうだったのですが,近年は年度始めに活用しています。いい出会いをするためにちょっと役立つので,紹介します。

＊　＊　＊

まず,新学期が始まる前に,新しいクラスの全員分の「指導要録」に目を通します。たいていは,「総合所見及び指導上参考になる諸事項」の欄に,学習や行動面のいい点がいくつか書いてあるので,それを簡単に「児童名簿」にメモします。

私は面倒くさがりなので,「やさしい」「なわとび」などと,本当にちょこちょこっとキーワードを書くだけです。全員分やっても10分もかかりません。

さて,新学期。クラスに入って,顔と名前を確認します。その時,「〇〇さん,友達に優しいそうだね。今年もよろしく」「〇〇君,なわとびの名人だって？　楽しみだなあ」……と,声をかけていきます。すると,「ええ,なんで知っているの？」と驚かれます。

「自分のいい所を知ってくれている人」という印象をもってもらえたら,嬉しいですね。

〈学級じまい〉でお別れを

〈初出No.264, 03・3〉

野尻　浩　千葉・野田市野田第二中学校

「学級開き」はしてきたけれど

　学年を問わず，僕は，毎年『たのしい授業』(特に3～4月号)を参考にして「学級開き」を意識的に行ってきました。

　しかし，年度末の〈学級じまい〉については，特に1・2年生(中学)を受けもっていた時には，ほとんど意識していませんでした。心の中で「来年度もまた一緒になれるだろう」という気持ちが働いていたのか，実にあっさり子どもたちと別れていたのです。

　ところが，今年の3月，僕は1年の担任をしていて，日野君という，クラスのリーダー的な男の子の転出がきっかけで，「学級じまい」について考えるようになりました。最初は，「最後の修了式の日に〈日野君のお別れ会〉を簡単に開こうかな」とだけ考えていたのですが，最終的には「〈日野君のお別れ会〉と〈学級のお別れ会〉を一緒に開いてしまおう」と考えるようになりました。

　しかし，3学期末って，通知表だけでなく指導要録もつけたり

するので、いつもの学期末よりも忙しい。それに、急に思いついたので、準備期間は1週間もありません。だから、「僕の負担が軽く」「できるだけ子どもたちに準備ができる内容で」と考えたのですが、さらに「楽しく感動的な〈学級じまい〉にしたい」という、欲ばったことを思い描きました。

〈学級お別れ会〉の様子

僕の職場では、〈学級じまい〉をしている先生がいなかったので、いろいろさがした結果、『中学校学級担任アイデアブック』(家本芳郎編著、たんぽぽ出版)という本を見つけました。その中に、忙しいこの時期にも実現可能と思われる、簡単で楽しそうなアイデアが載っていたので、ほぼそのままやってみることにしました。

さっそくこの本をもとに、僕がおおまかな骨子を決めて、「お別れ会実行委員」(学級委員＋各班の班長)の子どもたちと相談しながら細かなプログラムなどを決めていきました。2部構成とし、第1部は教室で〈学級お別れ会〉、第2部は理科室で飲食を伴う〈日野君のお別れ会〉という内容で考えました。

以下、それぞれの準備や様子をプログラムに沿って紹介します。なお、司会・運営は、すべて実行委員の子どもたちが行いました。

第1部・学級お別れ会（教室）

1．始めの言葉
2．学級の思い出ベストテン

これは、「お別れ会の数日前に〈一年間で何が思い出深かったか〉というアンケートをクラスで実施し、集計してベストテンを出しておき、当日に発表をする」というものです。

当初はこの発表で,「思い出の名場面を寸劇にして,班ごとに披露する」という計画があったのですが,時間が足りなくてできませんでした。そこで,学級委員に口頭で発表してもらうことにしました。「これじゃあ盛り上がりに欠けるだろうな」と心配でしたが,発表ごとに拍手があったり,意外と楽しくできました。

　ベストテンの中では,圧倒的に体育祭や合唱祭などの「行事」が多かったです。中には「ものづくり」も入っていました。

3．学級の財産わけ大会

　これは,「学級に飾ってあった賞状や写真・掲示物等を,希望者にあげる」というものです。大掃除の時に誤って捨てないように気をつけました。当初,「希望者が多い場合はゲームで決める」という計画でしたが,当日は時間の関係でジャンケンにしました。

　一番人気は,体育祭で応援賞をとった時の〈記念写真〉。これは額に入れて,ずっと黒板の上に飾っていたものです。次は,「体育祭でとった応援賞」と「合唱祭でとった優秀賞」の〈賞状〉。やはり,子どもたちにとって,苦労して勝ちとったものは,なによりも重みのあるものなのでしょう。大いに盛り上がりました。

4．ゲーム

　ゲームに関しては実行委員の由治君が乗り気で,「僕が受けもちます！」と立候補し,室内ゲームの定番〈フルーツバスケット〉をすることになりました。

　このゲームのルールは知っている人も多いでしょう。まず,参加人数より1つ少ないイスを円形に並べて,全員座ります。イスに座れない鬼は真ん中で,「任意の項目」（例：眼鏡の人など）を座っている人たちにたずねます。その項目に該当する人たちは,立

ってそれぞれ空いている席に移動しなければなりません（但し，鬼が「フルーツバスケット」と言えば全員席を移動）。その際，隙を見計らって鬼は空いてる席に座り，座れなかった人が次の鬼です。

　このルールに，由治君は一つの工夫を凝らしました。それは，「イスに座りそこなった人に，〈クラスで器用だと思う人は？〉〈やさしい人は？〉などのクラスメイトのイイ点に関する問題を出して当ててもらおう」というものです。解答者の答えが，由治君が独自に行ったアンケート「問題に該当すると思う人」の集計結果ベスト３に入っていれば，正解でゲーム続行。不正解だと「大声を出す」や「自分の得意技を披露」等の軽度で場を盛り上げるような罰ゲームをしてからゲーム再開，というものです。

　問題に間違っても，みんなうれしい笑顔でした。他のクラスに迷惑がかかってしまうほど，盛り上がりました。

５．記念品配布

　記念品には，３年の先生が教えてくれた，簡単で，見栄えもいい〈パウチした大判の記念写真〉を贈ることにしました。

　前もって，実行委員の子どもたちに「〈体育祭で応援賞を取ったときのみんなが写っている写真〉をパウチしようか」と言うと，大喜びで，賛成してくれました。

　写真のネガを持っていないので，一番簡単そうなやり方，本物の写真をカラーコピーすることにしました。さらに，学校に出入りしている業者の人が，光沢紙で普通紙と同じ値段でカラーコピーしてくれる，というのでお願いしました。クラスの人数分をコピーする時間も省けたし，値段も同じなので一石二鳥。あとはこのコピー紙を，ラミネートフィルム（Ａ３判，20枚で1000円）には

さんでラミネート加工機でパウチしただけです。35人分，30分でできました。

さて，この〈記念品配布〉まで，実行委員を除いた子どもたちには記念品を見せませんでしたが，当日，渡すやいなや歓声が上がり，どの子も大喜びでした。あとで子どもたちに聞いた所，廊下で他のクラスの子たちに自慢をしてたようです。

このアイデアは，オススメです。もし学校にラミネート加工機があれば，やってみてください。

6．歌声

これは，クラスの実態にもよるので，やってもやらなくてもどちらでもいいでしょう。ちなみに僕のクラスは，合唱祭で「優秀賞」をとった思い出の合唱曲があったので，歌うことにしました。

「日野君のお別れ会」の様子

さて第2部は，理科室に移動し，〈日野君のお別れ会〉です。

第2部・日野君のお別れ会（第1理科室）

1．日野君への記念品贈呈と日野君のあいさつ

日野君への記念品は，実行委員で話しあって決めました。結局，クラスの仲間たち一人ひとりが，各自の電話番号や住所を書き綴った「プロフィール帳」と「スポーツタオル」を送ることになりました。こういうことは女子が好きなようで，買い出しから，プロフィール帳の回収，包装まで，全部やってくれました。

この会の2日前に日野君が，「先生，みんなの前で話をすると，涙がでてしまうので，簡単でいいですか？」と聞いてきたので，「泣いてもかまわないから，自分の思いを伝えなさい。最後なん

だから」と僕は言っておきました。すると日野君は，自分の「あいさつ」のために，わざわざ原稿を書いて読み上げてくれました。

彼は，話しているうちに，だんだん目のまわりが赤くなって，それを見ていた子どもたちも，シ〜ンと静まりかえって聞いていました。最後に日野君は，自分のお小遣いで買ったというマーカーペンをクラスの一人ひとりに渡していました。

２．先生の話（お別れの学級通信）

いよいよ僕の出番。といっても「学級通信」を配って，読むだけです。お別れの「学級通信」ということで，犬塚清和さん（愛知・平坂中）の『なんでもないようなことが』（キリン館）と，小原茂巳さん（東京・羽村二中）の学級通信をアレンジして，転出する日野君とその他の子どもたちへの僕の気持ちを書きました。

●さようなら日野君。元気でね，笑顔でね

　あなたの転校の話を，お母さんから聞いたのは，「３年生を送る会」を１週間後に控えた，生徒会の活動や学年発表の練習で一番大変な時期でした。

　お母さんから転校の話を説明してもらっているとき，一緒にいたあなたの目から，大粒の涙がポロポロとこぼれ落ちましたね。……。

　あなたの涙を見ていて，この野田での生活・二中での生活・１年４組での生活，いい思い出がたくさんできたんだろうなぁと思いました。そして，別れがとってもさびしいんだろうなぁとも思いました。でもそう思えるのは，あなた自身が一生懸命に生活した証拠です。

　胸を張って，「いい顔」で新しい生活を迎えなさいね。……。

　でも，困ったことや，自分で解決できないことがあったら，遠慮なく連絡してください。……。

　そしてなにより，あなたと一緒に生活した仲間がいることを忘れないように。　　　　　　　　　　　　　　　　　　　　　　　〔抄録〕

最後に僕は，日野君のために，ギターで中島みゆきの「時代」

を歌いました。いつもはにぎやかな僕のクラスの子どもたちも，このときばかりはシ～ンとして聞いてくれました。中には，泣きそうになって，鼻をグチュグチュさせている子もいました。

3．共に作って食べる会

第2部のメインともいえるプログラム。本当は，クラスみんなで料理を作るところからやりたかったのですが，時間がとれないということと，「職員会議」という僕の都合上，計画の段階でみんなで作ることを断念。そこで，副担任の女の先生とクラスの女子2人に手伝ってもらい，「学級お別れの会」の時から，調理してもらうことにしました。作る物は，炊飯器で簡単にできるケーキ「カマ・デ・ショコラ」*。全部で6つ作ってもらいました。
＊木浪健二郎「炊飯器でケーキ」『ものづくりハンドブック5』(仮説社，208ペ)

女子2人は，席の準備から黒板の飾り付けまでやってくれました。教室から理科室に移動すると，きれいなケーキが席の前にあるので，みんな感動したらしく，とても喜んでいました。

僕は，食べ終わるまで一緒にいたかったのだけれど，結局，会議の時間になってしまって途中で抜けました。だから，その場での子どもたちの反応はわからないのですが，全部平らげたようなので，満足してもらえたのではないかと思っています。

子どもたちの評価

初めて意識的に行った〈学級じまい〉。忙しい中での取り組みでしたが，僕としては思い出に残る会ができたな～と思っています。

ところで，子どもたちの評価はどうでしょうか？

〈感想文を書いて〉と頼まなかったのですが，それについて嬉

しいことがありました。職員会議が終わり，理科室に後かたづけをしようと戻ってみると，すでにとてもキレイになっていて，黒板いっぱいにこんなことが書いてありました。

> ハラッチ（僕のあだ名），後かたづけしておきました。1年間お世話になりました。ありがとうございました。1年4組でよかった。　　　　　　　　　　　　　　　　クラス一同

さらにその後，日野君と彼のお母さんからそれぞれ，とてもうれしいメールをいただきました。

> 今日は本当にありがとうございました。先生が第2部の時にぼくへのメッセージを読んでくれた時，ぼくはまた涙がでそうになりました。だけど2回（トイレでも泣いたから本当は3回）泣くと男の子としても情けないしふんいきを壊すような気がしたからけっこうふんばり？ ました。歌ってもらったときがいちばん苦しかったです。これからも，相談させてもらいます。がんばります。　　　　　　　　　　日野祥磨

> 野尻先生,お会いしてお礼を言わなくては失礼と思いつつ，メールにて，あいさつさせていただきます。今日いただいてきた学級通信を読ませていただき,涙が止まらなかったです。読めば読むほど，先生の優しい人柄に心うたれしだいです。祥磨は，先生に会えてよかった。二中の一年の，素晴らしい出会いの宝物を持って，はばたいてくれることを願っています。ありがとうございました。　　　　　　　　日野ゆか子

＊

皆さんは，〈学級じまい〉どうしていますか？　もし，いいアイデアがあったら，ぜひ，教えてください。　　　　　（2002.3.26）

楽しく担任をするワザ

●みなさんのまねをさせてもらっています
（初出No.145, 94・9）

埼玉・川越市城南中学校　滝本　恵

念願の担任です。

　私，今年，とっても久し振りに担任になりました。2人の子どもを産んで育てて，出たり入ったりしていたので，ここ6年半の間は，ずっと担任からはなれていたのです。

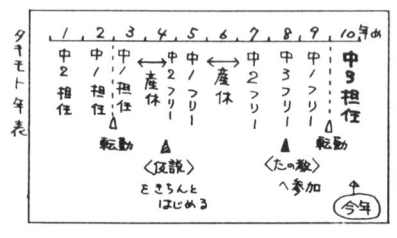

　子どもが小さい頃は，フリー（副担任）は助かるし，理科の授業も〈仮説実験授業〉で充分楽しくやれていましたので，別に不満はありませんでした。

　でも，教師8年目の9月に，〈たの教サークル〉へ通いはじめてからは，とてもとても担任もやってみたくなってしまいました。だって〈たの教サークル〉で研究されていることには「楽しく担任をやるための技」がい〜っぱいあるんですもの。私だって担任も楽しくやってみたいも〜ん。

　それで，去年（9年目）は，とても強く担任を希望したのですが，あまりの希望者の多さに，まったく相手にしてもらえずガッ

クリ……。ところが，今年転勤することになり，〈中学3年〉に所属がきまりました。「こりゃ，またフリーかな」と思っていると，1クラス分担任がぽっこりあいているじゃああありませんか。思わず手を挙げて，「よかったらやらせて下さい！」と叫んでしまったのでした。

そして，私，教師10年めにして，〈転勤早々，中3の担任〉しかも〈担任するのは6年半ぶり〉という，けっこうはげしい条件のもと，念願の担任になったのでした。

ヒサンな過去と努力の日々

こんな風に立候補して担任になった私ですが，自分の経験として，担任への自信があったわけでは全くありません。

教師1年目，それはそれはヒサンでした。正義と理想はことごとく空まわりし，子どもと私の関係はグジャグジャになりました。子ども同士もバランバランでした。お別れに書いてもらった作文に「ヒサンな1年間だった。おもしろかったことは何もない。早くクラス替えしたい」なあんて書かれてしまったくらいでした。ホントにヒサンな教師としてのスタートでした。

2年目は，うって変わって楽しい1年間でした。でも，そうするために，ものすご～く努力をしました。クラスの子38人全員と，毎日交換日記をしました。毎日お返事書きに2時間かかりました。席替えは〈ソシオメトリックテスト〉の結果を使って孤立児が出ないように等，ものすごく気を使ってやりました。ものすごく時間のかかる作業でした。でもどちらも子どもたちはとてもよろこんでくれたので1年間続けました。毎日，学校を出るのは，夜の9時，10時でした。おかげで，子どもと私の関係も子ども同士の関係も，とてもあたたかいイイ感じでした。

次の年，転勤した学校でも，同じことを続け，同じような，あ

たたかい雰囲気の学級になっていきました。(11月より産休)

私は忙しいママ先生

　まあ，2年目，3年目は，楽しく担任をやれた私ですが，それは当時は独身で，時間をいくらでも好きなように使えたから，といえます。

　今，私は結婚し，2児の母です。毎日5時に学校を出て保育園にお迎えに行かなくてはなりません。帰ってからも，おかあさんとしての仕事が山盛りです。自分のために使える時間はほとんどゼロです。つまり，2，3年目のやり方は，時間的にとてもじゃないけど不可能なのです。

　こんな私ですが，久々の担任もなんとかやっていけそうな予感がしました。なぜかというと，小原茂巳さん（昭島市・清泉中）をはじめとする〈たの教サークル〉のみなさんの研究は，「ラクして最大の成果を・誰にでもまねできることを」を，モットーにしているからです。これなら〈5時まで女〉の私にもぴったしじゃあ，あ〜りませんか。

　「よ〜し！　この1年間，〈たの教サークル〉で学んできた技で勝負！」とものすごくワクワクしてきちゃったのでした。

〈たの教〉＆『たの授』の技のオンパレード

　さて，4月から3年4組の担任となった私，もう初日から，この2ケ月間，ありとあらゆる技を使いまくりました。「まね」させてもらった技を書き出してみると……
・出会いのメッセージ（小原さん，『ホームルーム』94年4月号，学事出版）
・アクロスティックで自己紹介（『たのしい授業プラン国語1』）
・オバラ式そうじのさせ方（小原さん，『たの授』№107または『たのし

い教師入門』仮説社)
- オバラ式委員・係の決め方（〃,『たの授』No.126または,『たのしい教師入門』)
- オバラ式連想ゲーム（〃,『教室の定番ゲーム1』）
- いい目標によって広がるイイ関係（山路敏英さん,本書）
- オバラ式家庭訪問（小原さん,『たのしい教師入門』）
- 朝の詩集（中・一夫さん・昭和中,ガリ本）
- 進路だより（〃,『たのしい進路指導』）
- 席替えはテッテーテキに管理する！（竹内徹也さん,改訂＝田中新さん,『たのしい「生活指導」』）
- 〈おひかえなすって〉の授業紹介・プリント（山路さん,『これがフツーの授業かな』）
- なみだくじ（丸屋剛さん・向原中,『たのしい授業』No.134）
- たまご立て（『たのしい授業』No.136）
- べっこうあめ作り（『ものづくりハンドブック1』）
- スライム作り（『ものづくりハンドブック2』）
- 仮説実験授業＝〈自由電子が見えたなら〉

　　　　　　　　　　　　　　　＊ガリ本以外は,仮説社で販売。

と,まあこん感じで〈学級経営〉〈ものづくり〉ゲーム〉〈授業〉など,はげしく「まね」しまくっているのです。

生徒さんからの評価は

　こんな私を担任として,生徒さんたちは,どう見てくれているのでしょうか。

　生徒さんに書いてもらった〈滝本先生のこと教えてあげる〉という題の文を紹介してみます。（〈○○先生のこと教えてあげる〉は,初めての保護者会で親に読んであげて安心してもらうというプランで,木下富美子さん（東京・秋津東小）に教えてもらいました）。

●こまかく気を使ってくれる

　クラスの担任としては,こまかい面まで気をつかってくれるし,おもしろい先生です。(悟史くん)

●子供心がわかる人

　はじめてあった日,正直にいうと,とてもたよりないような気がした。だが,けっこうしっかりしていて,すぐにクラスになじんだと思う。先生は子供心がわかる人だととっても思う。(真由美さん)

●さすが10年目！

　とってもやさしい先生です。小さくてかわいいけど,とってもしっかりした先生だと思います。

　さすが10年目だなー！と思ってます。(亜可音さん)

　こんな感じで,担任としての私を,とても好意的に受けとめてくれているみたいなのです。

　〈学級経営〉に関するプランは,はじめて「まね」するものばかりの初心者マークの私なのに,「さすが10年目」なんて書いてもらえちゃってー。さすが〈たの教サークル〉のみなさんの研究されていること,『たの授』に紹介されていることは,

　「子ども心にみごとなまでにフィットしているなあ」

と,改めて,カンドーしてしまったのでした。

私ってひとまね上手!?

　ところで,私,サークルの人によくこう言われます。「タキモトさんは〈ひとまね〉が上手だねえ。〈まね〉のセンスがあるよー」。なるほど私ってホントに「まね上手」かもなぁって思います。サークルでもらった資料や『たの授』にのっている記事などで,「あっ,これいいなぁ〜」というものがあると,そっくりそのまま「まね」させてもらっちゃいます。そして,ほとんどの場合,

見事なまでにうまくいっちゃうのです。

　もちろん，うまくいっちゃうのは「まね」させてもらっているプラン自体がすばらしいからに決まっていますし，仮説をやっている人の中には，私のように他人の財産を積極的に取り入れている人も多いと思います。だが，しかし，私の「まね」の仕方は，他の人とは少しちがうところもあるように思いますので，ちょっとまとめてみたいなって思いました。

滝本式〈ひとまね〉の術

その1 このプランは○○さんの「まね」でーすと子どもに言っちゃう（宣言）

たとえば，

😊 今日は〈委員・係決め〉をやります。

ふつうとは，ちょっとちがう方法の〈オバラ式〉というのでやりたいと思います。オバラさんというのは私のサークルのセンパイで，去年この方法でやったら，とてもよろこばれたそうなのでまねしたいと思いまーす。

とか，

今，配った〈進路だより〉は，東京のセンセイでサークルのセンパイの中一夫さんという方が書いたものです。中さんは，去年進路主任をしていた方で，その時出した〈進路だより〉がとってもステキだったの。みんなにも読んでほしくて配らせてもらいました。

こんな感じで，生徒さんに紹介しています。「○○さんのまね」というのを言った方がいいかは，色々と人によって考え方のちがいもあるとは思いますが，私は言っちゃう方が好きです。

　その方が，目新しいことを提案するのにはずかしくないし，何より，生徒さんが「この先生いっぱい勉強してるなー」とよろこ

105

んでくれるのです。それに、他の人のプランを、自分が書いたかのように手直しするのもめんどくさいもん。中さんの〈進路だより〉の「ボク」を「私」に直すのだって私にはたいへん！ そんなことにエネルギーは使いたくないもんね〜。

「オバラ式です」「中さんのまねです」「ヤマジさんが考えたの」……といつも言っているので、「今度、席替えをするけど私にキチンと考えがあるので任せて下さい」などと言うと、「こんどもオバラ式」なんて生徒さんの方から声がかかったりするんです。

その2 なぜ、そういう方法をとるのかという哲学（元になる考え）の部分も、プリントにして生徒さんに伝える（哲学）

たとえば「席替え」。私は、竹内徹也さん（大阪・天王寺商高）の「席替えはテッテイ的に管理する」（『たのしい「生活指導」』仮説社）の方法を田中新さん（東京・春江中）が手直ししたプランを使いました。ところが、生徒さんから、「クジ引きはやだ〜」とかガンガン意見が出ていたので、迫力のまるでない私が全く新しい方法を提案しても、ブーブー言われて負ける可能性がありそうです。

そんな時、私はプリントを作ります。『たの授』や他の人の資料を切り貼りしたり、自分の思いを書き込んだプリントを作って、生徒さんに〈なぜ、テッテイ的にクジ引きで管理するのか〉という哲学も、しっかりと伝えるのです。口べたな私には、このプリントが強い味方なのです。プリントで一気に哲学の部分までどーんと提案してしまうと、ほとんどの生徒さんは「なるほど、そうかもねー」という感じになっちゃうのです。

いつもいつもこんなプリントを作るわけではありませんが、生徒さんの今までの考えとのギャップが大きそうな時は、このプリントは有効みたいです。

その3 もし、やってみてうまくいかなかったら、予想変更しますーと、あらかじめ言っておく（予想変更）

何をするにも仮説・実験。こちらが,いくら善意ですすめたことでも,当の子どもたちが気持ち良くなければ,いさぎよくひっこめなくっちゃね。

　たとえば〈オバラ式そうじ〉。はじめは,すっきり手早くキレイになってた教室も,このごろはいまひとつ。生徒さんからも「なんだかオバラ式,うちのクラスにあわないかも〜」なんて言われてタラ〜。そんな時はすぐ生徒さんに紙を配ってきいちゃいます。

> 😊 なんだかこのごろそうじがいまひとつみたいです。あんまりキレイになんないし,はじまるのも遅くなっちゃってるし,自分の分担が何色かもよく知らない人もいるみたい―。
>
> 　オバラ式はよくないのかなぁ。みんなの考えをきかせて下さい。そして黒板に
>
> 　どちらの方法がいいと思いますか。①ふつう式(班で協力)②オバラ式(完全分担式)。
>
> 　なぜ,そちらの方がいいですか。理由も教えて下さい。

なんて書いて,1人1人の考えをきかせてもらうと――,ほとんど全員がキチンと理由まで書いていてくれて……

　結果は,①10対②27でオバラ式の勝ち。ふつう式を選んだ子の理由のほとんどが「この方法にまだなれなくてよくわからないから」だったこともわかりました。

　それと,私が何気なくオバラ式をアレンジしていたのがマイナスになっていたことも見えてきました。

　そこで,こんな風に生徒さんに話しました。

> 😊 みんなの意見を集計してみたら,10対27でオバラ式の方が多かったです。これからもうちのクラスのそうじはオバラ式でいきたいと思います。ふつう式がいいっていう人のほとんどが「まだオバラ式はよくわからない」だったので,もう一度説明するからきいて下さいねー　(中略)

あと，1つ私がオバラ式を変えちゃってたのがよくなかったみたい。今までは席替えの時に3週間分のそうじの分担の色をまとめて決めてもらっちゃってたけど，これからはオバラ式の基本〈毎週月曜日ごとに分担を決める〉に直しますね。ゴメンなさい。

こんな風にして新たに再開した〈オバラ式そうじ法〉。教室はまた，素早くピカピカでイイ気持ち♡ああよかった♡

他の方法も，もしいきづまったら（今のところその気配はないけど）同じように生徒さんにきいてみようと思います。

努力しなくても

6年半ぶりの担任も，こんな感じで順調に軌道にのったようです。2，3年目の時みたいに努力しているっていう感じはほとんどありません。「次はこれを『まね』させてもらおうっと」「あらー，またうまくいっちゃたぁ」。これのくり返しなのです。まさに，サークルのモットーを証明できたみたいで，うれしくなっちゃいます。

気がついたら，私の大好きな雰囲気のクラス……。決してビシッとはしてないけれど，ふつうの声で話ができて，ちゃんと反応してくれて，よく笑い声がおきてあったかい感じのクラス，になってきちゃってるんです。

すごく居心地がよくてHappyな毎日を送らせてもらってます。

それもこれも，〈たの教サークル〉のみなさんをはじめ，いろんな方々の研究のおかげさまと，心から感謝している私です。ほんとうにありがとうございます。これからも，もっともっといっぱい「まね」させて下さいね。

さいごに，あと2人生徒さんの文章を紹介します。

●今の方がよいです

今までの先生とは少しちがった考え方や授業をやる。私は，今までのよりも今の方がよいです。先生にもみんななじんでて，とてもとてもぐっとぐっとな先生です。(理恵さん)
●安心して中学最後の生活が
　いつもニコ²していて明るくて，とってもかわいい先生です。理科の授業も少し変わったやり方で，とっても楽しくわかりやすい授業です。
　滝本先生が担任なら，安心して中学校最後の生活が送れそうです。(美さん)

　うれしいですね。この生徒さんたちの期待を裏切らないように，これからもいっぱい〈快適な管理〉を，そして〈たのしみごと〉を提供しつづけたいと思います。
　そして，私の一番大切な仕事である理科の授業「仮説実験授業」にいっぱいエネルギーをそそぎたいと思うのです。

　〔追記〕先日出版されたばかりの，小原茂巳さんの『たのしい教師入門』(仮説社)には，この資料の中にも紹介させてもらった担任としての技が満載です！　これから「まね」させてもらいたいこともまだまだいっぱい！　「ラクして最大の成果を・誰にでもマネできることを」の条件をバッチリ満たした技の数々……惜しげもなくこんなにみんな教えてくれちゃうなんて。オバラさんって，なんていい人なんだろうと思います。
　担任として，教師として悩んでいる人に──悩んでないけど，もっとHappyになりたい人に──とっても読んでもらいたい，とーってもステキな本です。あっもちろん〈仮説実験授業〉に関するステキなお話もいっぱいのってます。
　これだけホントに役立つ本は，めったにないですぞ！　オバラさん，これからもいっぱい学ばせて下さいね♡

● 初めて本誌を手に取る方へ ●
仮説実験授業とは？

　1963年に板倉聖宣氏によって提唱された，問題に予想（仮説）をたて，結果（答え）を実験で確かめていくことを繰り返して，科学（自然科学・社会の科学）の基本的な概念や法則を教える授業です。一流の科学者がその法則を発見した道筋——問題意識・思考・感動を追体験する授業であるともいえます。

　「授業のすすめ方」はとても簡単。なぜなら，仮説実験授業では必ず「授業書」とよばれる「教科書と指導案とノートを兼ねたような印刷物」を使い，そこに書かれているとおりに授業をすすめればいいからです。授業書は，実験によって自分のたてた予想の正否を明確にすることができる一連の「問題（と選択肢）」を中心に構成されていて，実験の前には，しばしば，対立仮説を明確にする「討論」が設定されています。

　そして，その授業の成功・失敗の判断基準を教師の評価ではなく，子どもたちの評価においています。「クラスの過半数の子どもがこの授業を〈たのしい〉〈おもしろい〉ということ——少なくとも〈つまらない〉〈いやだ〉という子どもが例外的にしかいないこと」を目指しているのです。

　仮説実験授業の成果はかなり広い範囲に渡っていて，ここには簡単には書ききれないほどです。本誌の中にも，仮説実験授業を受けた子どもたちの楽しそうな様子がたくさん収録されています。ご一読いただければ，その素晴らしさに引き込まれるでしょう。

仮説実験授業のＡＢＣ 第4版
楽しい授業への招待

板倉聖宣著　目からウロコがおちる「評価論」を中心に，仮説実験授業の考え方や授業の進め方，そして授業書一覧と解説・参考文献の紹介・入手方法まで収録。「仮説実験授業をはじめてやってみる」という人はもちろん，すでに「十分に知っている」という人にまで役立つガイドブック。　1800円（税別）仮説社

授業がスキだと学校も好き!

たのしい授業ガイダンス

月別おすすめプラン
幸せを感じるテスト?!
宿題どうする?

(初出No.251, 02・4)

たのじゅばこ
OPEN

佐竹重泰 東京・武蔵村山市第一小学校

月刊誌『たのしい授業』に掲載された授業プランや，ものづくりの中から，その月に使えるおすすめのものを紹介します。

（低）……1，2年生から実施可能／（中）……3，4年生から実施可能
（高）……5，6年生から実施可能　※あくまでも目安です。
雑誌のバックナンバーのご注文は，直接仮説社（03-3204-1779）まで。

4月・出会い特集

●桜の花びらの教室提示（低）
桃色の画用紙を切って作った桜の花びらに，新学期の目標などを子ども達に書いてもらって，それを模造紙に貼り付けて提示します。4月の最初の授業に。
『学校行事おまかせハンドブック』（241～243ペ, 仮説社）

●自己紹介クイズ（中）
自分のことを選択式クイズにして子ども達に答えてもらうと自己紹介がスムーズに運びます。僕はNo.236の小原茂巳さんのやり方で行っています。保護者会の時にもしています。
『たのしい授業』No.36（52～53ペ）No.236（96～106ペ）

★〈空気と水〉（低）
仮説実験授業の授業書。最初にとりあげる授業書としてオススメです。
★〈ものとその重さ〉（中）
この授業書も出会いの授業に最適！
＊これらの授業書は，仮説社に直接お問い合わせ下さい。

■小原茂巳さんの
「出会いの通信」（高）
小原茂巳さんが考えた学級通信です。子ども達と保護者に向けての出会いのメッセージが書かれています。僕もそれを参考にしています。
『たのしい授業』No.250（78～82ペ）

◆五味太郎『らくがき絵本』（低）
学期はじめのちょっとした自習時間にもできるお絵かきの題材がたくさん載っています。（ブロンズ新社）＊『たのしい授業』ではNo.118の44ペ～45ペに紹介しました。

(初出No.253, 02・5)

たのじゅばこ

佐竹重泰 東京・武蔵村山市第一小学校

『たのしい授業』に掲載された授業プランや，ものづくりの中から，その月に使えるおすすめのものを紹介します。

(低)……1，2年生から実施可能／(中)……3，4年生から実施可能
(高)……5，6年生から実施可能　※あくまでも目安です。

5月・家庭訪問など

●お家の人への手紙をクイズ形式にして家庭訪問（低）

学校生活の様子を子どもたち自身に書いてもらい，それをクイズにして，親に答えを当ててもらいます。5月の家庭訪問の時におすすめです（個人面談でも使えます）。
田辺守男「コレであなたもたのしく家庭訪問！」『教室の定番ゲーム2』（仮説社，53～63ペ）

★運動会の前に運動会ガイド（低）

運動会の各種目に出場する子どもたちの演技場所などを保護者に向けてお知らせすると，喜ばれます。
菊地美紀「運動会の前に運動会ガイド」，長谷川佳代子「子どもが書く〈オリジナル運動会ガイド〉」『学校行事おまかせハンドブック』〈92～98ペ，仮説社〉＊他にも，この本の48～101ペには，運動会に役立つ記事がいっぱい載っています。

■ステキ手紙作戦（低）

子どもたちのいいところを電話や手紙で保護者に伝えるというもの。いつでもできますが，僕は，子どもたちのいいところが新鮮に見えているこの時期によくします。
小原茂巳『たのしい教師入門』(214～224ペ，仮説社)

◆いじめるということ（低）

小原茂巳さんの子どもの頃のいじめについての体験談。僕は，学年初めにそれを印刷して子どもたちに配って読んで，そのあとで感想文を書いてもらっています。
小原茂巳「いじめるということ」『たのしい授業』No.151 (56～58ペ)，No.251 (98～101ペ)

『たのしい授業』に掲載された授業プランや，ものづくりの中から，その月に使えるおすすめのものを紹介します。
(低)……1，2年生から実施可能／(中)……3，4年生から実施可能／(高)……5，6年生から実施可能　※あくまでも目安です。

●顔を水につけない水泳指導（低）

　僕は，普通の水泳指導をしているのですが，こういう水泳指導の方法もあるということを，いつも覚えておきたいのです。また，「浮いていることを楽しむ水泳の授業」という記事もあります。
竹田美紀子「顔を水につけない水泳指導」，延賀浩二「浮いていることを楽しむ水泳の授業」。ともに『たのしい授業プラン体育』（『たのしい授業』増刊号，No.266）

●にこにこドキドキ授業参観（中）

　授業参観で，仮説実験授業をするときにいつも手元に置いています。授業のすすめ方や保護者への配慮，準備した方がいいものなども書いてあります。僕は当日，教室の机の上にこの記事のコピーを置いて授業をしています。
小原茂巳「にこにこドキドキ授業参観」『たのしい授業』1998年4月号 No.195（97～113ペ）

●おすすめものづくり①ミニまきゴマ（中）

　マッチ棒（僕はつまようじを使っています）と画用紙で作る簡単なコマです。一度作ると，その後は材料を用意しておけば，子どもたちは自分たちでどんどん作っていきます。外遊びのできない日が多い季節におすすめのものづくりです。この他，『ものづくりハンドブック（1～5巻）』には，簡単で子どもたちに好評のものづくりがたくさん載っています。
時哲朗「まきごま」『ものづくりハンドブック2』（369～370ペ，仮説社）

●変身カタツムリ（低）

　ティッシュペーパーで作ったカタツムリの殻の部分が消えてなくなるという手品です。梅雨の季節に合わせて紹介しています。（梅雨の季節でなくても出来るのですが……）
小俣和弘「変身カタツムリ」『たのしい授業』2002年6月号 No.254（61～62ペ）

佐竹重泰
東京
武蔵村山市
第一小学校

（初出No.254, 02・6）

『たのしい授業』に掲載された授業プランや，ものづくりの中から，その月に使えるおすすめのものを紹介します。
(低)……1～2年生から実施可能／(中)……3～4年生から実施可能／(高)……5～6年生から実施可能　※あくまでも目安です。

●お品書き習字（中）

飲食店のメニューのように自分の好きな食べ物名と，その値段を半紙に書きます。絵も入れるととてもいいです。懇談会の時の教室提示に。
木下富美子「習字の時間にお品書き」『ものづくりハンドブック5』74～77ぺ，仮説社

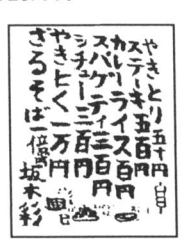

●通知表の上手なほめかた（低）

通知表は本来子どもを励ますためにあるもの。「通知表の見方」が，保護者向けに書かれています。僕はプリントに印刷して，通知表を配る時に一緒に配っています。
板倉聖宣「通知表の上手なほめかた」『たのしいテスト・評価ハンドブック』70～71ぺ，仮説社

●通知表の所見の書きかた（中）

手間のかかる通知表の所見書きを，少しでも楽に，そして子どもたちや保護者に喜んでもらう工夫が書かれています。この本には，他にも通知表の所見の書き方についての工夫が掲載されています。
小原茂巳「僕の通知表所見は〈ラブレター〉」『たのしいテスト・評価ハンドブック』97～101ぺ，仮説社

●おすすめものづくり②鉄粉花火（中）

セロハンテープ，割り箸，鉄粉，それにアルコールランプだけでできる「花火」です。夏のものづくりです。火傷には十分注意して行っています。
金子泰一「鉄粉線香花火」『ものづくりハンドブック5』（170～171ぺ，仮説社）＊この本の4，5巻には他にも花火の記事が出ていますが僕はこのやり方でやっています。『たのしい授業』No.225の85ぺも参照。

●ビデオ「パンダコパンダ」（低～大人まで）

宮崎駿・高畑勲によるアニメです。35分間でみることができ，大人まで楽しめます。暑くて授業にならない時などにおすすめです。
ビデオ「パンダコパンダ」小学館

佐竹重泰
東京
武蔵村山市
第一小学校

カット：藤森知子

(初出No.255，02・7)

8月は夏休みですので,「本を中心にオススメのもの・こと」を紹介します。

● 『実験観察自由研究ハンドブック』1,2巻
(仮説社)

この本は,子どもたちの自由研究ネタだけでなく,「実験とは何か」や「研究の仕方」といった大人が読んでもためになる記事があります。

● 板倉聖宣『発想法かるた』(仮説社)

ここで取り上げられているカルタは,〈親切とおせっかいは紙一重〉といった「人間観・社会観に関するもの」から〈理想をかかげて妥協する〉といった「認識論・運動論に関するもの」まで,日常生活にも役立つものばかりです。時間のある夏休みに,こういう本をゆっくりと読んで日頃のことを振り返ってみるのもよいかもしれません。

● 『最初の授業カタログ』(仮説社)

この本は,一時間でできるプランなどが掲載されていて,二学期の授業計画を立てるときにとても役に立ちます。

● 教室提示ちょっと一工夫 (低学年から実施可能)

毎日子どもたちと過ごす教室を,ちょっぴり楽しい雰囲気にする工夫が書かれています。二学期の初めに教室提示を変えてみてはいかが？

菊地美紀「教室提示ちょっと一工夫」(本書,44〜45ペ)

● 研究集会に出かけてみる

夏休みには各地で仮説実験授業やたのしい授業の体験をしたり,授業のすすめ方を学ぶことができる研究会や講座が開かれています。これらの情報は,『たのしい授業』の中の「サークル・研究会案内」で紹介されています。一度参加してみると,2学期だけでなく,教師を続けていく上で役に立つことがいっぱいあると思います。

佐竹重泰
東京
武蔵村山市
第一小学校

(初出No.256, 02・8)

カット：藤森知子

『たのしい授業』に掲載された授業プランや，ものづくりのなかから，その月に使えるおすすめのものを紹介します。
(低)……1，2年生から実施可能／(中)……3，4年生から実施可能／(高)……5，6年生から実施可能　※あくまでも目安です。

●折り染めに習字（中）

折り染めをした和紙に，自分の好きな言葉を筆で書いてもらいます。保護者会の時の教室提示におすすめです。

高橋美恵子「和紙染めとお習字のドッキングでイメージが広がる芸術作品の誕生」『たのしい授業』（1984年4月号 No.13, 73～78ペ）折り染めについては，『ものづくりハンドブック』1，2，4，5巻（仮説社）参照。

●運動会の前に運動会ガイド（低）

運動会の各種目に出場する子どもたちの演技場所などを保護者にお知らせしておくと，喜ばれます。9月が運動会という方はぜひやってみてください。

菊地美紀「運動会の前に運動会ガイド」，長谷川佳代子「子どもが書く〈オリジナル運動会ガイド〉」『学校行事おまかせハンドブック』（仮説社，92～98ペ）＊他にも，この本の48～101ペには，運動会に役立つ記事がいっぱい載っています。

●《ドライアイスであそぼう》（低）・《水の表面》（中）

仮説実験授業の授業書。ドライアイスを使った実験を応用して，シャーベットを作ったり，フィルムケースに入れてガス鉄砲にして遊んだりします。とても面白い授業書です。ドライアイスの管理・取扱には十分注意しましょう。この他に，授業書《水の表面》（中）は水を使ったいろいろな涼しい実験があります。この2つは暑い日におすすめの授業です。

藤沢千之《ドライアイスであそぼう》『ものづくりハンドブック3』（仮説社，220～235ペ）。一時間でできるプランは，滝本恵「1時間プランで楽しめた《ドライアイスであそぼう》」『ものづくりハンドブック4』（仮説社，98～103ペ）を参照。板倉聖宣《水の表面》『たのしい授業』（1983年7月号 No.4，39～116ペ／1996年9月号 No.173，93～114ペ）

●もしも自分の子どもが小学校○年生だったら（中）

「もし，自分に子どもがいて小学生だったら，どんなことを言ってあげたいか」を子どもたちに書いてもらって，保護者会の時にお母さんたちの前で読むと，笑いがおこって雰囲気が和やかになります。

細井心円「もしも自分の子どもが小学3年生だったら」『たのしい授業プラン国語』（仮説社，305ペ），小原茂巳『たのしい教師入門』（仮説社，192～198ペ）。

佐竹重泰
東京
武蔵村山市
第一小学校

カット：藤森知子
（初出No.257, 02・9）

『たのしい授業』に掲載された授業プランや、ものづくりのなかから、その月に使えるおすすめのものを紹介します。
(低)……1，2年生から実施可能／(中)……3，4年生から実施可能
(高)……5，6年生から実施可能　※あくまでも目安です。

●朝の連続小説（低）

　毎朝一章ずつ、本の読み聞かせをするというものです。僕は「朝の連続ドラマ」と呼んでいます。とくに子どもたちに好評の本は黒柳徹子『窓ぎわのトットちゃん』です。読書週間をきっかけに行うといいでしょう。

黒柳徹子『窓ぎわのトットちゃん』(講談社)賀川敦雄「朝の連続小説 窓ぎわのトットちゃん」『たのしい授業プラン国語1』杉山亮『朝の連続小説』(共に仮説社)もご参照下さい。

●五味太郎『さる・るるる』を使った授業（低）

　国語の授業には五味太郎さんの絵本『さる・るるる』や『ばく・くくく』がオススメです。この2冊はサル・バクが、ある動作をしている絵が描いてあってその側に「さる□る」（答：みる）「さる□□る」（おこる）などと書いてあり、絵をヒントに空白に入る言葉を考える、という本です。答は次のページに書いてある仕組みで、子どもたちに予想を立ててもらいながら読み進めます。1時間位でできるし、子どもに好評なので、学校行事で忙しいこの時期にピッタリです。

五味太郎『さる・るるる』『ばく・くくく』(絵本館)、越野登志子「『さる・るるる』から〈ぞう・ううう〉」『たのしい授業プラン国語1』(仮説社、324～329ぺ)

●おすすめものづくり③ビー玉アクセサリー（低）

　ものづくり「ビー玉アクセサリー」も忙しい時期にピッタリです。ビー玉を電気コンロで熱すると、玉の中にきれいな細かいひび割れができます。普通この後、冷して市販の台座にボンドでつけるのですが、時間がかかるので僕は台座をつけず、熱して冷水で冷やすだけ（15分位）です。これだけでも子ども達は喜んでくれます。

小笠原智「ビー玉アクセサリー」『ものづくりハンドブック2』(仮説社、340～345ぺ)。

●「あがり仕舞い」の練習論（低）

　運動会や学芸会、音楽会などの練習には、その時間の目標をはっきりさせて、「あがり仕舞い」（目標が達成されたら、おわり）にするというものです。

村上道子「〈あがり仕舞い〉の練習論」『学校行事おまかせハンドブック』(仮説社、66～73ぺ)。＊他にもこの本には学芸会や遠足、社会科見学などの学校行事で使えるおすすめのプランがいっぱい収録されています。

佐竹重泰
東京
武蔵村山市
第一小学校

カット：藤森知子

(初出No.258，02・10)

『たのしい授業』に掲載された授業プランや，ものづくりのなかから，その月に使えるおすすめのものを紹介します。
(低)……1，2年生から実施可能　(中)……3，4年生から実施可能
(高)……5，6年生から実施可能　※あくまでも目安です。

●学芸会には科学劇がオススメ

科学劇は「仮説実験授業で学んだことを劇にして発表する」というものです。『学校行事おまかせハンドブック』に，仮説実験授業《もしも原子が見えたなら》《足はなんぼん？》《世界の国旗》を題材にした劇のシナリオと演出方法などが載っています。学芸会以外に，学習発表会，授業参観などでも使えます。
『学校行事おまかせハンドブック』(仮説社，146～217ペ)

●個人面談には「友だちからの一言紹介」を（中）

子どもたちに「クラスの友だちの一人一人のイイところ」を一言ずつ紙に書いてもらい，それを個人面談で保護者に紹介します。保護者にとても好評でした。
木下富美子「個人面談には〈友だちからの一言紹介〉を」(本書80～85ペ)

●読み聞かせには木村裕一『あらしのよるに』（低）

これは「嵐の夜に，ヤギが真っ暗な小屋の中で雨やどりをしていると，オオカミが入ってくる。暗闇のため互いの正体がわからぬままお喋りをはじめる。その内に話題が食べ物になり，正体がバレそうになるが……」というスリル満点の絵本です。短時間で読み聞かせできて，子どもたちも僕もドキドキしながら楽しめました。続編『あるはれたひに』や「正体がバレる・バレない」を予想する授業プランも合せてどうぞ。
木村裕一『あらしのよるに』『あるはれたひに』(講談社)，『たのしい授業』(1998年4月号No.195，132ペ)，授業プラン＝福田茂夫「国語・絵本授業プラン　あらしのよるに」『たのしい授業』(2000年11月号No.232，5～25ペ)

●オススメものづくり　犬のマスコット（中）

タオルとフェルトと輪ゴムで簡単に作れる犬の人形です。勤労感謝の日に合せて，お家の人へのプレゼントにもいいってす。男の子にも好評でした。
加川勝人「縫わずにできちゃうイヌのマスコット」『ものづくりハンドブック4』(仮説社，198～201ペ)，輪ゴムは阿部徳昭さんの提案＝『たのしい授業』(1994年4月号No.139，140ペ)

佐竹重泰
東京
武蔵村山市
第一小学校

カット：藤森知子
(初出No.259，02・11)

『たのしい授業』に掲載された授業プランや，ものづくりのなかから，その月に使えるおすすめのものを紹介します。
(低)……1，2年生から実施可能／(中)……3，4年生から実施可能
(高)……5，6年生から実施可能　※あくまでも目安です。

●お正月前には百人一首（中）

お正月前の国語の授業で行っています。いきなり全部の札でやるのではなく，初めは20枚だけにして，その中の1枚だけを子どもたちに覚えてもらいます。そうすると，ゲームが進む内に他の札も自然と覚えてもらえることが多いのです。札はそれに合わせて増やします。

木下富美子「百人一首に熱中しています」『教室の定番ゲーム2』(仮説社，76〜80ペ)

＊ゲーム全般に関することとして，田辺守男・小原茂巳「トラブルを防止するための配慮」『教室の定番ゲーム』(仮説社，12〜13ペ)をおススメします。

●1時間で可能「小原式 私は誰でしょうゲーム」（低）

「1人1人の生徒の名前が書いてある用紙（1枚に1人）を，シャッフルしてから子どもに配る。配られた用紙に書いてある子のイイところを書いてもらい，それを集めて教師がその紹介文だけを読み，名前を全員で当てる。この時，生徒をいくつかの班に分けておき，班対抗で正解数を競う」というゲーム。1時間でできるので，学期末の時間が余った時にオススメです。

小原茂巳「小原式わたしは誰でしょう？　ゲーム」『教室の定番ゲーム』(仮説社，21〜35ペ)

●学期末には「科学の授業ベストテン」（低）

予習禁止で全員が平等に活躍する機会が与えられている仮説実験授業の時間に，特に活躍した子をクラス全員の投票で選び，そのベスト10を発表する，というもの。年に2，3回，学期末に行うことをオススメします。

小原茂巳『授業を楽しむ子どもたち』(仮説社，127〜140ペ)

＊「科学の授業ベストテン」で使う賞状は仮説社でも取り扱っています。

●ものづくり⑤まつぼっくりのクリスマスツリー（低）

まつぼっくりに絵の具で色をつけ，ボンドをぬって，ビーズをつけると，かわいいクリスマスツリーに変身します。クリスマス前のものづくりに最適です。

佐竹重泰「まつぼっくりのクリスマスツリー」『ものづくりハンドブック3』(仮説社，86〜88ペ)

●通知表には『たのしいテスト・評価ハンドブック』

この本は，通知表の事以外にテストや評価そのものについて参考になる記事や具体的に使える記事がたくさん載っています。

「たの授」編『たのしいテスト・評価ハンドブック』(仮説社)

佐竹重泰
東京
武蔵村山市
第一小学校

カット：藤森知子
(初出No.261，02・12)

『たのしい授業』に掲載された授業プランや，ものづくりのなかから，その月に使えるおすすめのものを紹介します。
(低)……1，2年生から実施可能　(中)……3，4年生から実施可能
(高)……5，6年生から実施可能　※あくまでも目安です。

●お正月のあとには「百人一首の習字」(中)
百人一首の中で自分の好きな歌を一首選び，その上の句を書くというもの。先月号で紹介した百人一首の授業をした後にオススメです。最初の教室提示にどうぞ。
木下富美子「習字の時間にお品書き」『ものづくりハンドブック5』(仮説社，76ペ)

●1時間でできます！「小原式 連想ゲーム」(中)
これは「座席のタテ列対抗で行う連想ゲーム。教師が列の1番前の生徒を集めて，ある言葉を書いた紙を見せ，その言葉から連想した言葉を後ろの生徒に耳うちし，その生徒がさらに後ろの生徒へ……。最後に列の最後の席の子がメモ用紙に答えを書いて教師の所に持っていきます(速く持っていった順にそれぞれの点数が加算)。ここで正解した列は10点。正解列なしの場合は，列の一番前の誰かの連想した言葉を公表し，各列の後ろ3人があてる。ここで正解なら5点，不正解ならマイナス1点」というもの。学期初めの楽しみ事にどうぞ。
小原茂巳「小原式 連想ゲーム」『教室の定番ゲーム』(仮説社，18～19ペ)

●授業プラン〈ブタンガスで楽しもう〉(中)
「試験管にブタンガスを入れ，ガラス管を通したゴム栓で栓をしたもの。このガラス管の先に，マッチの火を近づけると，火はつく？」「この試験管の下の方を強く握ると火はどうなる？」という2つの問題と1つのお話で構成された授業プラン。ガスライター用ボンベ，マッチ，試験管，穴あきゴム栓，ガラス管があれば簡単にできます。これは始業式など，初めの挨拶の時に対応してますが，僕は学期の初めのお楽しみ事に使っています。
音田輝元「〈ブタンガスで楽しもう〉」『最初の授業カタログ』(仮説社，80～84ペ)

●オススメものづくり⑥ピコピコカプセル (低)
薬局で売っている薬のカプセル(大きさは#0)に鉄の玉を入れ，色をつければできあがり。工作用紙で作った坂道を転がすと不思議な動きをします。材料さえあれば，子どもたちだけで作って遊ぶことができるので，雪や雨などで外遊びのできないときにオススメです。
尾形邦子「ピコピコカプセル」『ものづくりハンドブック2』(仮説社，16～19ペ)
＊ピコピコカプセルで使う鉄球は仮説社でも取り扱っています(100コ入り500円)。

佐竹重泰
東京
武蔵村山市
第一小学校

カット：藤森知子

(初出No.262，03・1)

『たのしい授業』に掲載された授業プランや，ものづくりのなかから，その月に使えるおすすめのものを紹介します。
(低)……1～2年生から実施可能／(中)……3～4年生から実施可能／(高)……5～6年生から実施可能　※あくまでも目安です。

●立春には卵立ての授業（中）
これは，板倉聖宣『科学的とはどういうことか』の「コロンブスの卵」の話を読み，そのあと，実際に1人ずつ卵立てに挑戦するという授業プランです。この本には「中国の古い本に，立春の日に卵が立つという話があった」とあるので，僕は立春の頃に行うことにしています。なお，使った卵は，その場でゆで卵にして食べることもあります。これは，埼玉の田辺守男さんのアイデアです。

板倉聖宣『科学的とはどういうことか』(仮説社，11～24ペ)，大橋辰也「入学式には卵が立つ」『たのしい授業プラン国語1』(仮説社，86～89ペ)，三木正行「わあ，きゃーッ，卵が立った！」『たのしい授業』2000年1月号No.220，48～56ペ

●続けて「砂糖水でも卵は浮くか」の授業（中）
初めに紹介した授業に続けて，「砂糖水でも卵は浮くか」という授業プランができます。これは前掲の問題を子どもたちに与え，予想・討論してもらい，実験するというものです。これも同じく板倉聖宣『科学的とはどういうことか』にでてくるお話をもとにしています。

板倉聖宣『科学的とはどういうことか』(25～39ペ)，大橋辰也「卵に恋した僕と君」『たのしい授業プラン国語1』(仮説社，90～93ペ)

●「こったらまめこ」の授業（中）
西郷竹彦著「こったらまめこ」の読みきかせをする，というものです。この本は「働き者のじいさんが植えた豆を小鬼が食い荒らしてしまう。しかし，豆は小鬼の腹の中で成長し，鬼の目，耳鼻口へその穴からつるをのばし，鬼の力も吸い取って野を越え山を越えたわわな実を結んだ」というお話です。僕は節分の頃に行っています。

西郷竹彦「こったらまめこ」『きょうのおはなしなあに　冬』(ひかりのくに)，木下富美子「節分に〈こったら豆こ〉のお話を」『たのしい授業』2000年1月号No.220，7～9ペ

●オススメものづくり⑦プラバン（低）
プラバン（プラスチックの板）に絵を描いて切りぬき，ハトメパンチで穴を開け，オーブントースターで焼くと，小さく縮んでかわいいアクセサリーができます。小学校で1～5年生の担任をしている方は，「6年生を送る会」の卒業生へのプレゼントにいかがでしょうか。

萩原光「ちぢむちぢむプラバンのアクセサリーづくり」『ものづくりハンドブック1』(仮説社，42～46ペ)

佐竹重泰
東京
武蔵村山市
第一小学校

カット：藤森知子

(初出No.263，03・2)

122

『たのしい授業』に掲載された授業プランや，ものづくりのなかから，その月に使えるおすすめのものを紹介します。
(低)……1～2年生から実施可能／(中)……3～4年生から実施可能／(高)……5～6年生から実施可能　※あくまでも目安です。

●水墨画の授業　(中)
障子紙に墨と絵の具で水墨画のような絵を描きます。まず，墨で描きたいものの輪郭線を簡単に描き，絵のそばに短いコメントをつけます。水を少し多めに含ませた絵の具で，にじませるように色を塗れば完成。3月の懇談会の教室掲示におすすめです。
有馬孝男「楽しい水墨画(?)の授業」『ものづくりハンドブック5』(仮説社，72～73ペ)

●一年間の思い出の授業の作文　(低)
学年末には，1年間を振り返って，思い出の授業の作文を書いてもらいます。僕は，この1年間の出来事を学級通信か黒板に書いておくので，それを見ながら書いてもらっています。
板倉聖宣「学年末です〈思い出の授業〉の作文を」村上道子「心に残る〈思い出の授業〉」『たのしい授業』(1984年2月号No.11，22～31ペ)，横山裕「〈こったら豆こ〉と体育の定番」『たのしい授業』(1990年4月号No.88，32～39ペ)

●あたらしく〇〇先生のクラスになる人たちへ　(中)
年度末，担当したクラスの子どもたちに，「先生はどんな人か」という紹介文を書いてもらいます。そして4月，新しく担当するクラスの子どもたちの前でそれを読みあげると，とても安心してもらえます。
小川洋「あたらしく〇〇先生のクラスになる人たちへ」『最初の授業カタログ』(仮説社，145～148ペ)

●オススメものづくり⑧べっこうあめ　(低)
「砂糖に水をちょっぴりいれて，軽くかき混ぜて火にかけ，少し茶色になったら爪楊枝をひたし，冷めればできあがり」というお菓子づくり。ケーキ用のアルミカップで一人一個ずつ作ります。僕は学年末のお楽しみごとにしています。火傷には十分注意して行って下さい。
加川勝人「べっこうあめ」『ものづくりハンドブック1』(仮説社，100～102ペ)

●子どもたちへのお別れの手紙　(低)
「学年末に，子どもたちへのお別れの手紙を書いて，読んでから渡す」というもの。最後に「できれば返事を書いて下さい」とつけ加えます。返事がくるとうれしいものです。東京の小原茂巳さんのアイデアです。
佐竹重泰「〈ありがとう〉という気持ちを伝えたい」『たのしい授業』(1997年3月号No.180，6～15ペ)

佐竹重泰
東京
武蔵村山市第一小学校

カット：藤森知子
(初出No.264，03・3)

たのしい授業ガイダンス

★小4にオススメの授業書・教科別プランを紹介！

(初出No.237, 01・4)

阿部徳昭　宮城・多賀城市多賀城八幡小学校

　ぼくは以前，1988年から9年間も連続して小学校中学年（2つの学校にまたがって，小3や小4）の担任をしていたことがあります。9年もやっていたので，〈だいたいいつも子どもたちに歓迎され，ぼく自身も快適にできるプラン〉の蓄えがいくつかできました。そんなぼくの小4にオススメの授業書，教科別プラン（国語，算数，社会，体育，音楽，図工，たのしいイベント等）を紹介します。〔以下，★はだいたいの「所要時間」です。なお，本文中の『ものハン』は，『ものづくりハンドブック』の略です。〕

仮説実験授業（理科）

　いろいろな授業があっても，子どもたちがもっとも深いヨロコビを感じてくれるのは仮説実験授業。ですから，僕は仮説実験授業を中心に授業を進めています。〔仮説実験授業については110ペ〕

◎《空気と水》──初めての授業に　　　　　　★5〜7時間

　これは，何年生でも「出会いの授業書」としています。「予想・討論・実験・お話」という仮説実験授業の典型的な流れが

コンパクトに入っているからです。各種教材を選定して注文したものが届く前に、イッキにやってしまいます。

◎《ものとその重さ》——4年にぴったり

★約15時間、討論が盛り上がればそれ以上

〈質量不変の法則〉を感動的に学ぶことができます。討論も盛り上がりそうな問題が次々と出てきます。最後の最後の「サントリオ・サントロの実験」というお話もぼくは大好きです。

◎《もしも原子がみえたなら》——「思い出の授業」ベスト1

★授業書だけなら5時間前後

実験もなく質問がいくつかあるだけなので、「お話を読み、色鉛筆で色塗りをしていく」という形で静かに進みます。原子というものの存在を知り、原子をイメージすることに、子どもたちは静かだけれど深く深く感動します。

学年末に、子どもたちに「思い出の授業は？」と聞いてみると、討論が盛り上がった授業書よりも真っ先にあげられるのがこの授業書。

この授業書をしている時期に、図工で発泡スチロール球を使って分子模型を作るのも喜ばれます。作り方は、平尾二三夫、板倉聖宣著『分子模型をつくろう』（仮説社）や『ものハン1』（仮説社、291ぺ）に詳しく書いてあります。

また、分子カードゲーム「モルQ」（税別1300円、仮説社で販売）をグループ数そろえておいて、学活のときなどにすると良いです。カードゲーム「UNO」のような

発泡スチロール球で分子模型づくり

125

楽しさがありながら、自然とこの授業書の内容を復習でき、なおかつ新しい分子にも興味が広がるという効果があります。〔編注：阿部徳昭「モルQにハマってま〜す！」『たの授』No.221，「モルQでドリルしちゃった」『たの授』No.121，他参照〕

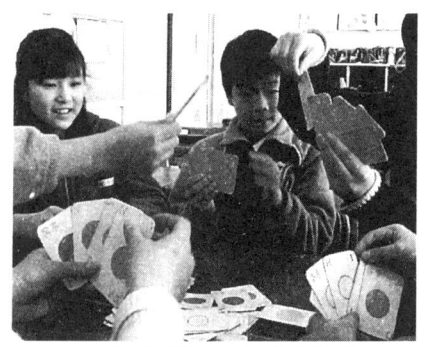

モルQで遊んでいる子どもたち

◎《ドライアイスであそぼう》──暑い日にサービスで！

★急げば1時間、たっぷりやるなら3時間

　実験をしつつ、サイダーやシャーベットを作ったりしながら進めます。ですから、夏休み前後の暑い日にやるとグー！　この前に授業書《もしも原子が見えたなら》をしておくと、「ドライアイスが二酸化炭素の固体だ」ということもわかって、問題の予想もいろいろと変わっておもしろいです。夏休み前の余裕のある日などに「1学期みんなの活躍のお礼に」などと言って、たっぷり3時間くらいかけてもいいかもしれません。

　《ドライアイスであそぼう》の問題とお話は、板倉聖宣・藤沢千之共著『いたずらはかせのかがくの本12　ドライアイスであそぼう』（国土社）にカラー版が、また『ものハン3』（仮説社）に印刷しやすい白黒版が収録されています。

◎《溶解》《結晶》《三態変化》──《もし原》の後に

　どれも原子論を発展させた内容になっています。ですから、《もしも原子が見えたなら》〔以下、《もし原》と略〕をやった後にやるといいでしょう。この3つの授業書は《溶解》《結晶》《三態変化》の順にまとめてやるのがベストですが、それぞれ独立してやってもかまいません。3つとも教科書にちょっ

と似ている分野があるので，やりやすいところもあるでしょう。でも，実際には思いっきり突っ込んだ内容になってます。

《溶解》でぼくが好きなのは，「コップの中に氷砂糖を入れて一晩おいたらどうなるか」という問題。それが分子の運動に関係する」ということがわかったときに，とても感動しました。

《結晶》は問題もお話もいろいろおもしろいのだけれど，自分たちで結晶を作ったり，周りにある結晶を集めたりするので，最後にいろんな結晶が子どもたちの手元に残るのもいいようです。授業の最後に自分の手元をみながら「今までキラキラしたのが校庭にあるのは誰かがガラスとかを割ったのだと思っていたけど，自然の中で原子が並んで作られるとは思わなかった」なんて感想をもらったことがありました（これについては，阿部「雲母の結晶って見たことある？」が，『自由研究ハンドブック１』仮説社，に収録されています）。

《三態変化》は，「液体，気体，固体の状態はどうなってるか」という実験をいろいろと重ねていって，原子分子の運動のイメージができていきます。

◎《空気の重さ》――ぼくが好きな授業書の一つ　★15時間以上

これは，もともとは《ものとその重さ》の後半部だった内容ですが，今は独立した授業書になっています。ビデオ「空気の重さ」（上映20分，岩波映画。30000円税・送料別。仮説社でも販売）を見ながら進めます。授業書の副題は「失敗失敗また失敗」ですが，それくらい意外な結果が次々と続きます。が，それがあって，その後に到達する空気の重さをはかる方法に納得してしまいます。これもぼくは好きだなあ。

◎《自由電子がみえたなら》

教科書に「電気」の単元があります。電気の内容に関連させて実施するとよいでしょう。

●授業書と教科書を両立するコツは？

　ぼくのオススメ授業書を紹介してきたのですが，1年間にこれら全てをやることは時間的に無理でしょう。ぼくは《空気と水》《もしも原子がみえたなら》《ものとその重さ》はいつもしていますが，それ以外はその年によって変わっています。

　教科書の内容と関連している授業書をやるのは，周囲とのマサツが少ない方法ですが，状況が許せば，ときには教科書などは気にせず，自分自身が〈これはおもしろい〉と思った授業書を選定してみてください。

　選定にあたって，ほとんど全ての授業書が紹介されている『**仮説実験授業のABC**』(仮説社) は参考になります。小4でも実施できる授業書はかなり多くあるので，ご一読ください。

　ところで，これを実施する時間ですが，まるっきり教科書をしないでするのもチャレンジャーすぎます。そこで，教科書は要点をおさえて効率よく進め，授業書をする時間を生み出すようにすると良いと思います。

　そのコツとしては「先に教科書をすばやく終わらせて時間をつくろう」とするのではなく，「とりあえず授業書をはじめてしまって，その合間に教科書をする」という方がうまくいくと思います。教科書でもなんでも，ついつい工夫して指導したくなって時間がのびのびになりがち。そうなって「時間がわずかしか残らなかった」となるとくじけてしまうからです。

　ぼくは基本的に週3時間の理科のうち，2：1の割合で授業書と教科書をしています。でも，授業書の進度によって授業書が多くなったり，学期末などは教科書だけつづけることもあります。教科書の方は教師実験をテンポよく進め，ワークテストの内容を予習するようにし，教科書の図版書きなどもしています。

国語──漢字と読みが中心

●**漢字**──毎日5問ずつの「漢字テスト」を1年間

　1日5問の漢字テストをほぼ毎日繰り返します。出題する漢字はあらかじめ知らせておき，練習時間も5～10分とってからテストします（詳しくは，尾形邦子「漢字は毎日ドリルと毎日テストで！」『たのしい授業プラン国語2』仮説社）。

　合格ラインは80％で，「4問できればよし」とします。それを5回くらいしたら，それまでのまとめの「25問テスト」。もし合格ラインに行かなかったら，次の日の漢字を何個か書いて，その日のうちに持って来てもらいます。間違えた漢字を書くのではなく，次の日テストする漢字を書くことで，次の日は合格しやすくなります。これをず～っと1年間繰り返します。

●**読み**──毎日，段落ごとに順番に何度も読む

　毎日の漢字テストの後，教科書を段落ごとに順番に何度も何度も読んでいきます。

　時間に余裕があるときには，山本正次著『よみかた授業プラン集』（仮説社）の中から選んで読むときもあります。特に，「ことこ」「ふしぎなふろしきづつみ」「ふんすい」がぼくは好きです。

　また，山本正次『よみかた授業書案集1～5』（キリン館）にも多くの国語プランがあります。この5冊は小学校の教師をしているのなら持っていて損はありません。

　中でも，『よみかた授業書案集4』の「ごんぎつね」は，特に好きです。音読を軸としながら，いろんな作業をしつつ，読み深めていくその過程がなんともしっとりとしています。ふだんガサツな雰囲気のぼくの授業も，このプランのときには自然と上品になっちゃうような気がします。とにかくイイです。

算数——これで，乗除はバッチリ！

　まず，第一の関門の「かけざん九九」があやふやな子が何人かいるはず。ぼくは教室の上の方に大きい「九九表」を貼っていて，「九九表を見ながらかけ算やわり算をしてもいいよ」といっています。「ただキビシクして挫折感を上塗りしてアキラメられる」より，「見ながらでも計算ができる」ようになる方がいいと思うからです。それに，問題をたくさんやっていると，学年はじめにはあやふやで何度も表を見上げていた子も，だんだんに見上げることが少なくなってきます。何度も見ているうちに自然と覚えてしまうようなのです。

　乗除については新居信正『小数の乗法と除法』（国土社）が参考になります。計算の練習の進め方，授業の進め方でも学ぶことが多いです。あと，新居信正『つるかめ算』（仮説社）の中の「練習問題の進め方」なども，授業運営の参考になります。ぼくは，その方法を使いつつ，問題は『型分けによる計算問題集』（青葉出版）を使うようにしています。

　特に，わり算は手順が複雑で間違ってしまうことも多いのですが，『小数の乗法と除法』から学んで，〈わり算は全て検算をする〉ということをしています。はじめは時間がかかりますが，結果的には確実にできるようになるのでクラス全体の正解率もグッと上がります。

　さらに，かけ算でもわり算でも「朝の3問，帰りの1問」というのをしています。計算にある程度慣れてきたらあとはある程度の量をこなさないと「できるようになった」と満足感を持てません。そこで，毎日朝自習の時間に何問か問題をします。そして，「帰りには1問か2問をノートに筆算してできたら持ってくる」ようにしています。できたら丸をつけながら「頭エエ！　さよう

なら！」といって，終わった人から掃除にいってもらいます。「計算して，できて，ほめられて，スッキリして，帰る」というのが子どもたちにとっても，快感なようです。

　もちろん，計算に慣れきらないうちにはたった1問に時間がかかる子もいます。が，何日も繰り返ししているうちに，どんどんできるようになってきます。そういう子にとっては自分の進歩が確実に感じられるわけで，計算力とともに気持ちの面でも自信をもてるようになってくるようです。

　〈計算力がない〉という子の多くは，それまでのどこかでつまづいてしまって，〈計算ができるようになる気力を失っている〉のです。そういう子も〈オレもやればできる〉という気持ちになると，放っておいてもできるようになってくる気がします。

　文章題も『型分けによる文章題問題集』（青葉出版）などで似たような問題をいくつもします。特に市販のワークテストには教科書でたった1問しかやらなかったような文章題が突然に出てくる場合が多いので，せめて何回か練習してからテストをするようにしています。

　あと，授業プラン「大きな数」（愛知の松崎重広さんがガリ本にして仮説実験授業関係の会で販売）も小4のはじめにオススメです。

社会──ゲーム感覚で地名を覚えちゃおう！

　4年生の教科書に関連した内容があることからも，授業書では，《ゴミと環境》がぴったり。特に，理科で《もし原》をしている場合は，その内容を発展させたものにもなっているのでいいです。第1部だけでもいいですが，じっくりと時間をかけてするのもいいかもしれません。第1部だけなら7時間前後でいけます。

　授業書ではありませんが，社会で好きなのは「地図さがしっこ」。地図帳を用意してもらって，教師が「37ページ仙台！」などと言

います。子どもたちは，言われたページを開いてその場所を見つけたら，そこに指を置き，反対の手をあげます。クラスの大半がみつけたところで，地図帳を子どもに開いて向けて「この辺でーす」などと知らせます。それを何カ所か繰り返します。地図帳の表紙ウラなどに載っている「全国都道府県地図」を使ってもいいでしょう。これを社会のとき毎時間やっていると，自然と県内の地名や都道府県の名称・位置などを覚えられるようです。

　また，その日のニュースなどにちなんだ地名をいってもおもしろいです。あと，授業のはじめにまだ全員座りきっていないうちにイキナリ「37ページ仙台！」とか言うと，あわててみんな席について地図帳を広げるのもおもしろいです。でも，やりすぎるとイヤミになるので，ほどほどにしておいたほうがいいでしょう。

　「地図さがしっこ」で地図に慣れてきたら，さらに，ミニ授業書〈日本の都道府県〉（仮説社）をしても良いでしょう。

　また，県名ビンゴもオススメです。〔県名ビンゴのやり方：県を25こ選び，ビンゴの紙に書き込む。教師が県名を言っていき，ビンゴの要領で，呼ばれた県名を塗りつぶしていく。タテ・ヨコ・ナナメのどれか1列がそろったら，あがり。詳細は，『教室の定番ゲーム』（仮説社）をご覧下さい〕この時，「日本列島どっこいしょ」のテープ（税別1000円，仮説社でも販売）を聞きながら，ビンゴのマスを埋めていくと自然と県名などが耳になじんで覚えられるようです。ついでに，音楽系では「ロックンロール県庁所在地」（森高千里，アルバム「ペパーランド」に収録）も，歌詞のなかに全ての県庁所在地が入っていておもしろいです。

　「地図さがしっこ」は短時間でできますが，「県名ビンゴ」はけっこう時間がかかるので，教科書をそれなりにしようと思ったら毎時間はやってられません。ときどきのアクセントとしてやるのがよいかもしれません。

図工　ときおり『ものハン1～6』(仮説社)の中から選んでものづくりをしています。キミ子方式で絵を書いても良いでしょう〔キミ子方式の描き方については,『誰でも描けるキミ子方式』(仮説社)などをご覧ください〕。

体育　木下富美子さん(東京・大泉学園緑小学校)に学んで,体育の時間の最初の10分間は,毎回同じメニューをしています〔詳しくは,「楽しい体育　私の定番お気軽メニュー」(『たのしい授業プラン体育』,『たのしい授業』増刊号No266)〕。

だいたい,外なら「校庭2周ランニング・タイヤとび・さか上がり1回・指揮台前集合」,体育館では「体育館3周ランニング・ボール壁あて・ボール投げ上げキャッチ・ドリブル左右・2～3人でキャッチボール・バスケットゴールにシュート・ステージ前集合(すべて合図はホイッスルで)」をしています。

特に女子には,ボールが怖くて球技がニガテな子がいますが,結局はふだん投げたりキャッチしたりすることがないからです。しかし,毎回「定番メニュー」をしているとおどろくほど上達してきます。クラス対抗のドッジボール大会などをすると,いつも女子の実力が他のクラスと大きく違うことにびっくりするほどです。男子は,他のクラスと大きな差が出にくいですが,それでも,〈まったくボールはだめ〉という子は少なくなります。

また,次のものは外でよくやります。

「男女混合4つ玉サッカー」……クラスを2チームに分け,4つのボールでサッカー。ルールは普通のサッカーと同じだが,キーパーは,2人ずつ。男子がシュートしたら1点,女子のシュートは5点。

「往復式下投げラケットベース」……野球と似ているが,2塁・3塁はなく,1塁とホームを往復するだけ。「打った人が1塁ベースを踏んでホームに戻ってくる」のが早いか,「打たれたボールを拾った人のところに,守備側の全員が集まる」のが早いかを競う。

体育館でよくやるのは，次の鬼ごっこなどです。
「冷凍人間ごっこ」……鬼にタッチされたら，その場で固まる（凍る）。凍った人は，誰かが股下をくぐってくれたら，また動ける。制限時間内に全員が凍ったら鬼の勝ち。（『教室の定番ゲーム』仮説社，に収録）
「巴鬼（ともえ）」……グー，チョキ，パーの３チームに分かれる。グーはチョキ，チョキはパー，パーはグーを捕まえることができる。（詳しくは，『教室の定番ゲーム』仮説社）。
「開戦ドン」……２チームに分かれ，それぞれの陣地を決める。スタートの合図で，それぞれの陣地から敵の陣地に向かって走っていく。敵と会ったら，その場でジャンケン。ジャンケンに負けた方は，自分の陣地に全速力で戻る。勝った方は，それが陣地に戻る前に捕まえる。捕まえられたら捕虜となり，捕虜が多いチームが勝ち。（詳しくは，『教室の定番ゲーム２』仮説社，1500円）。

　なお，ボールゲームやその他の競技でもそうですが，「体育の考え方」というのを最初から何度も言うようにしています。それは，「人間は体を動かすと気持ちがいい。体育のときはいろいろと体を動かして気持ちよくなれるようにしたい。それで，勝負や結果にこだわるあまり，運動が得意じゃない人を責めるようなことだけはしてくれるな。そういう人も勇気をもっていろんなことに挑戦したくなるような雰囲気にしたい」というようなことです。

音楽　音楽はぼくは全くニガテなのですが，中学年ではリコーダーをたくさんします。まずは，「プロが教えたリコーダー」（『たの授』No.92）に習って，タンギングなどの基本練習します。それから，８曲の短い曲が入っている練習曲集「イージー８」（AUROS。曲の伴奏ＣＤとセットで販売。税別2900円。『たの授』No.147に詳細）の中の曲を練習します。

　「イージー８」のはじめの曲は「シ」だけで，タンギングに注意してピーピーするだけです。が，伴奏曲はシンセサイザーがギ

ンギンに効いた壮大なアレンジで，ショボイ自分のリコーダーもなぜかイイ演奏をしているかのような気分にさせてくれます。

　2曲目，3曲目……と進んでいくうちに，「シラ」から「シラソ」というようにだんだん難易度は上がっていきます。次の曲に移ったとき，初めは難しくて吹けないのですが，テープを繰り返すと何度も何度も子どもたちはうれしそうに演奏します。そのうちに自然と上手になっていきます。3年生にピッタリですが，4年ではスピードあげて次々と進んでいけばいいのです。

　なお，その「イージー8」を作った，Don Muroの続編が何種類かあって，そちらはちょっと長めの曲ですが，これまた伴奏つきでクラス全員で演奏するとかなり成就感（じょうじゅ）が味わえます。

タンギングの練習をしている

教室の定番ゲーム1・2

「たのしい授業」編集委員会編　各一五〇〇円（税別）

教室で手軽にできるもの、体育の時間にもOKなもの、たのしく習熟できるゲームの授業、マジックなど、のネタ＆アイデアを紹介。どれも実際に試して子どもたちから好評だったものばかり！　やり方だけでなく、ゲームを楽しむこつまで。

仮説社

楽しいイベント

◎**お楽しみプール**…浮輪，水鉄砲など持ち込みありのレジャー感覚の水泳。夏休み前のお楽しみ会などに。
◎**波おこし**…みんなでプールの中を駆け足して，波を起こす遊び。（詳しくは武田淳「これは大うけ！　波のプール」（『ものハン2』）。
◎**らくがき大会**…駐車場の地面にチョークで好きなモノを書く。
◎**学習クイズ大会**…「早押しピンポンブー」（税・送料別6800円。「オールアメリカン，0722-51-7662，http://www.all-american-jp.com」）を使って，グループ対抗のクイズ大会。問題は，その学期に勉強したことの中から，子どもたちが自作します。作問も答えるのも楽しいだけでなく，いい復習になります。
◎授業に打ち込みすぎてつかれたときにゲーム。ぼくは「小川式100人に聞きましたゲーム」（『教室の定番ゲーム』（仮説社））や，「早口言葉さがしゲーム」（『教室の定番ゲーム2』仮説社）とかが準備がいらなくて好きです。
◎**科学劇**…3学期には「科学劇」をすることもあります。クラスで配役を決めて，それを演ずるのも楽しいです。そして，最後の授業参観で上演。特に「科学劇〈もしも原子がみえたなら〉」（高橋俊文版『学校行事おまかせハンドブック』仮説社）では，高橋さん作の効果音楽のテープを使うのですが（台本とテープ入手法は，『学校行事〜』参照），変化のあるリッパな劇になります。

＊＊＊

　今回は，子どもの評価も高い，オススメの授業を中心に紹介しましたが，いかがだったでしょうか？　あなたのいいアイディアなども聞かせていただけるとウレシイです。

　　＊阿部徳昭さんが小2と行った「電気を通すもの通さないもの」の授業がビデオ化されました（2001年2月に千葉で行われた公開授業の記録。約60分，税・送料別5000円。仮説社でも販売）。ぜひご覧ください。

(初出No.31, 85・10)

八百屋さんのような教師になりたい

横山　稔　大阪・守口市庭窪小学校

ラブレター

　ダンボール箱2個のラブレター。子どもたちからの贈り物です。彼らの恋の相手はだれでしょう。

　子どもたちの恋の相手は授業なのです。仮説実験授業へのラブレターです。そして，その授業を提供してくれる教師にもちょっぴり愛を告白してくれます。

> ■あ〜あ，おもしろかった。ドキドキしどおしだった。こんなおもろいの，だれが考えたのだろう。その人はえらいな。ぼくは大人になったら野球選手になるつもりだったが，こんな勉強のしかたを他の科目でもやれるように研究したい。それができたら，野球選手になる。
> 　　　　　　　　（授業書〈ものとその重さ〉をして。小4，男）

「子どもたちは，この授業を楽しんでくれるかな」とおそるおそるの私は，この感想文でルンルン気分です。次のような感想を書いてくれる人が毎年たくさんいて，私はいい気分になります。

> ■先生が「〈空気と水〉はこれで終わりです」といった。私はガクっとした。まだまだ終わってほしくない。予想ははずれてばっかしですが，

大へんおもしろかった。先生，またこんなのいっぱいしてください。終わったら，さびしくなりました。（〈空気と水〉をして。小3，女）
　■硫酸銅が何もしないのに溶けていって，下から少しずつ水が青くなっていく。私は登校したら，それを毎朝毎朝見た。いきを止めるようにして見た。「水の粒（分子）がとびまわり動きまわっているからだ」と先生に教えてもらった。水の粒は，なぜとびまわるだろうか。つかれないだろうか。どこにそんな力があるだろうか。私は，この溶けていく青い色とこの勉強は一生忘れないでおこうと思った。
（〈溶解〉をして。小4，女）

　私も彼女のように，溶けていく硫酸銅を見続けた。その美しさと水の分子運動を見る感動を持って。そうか，あの人も毎朝見て，心をゆらしていたのか。

　■仮説実験授業をした日は，夕食の時，家の人に問題を出すのが楽しみです。お父さんは「そら，なんじゃ」と言います。お母さんは「いい勉強してるね」と言います。姉は「私も横山先生やったらよかったのに」とうらやましがります。兄は予想がはずれたら，「実験のまちがいや」と言います。高校生のくせによくそんなことを言うと思います。
（〈光と虫めがね〉をして。小5，男）

　■ぼくはさんざん自分の予想についてしゃべって，他の予想の人に文句をつけた。ぼくのしつこい・するどい意見を認めて，ぼくの方へ予想変更した賢い人が五人もいた。ますます自信が出た。さて，いよいよ実験，余裕しゃくしゃくだ。ところが，ところが，ガックリ，ショック，天は我をみすてた！　まったく予想の大はずれ。変更した賢い人たちが「アホー・ドジ・どうしてくれる・一生お前の言うことは信用せんぞ」なんてわめき出した。なかには，背中を思い切りどついていったやつもいる。ああ，おもしろかった。
（〈もしも原子が見えたなら〉をして。小5，男）

　こんなラブレターを読めるのはしあわせです，私は。中には，脅迫状や絶縁状もありそうですが，まだ1通ももらっていません。いつもニコニコと読んでいます。

大切なひと

　もう十年前のことになりますが，私に仮説実験授業を教えてくれた西川朝子さんという方がいます。その西川さんは，仮説実験授業のことを「恋人」と呼んでいます。西川さんだけでなく，子どもたちも仮説実験授業が大好きみたいです。だから，子どもたちの書く感想文はラブレターのようになるのでしょう。
――それでは，私にとって仮説実験授業って？
　「恋人」いや「つれあい（配偶者）」かな。「友人」「仲間」でもあるな。「先生」「先導者」の面も……。どうもいろんな面を持つ大切な人のようです。
　その大切な人・仮説実験授業は，私に三つの魅力を見せてくれます。一つは「楽しい授業が私でもできる」魅力。これは私にとっては決定的です。そして，「仮説実験授業研究会の仲間」の魅力。「〈楽しさ〉学派」とも呼ぶにふさわしい，楽しさをばねにしたエネルギッシュな集団です。三つめが，仮説実験授業の提唱者である板倉聖宣氏の思想・論理の魅力です。（その魅力を知りたい方は『科学と教育のために――板倉聖宣講演集』，季節社2200円を御覧下さい）

八百屋のおやじさんになりたい

　「せめて八百屋のおやじさんになりたい」と言う人がいます。私もそう思います。
　八百屋のおやじさんは，市場に出かけます。そして，自分のお客さんが喜んで買ってくれそうな品物を吟味して，自分の責任で選んできます。仕入れをしている彼の頭の中には，お得意様とのやりとりのセリフもあるでしょう。私の想像ですが，八百屋さんの商売の楽しみは，自分のすすめた品物が「おいしかった」とお客さんに喜

んでもらうこと，仕入れと小売り量とがピタリと合うことではない
かと思います。それが，目的である「もうけ」を安定さす，まっと
うな商売のしかただと思います。

　「お客さんが買ってくれないから」，また「お客さんから苦情が
きた」と言って，次のようなことを言ったら彼の経営する店はどう
なるんでしょうか。
——この地域の客は，味覚の程度が低い。
——アイツラは基本的な料理法すら身についとらん。
——おれはこんなに熱心に仕入れて来て，お前たちの健康を考えて
　　売っているのに，まじめに買う姿勢ができてない。
——品物は安くてうまいものばかりではない。中にはひどいもの，
　　まずいものがあるということがわかっとらん。
　そして，最後に，
——八百屋を八百屋と思っとらん。八百屋をなめとる！
　こんなことを言う主人のいる店からは，お客は離れていくでしょ
う。いや，こんなことを考える姿勢では商売はできないでしょう。

*　　　*　　　*

　さて，ひょっとすると，「コノ，つっぱり八百屋ノセリフ，ドッ
カデ聞イタコトアルゾ」と思われる方がいるかもしれません。そう
です。おわかりでしょうか。教育業界のセリフです。
　文章と品性が汚れますが，自虐的になぞってみます。
——この学校の生徒の学力・経済力の程度は低い。
——近頃の児童・生徒は基本的生活習慣すら身についとらん。
——おれはこんなに熱心に教材研究をし，君たちの将来のことを考
　　えて教えているのに，まじめに勉強する姿勢ができてない。
——勉強は安易で楽しいものばかりではない。中にはきびしいこと
　　苦しいこともあるということをわからさないといけない。
　そして，きわめつき。

——教師を教師と思っとらん。教師をなめとる。

　　　　　　　＊　　　　　＊　　　　　＊

　お客様のことを，八百屋のおやじさんはこんなには言わないでしょう。きっとこう言うでしょうね。「お口に合いませんでしたか。申し訳ありません。次には奥様のお口に合うような上等なものも仕入れてまいりますので，ぜひお試しくださいませ」と。

　教師もこんなことが言えるといいですね。

　「おや，この勉強はやる気がおこりませんでしたか，楽しくなかったですか。申し訳ございません。次には，生徒のみなさんがやるに価すると思ってくださるような楽しい勉強を用意させていただきます。お試しくださいませ」と。

　夢でしょうか。いや，仮説実験授業は，この思想を具現していると私は思っています。徹底した子ども主義と学問に対する自信だと思います。

　私の市場，それは……

　八百屋さんは生産をしません。彼は市場で他人が栽培した作物を仕入れて来ます。だからと言って，誰も彼のことを非難しません。役割分担・機能が違うからです。

　ところで，教師は教材（商品）を自分で仕入れているでしょうか。ほとんどの場合は仕入れもしてないと思います。指導要領・教科書にある教材を使っているわけです。「教科書にある——だから教えている。だから教科書にないと教えない」というのが私たちの普通のやり方だと言っていいと思います。

　自作教材（自家生産）が（ひょっとすると）一番であろうが，そうはできるものではないし，その必要もないと思う。でも，たまには教材や料理法を自分で仕入れてみたいと思う。子ども（お客様）が喜んでくれそうなものを自分の判断で仕入れてみて，子どもにその

評価を聞いてみる。子どもの支持によって次の選択をする。八百屋さんが日常的にしていること，たまにはしてみたいと思います。

民間教育運動の中には教材を開発している団体——教科書教材ではあるが，「楽しい」「わかる」(おいしい) 料理法を開発している団体も多い。それらの財産（商品市場）から仕入れたいと思う。

今の私の市場は「仮説実験授業研究会」であり，「数学 教育 協議会」です。そして，月刊誌『たのしい授業』などです。すてきな教材・料理法を仕入れることのできる市場です。

私のごちそうは麻薬

子どもたちが授業を「楽しい」と支持してくれる。——なにより教師にとってうれしいことです。私が仮説実験授業をするのは，それをすれば子どもたちが喜んでくれるとの確信に近いものがあるからです。私自身がその授業をすることが楽しいからです。

　　　　　　　　＊　　　　＊　　　　＊

なまけ者で小心な私は，時々登校拒否をしたくなります。そんな日でも，仮説実験授業のある日は，気分よく家を出ることができます。「あの問題では，子どもはどんなことを言うかな。おもしろい討論になりそうだな。実験には興奮するだろうな」と。授業にドラマを見るときもあります。子どものすてきなところを発見することも，わき立つ教室のこころよさを感じることもあります。少々教室はさわがしくても，仮説実験授業の授業運営法で安心して，気分よく授業を進めていくことができます。

では，その授業運営法を……。

まず，「授業書」と呼ばれているプリントを一枚ずつ配ります。

〈問題〉の意味が理解できたら，各自〈予想〉を立てます。確固たる理由・根拠にもとづいて予想を立てるのもよし，ある場合は直観で，またある場合は「理由はないが，なんとなくそう思う」という

理由で予想を立てるのも認めます。(実際, 私たちが全てのことを確たる理由があって判断しているわけではないし, ある場合は直観で決めることの方が自分を納得させられる時もあります)

　次に,〈予想分布〉をとり, 挙手してもらい, その数を板書します。そして, 〈予想理由〉を発表しあいます。

　それぞれの理由のわかったところで〈討論〉です。討論では, 発言したい人にのみ指名します。無理に発言させたり, 問いつめたりして子どもを緊張さしたり圧迫したりしないようにします。仮説実験授業は教師の押しつけを排します。出題された問題やクラスの個性やそのときの雰囲気によって, 討論らしい討論をしない場合もあります。そんな時には討論を要求したりせず, さっさと実験をします。(ある時には次々と論客があらわれ, 激しい討論がまきおこり, 授業終了のチャイムが鳴っても, 休み時間を無視して子どもたちがしゃべり続けることもあります)

　途中, 自分の考えが変わったり, 友人の意見を聞いて〈予想変更〉をする子どももいます。変更するのも主体的, 変更しないのも主体的です。自由な雰囲気で授業を進めていきたいものです。討論がすんだら, 変更を含めた〈予想分布〉の集計をします。

　そして, いよいよ〈実験〉です。自分の予想を背負って実験です。中には「ナムアミダブツ」と念じ出す子どももいます。激しい論争のあまり, 実験がこわくて机の下へもぐり込んでしまう子どもも。さあ, 実験。予想があたっても, はずれても大さわぎ。そして, 次の〈問題〉へ進みます。一連の問題や〈お話〉などからできている「授業書」で学ぶことによって, 子どもたちは科学上のある概念や法則を身につけていくという授業方法です。

理科オチコボレの私でも

　仮説実験授業の最大の特徴は, この「授業書」と「授業運営法」

にあると思います。この2つが，授業の最低限保証と楽しい授業をもたらしてくれていると言えます。(この点については，板倉聖宣著『仮説実験授業のＡＢＣ』1800円，仮説社刊をごらんください)

「楽しい授業」は教師にとって麻薬みたいなものと思ったりします。「また，あの楽しさを子どもといっしょに味わってみたい。どうしても忘れられない」……，麻薬と同じだろうと思う。仮説実験授業は，私を「楽しい授業」中毒症へ引きずり込んでいく力があります。

麻薬が人を選ばないように，仮説実験授業は教師を選びません。「(やる気のある教師なら)だれでも(授業運営法の通りにすれば)できる」と言われています。「できる」というだけでなく，「子どもたちに喜ばれる」といってもいいでしょう。それは，授業の研究に，「授業書」と授業の法則化を目ざす「授業運営法」，そして授業の可否を子どもたちに問う「授業評価法」をとり入れた仮説実験授業研究会の成果だと思います。

というわけで，理科オチコボレの私でも(だから)「楽しく」「納得のいく」授業が仮説実験授業ではできるわけです。実際，私たちの仮説実験授業研究会は，理科の専門の教師や理科の優等生が少数派の会です。一番いばっているのが，理科オチコボレ教師群です。

オチコボレは専門家や優等生に言います。「コンナコト学ンデ何ノ意味ガアルノ？」「オモシロクナイ」「ソンナノハ，マニアノスルコトダ」「私タチニワカルヨウニ，モットウマク説明ヲシテゴラン」と。こう言えるのも，「自然科学は，一部の特権階級やエリートのためにしかわからないもの・できないものではない」との思想が仮説実験授業にあるからです。だから，「仮説実験授業は理科のオチコボレ教師や理科の授業がうまくいかなくて困っている教師に，より向いている」と言っていいと思います。そう，まさしく私のために，ひょっとするとあなたのためにも……。

♥♡♥♡♥♡♥♡♥♡♥♡♥♡♥♡♥♡♥♡♥♡♥♡♥♡♥♡♥♡♥♡♥

（初出No.244, 01・10）
●定期テスト前に，やる気のでる模擬テスト

幸せを感じようテスト

高橋善彦　福井・三方郡三方中学校

★テストが役に立ちました。もっとやりたいです。　（丸山亜希子）
★テスト前でよかったと思いました。幸せテストはやっぱり幸せ。
　　　　　　　　　　（吉岡清香）
★数学で幸せ♥を感じた。あは。
　　　　　　　　　　（上山まり子）
★テスト前のこのテストはとても幸せになれます。（河内亜也子）
★めっちゃしあわせを感じた。うれし〜。　　　　（田辺理紗）

　これは，中1の子どもたちが書いたものです。学級日誌には日直の子が授業ごとの感想を書いてくれるのですが，テスト前の数学の授業の感想には，たびたびこのようなことを書いてくれます。テスト直前だというのに，なかなか明るい感想でしょ。
　じつは，ボク（担当は数学）は

定期テスト直前の授業で「幸せテスト」と命名しているものをかれこれ5年ほどやっていて，子どもたちに歓迎されています。
　「明日は〈幸せテスト〉をします」と言うと「やったー，幸せテストやー」と喜んでくれるのです。しかも，ボクのクラスは，だんぜん平均点もいいことが多いです。

●やる気がでる模擬テスト!?
　このテスト，やってることははっきりいって「模擬テスト」みたいなものです。
　でも，ただテストをやらせるだけだと，「できない自分を実感するだけ」で終わってしまう可能性があるので，そうならないようにちょっと工夫をしているのです。
　〈テスト前にテストをすることの意義〉を伝えて，「よし，自分

はあと，これを頑張ればいいんだ」と少しでも勉強する気がでるように，意欲の「きっかけ」を作っています。また，テストのとらえ方や進め方は，仮説実験授業をはじめとする「たのしい授業の思想」から学んだことを使っています（後述）。

●やり方──口上がポイント

では，具体的にやり方を紹介します。僕は，本番テストの３日前くらいに，次のような感じでやっています。

〔幸せテスト前〕

テストの３日前なのでテストをします（え〜っ！いや〜！）。まあまあ……，これは「幸せになれるテスト」です。もし今からやるテストができれば「よし，この調子で本番までがんばろう」と思えて幸せですよね。

テストができなくても，落ち込む必要は全然ないです。「あー，間違えたのが３日前でよかった。本番じゃなくてよかった。幸せ♥」と思えばいいの。だから今からやるテストは「できても幸せ。できなくても幸せ」。そういうテストです。さあ，みんなで幸せを感じましょう。

この辺は「どっちに転んでもシメタ」の発想法で話をします。子どもたちは喜んで聞いてくれます。「幸せテスト」と命名している理由がここにあるので，この口上が結構重要かも。

〔幸せテストと丸つけ〕

約20〜30分でテストをします。そして，９割くらいの子が終わったら丸つけに移ります。隣とテストを交換し，丸つけをしてから本人に返してもらいます。

〔幸せテスト後〕

テストが自分の元に戻ると，あちこちで「うわー，むっちゃ幸せ！」「３日前でよかったー！」などの声が聞かれます。……しめしめ。そこでボクは言います。

さあ，みんな，幸せを感じてますか？（うん，幸せ〜！！）

これからが大事やからね。できなかった人は，今は「できなかった幸せ」を感じてもらえばいいけど，本番がこのまんまじゃ，これは不幸せ。あと３日で，今日できなかったことをできるようにすればいいんです。それ

がテスト勉強。本番は「できた幸せ」をぜひ感じてください。

これから間違い直しに入ります。自分はどこで間違えたか分かったら，裏に同じ問題が刷ってありますから〔裏にも印刷しておく〕，間違えた問題だけ，もう1回やって，自分が進歩したことを感じてください。

「バッチリできたよ！」という人は自信を持って，このテストには出ていなかった問題の方に力を入れてもらってもいいと思います。

ほとんどの子の直しが済んだかなぁという頃に授業が終わります（それくらいのテストの分量にするのも大事）。最後に「家でもこんなふうに勉強をしていけば必ずできるようになるよ」と言って終わりです。

*

この「幸せテスト」，基本的なことしか出しません。具体的には「〈この試験範囲ならどの先生が出題しても必ず出すだろう〉と思われる問題のみ」というのを目安にしています。これなら不公平感も出ません。

●これでさらにバッチリ

時間に余裕があるときにはこんなこともできたらバッチリです。

〔幸せテスト前〕

「これと同じ問題（あるいは数字を変えた問題）でテストをするよ」と言って，事前に作っておいた〈予告プリント〉を渡す。

〔幸せテスト当日〕

しばらくテスト勉強の時間をとってから幸せテストをする。

〔幸せテスト後〕

「次は〈できた幸せ〉を感じられるといいね」と言って，本番テスト前にもう1時間幸せテストをする。すると，定着度が増す。

●オリジナリティーは少しだけ

さて，ここで紹介したテストの方法やその意義については『たのしいテスト・評価ハンドブック』（仮説社）にほとんど書いてあります。

特に「ぼくたちのテスト論」（座談会，156〜173ペ），「たのしいテストならやる気がする」（藤森行人，174〜184ペ）がとっても役に立ちます。

ボクのオリジナリティーがある

とすれば,「幸せテスト」と命名し,授業中にみんなが口々に「幸せだー」と言って明るく勉強できるようにちょっと工夫したことぐらいでしょうか。

●点数もとれて,授業も楽しく

もちろん,「たのしいテスト」にするには「テストしてほしい」と思ってもらえるようなたのしいことを教えるというのが肝心。

その点では,これは教科書授業のテストなので,仮説実験授業後にやるテストにはかないません。それはある意味,決定的に違う部分なので,「こんなやり方されたってやる気はでないよ」と言われても仕方ないと思っています。

でも,現実に避けたくても避けられない定期テストや高校入試はあるわけで,「定期テストでいい点取りたい」「高校に行きたい」という要求にも応えてあげたいのです。

中学校なんかだと,そういう要望に応えてはじめて「子どもたちが安心して〈たのしい授業〉も楽しんでくれる」みたいなところもあります。そして,「高橋先生はテストでちゃんとボクらに点数を取らせてくれるし,楽しい授業もしてくれる」という高い評価ももらえたりします。

●教科書とたのしい授業の狭間で

仮説実験授業を知り,今でこそ数学の授業書が1年に1つか2つはできるようになりましたが,それでも大半は教科書授業の日々です。「たのしい授業（仮説実験授業）」をたくさんやりたいところですが,「理想を掲げて妥協する」の発想法でやっています。

でも,妥協とはいっても,少しでも押しつけや苦痛の時間を減らしたい。できることならたのしく勉強してもらいたい……なにか仮説実験授業から学んだことを使えないかと,これまでいろんな試みをやってきました。このテストはその中の一つです。

たのしい授業をしたいけれど,定期テストが気になるような方に,この「幸せテスト」が少しでもお役に立てばうれしいです。

1999.7.28

「宿題」どうしていますか？
アンケート
●35人にきいてみました

(初出No.143, 94・7)

愛知・豊田市山之手小学校　**井藤伸比古編**

0．どうしてこんなテーマを取り上げたのか？

「あなたは宿題を出していますか」——そんな質問をだれかにしてみたくなりました。その理由の一つは，『たのしい授業』4月号〔No.139〕に，村上道子さんが「私は宿題を出さない」というようなことを書かれていたことにあります。それを読んで「へー，村上さんはそうなのか」とびっくりしました。私は，宿題を毎日出しているのです。

私は，小学校の教師になってからは，「出すのが当然」と思ってきたのです。しかし自分の常識が，本当は常識ではないのかもしれません。「理想としては，宿題はどうすればいいか」と，そんなことを考えてみたくなったのです。

また『たのしい授業』という名前の雑誌をとっている私にとって，〈たのしくない宿題〉を子どもたちにやらせるのは，何となくうしろめたいような気がします。

さらに，教師である私にとっても，宿題はめんどくさいものです。子どもが宿題を提出してくれれば，見てあげないといけませ

ん。また，忘れてくる子がいたら，何か対策を講じないといけない気も起きます。そして，たまには忘れてくる子をどなったりしてしまうこともあります。私にとって宿題は，今でも決して好きなものではありません。この際，宿題について根本から考え直して見るのもいいような気がしてきました。

　ということで，僕の知り合い数十人に宿題についてのアンケートをお願いしたところ，35人の公立小学校の先生が答えてくれました。北は北海道から南は沖縄までの人です。ただし，たぶん全員が『たのしい授業』の読者ですから，「〈たのしい授業〉の思想に共鳴しているだろう」という偏りはあります。(公立小学校以外の先生も答えてくれましたが，その人の分は統計に入れていません。意見などは入れてあります)

　それでは，アンケートの結果を見て下さい。結果を予想しながら見てくださると，楽しいかと思います。

Ⅰ．あなたは宿題を出していますか

〔質問１〕　①あなたは宿題を出していますか。
　　　　　　ア．だいたい毎日出している。
　　　　　　イ．ときどき出している。
　　　　　　ウ．出していない。
　　　　　②その理由を書いて下さい。

　㋐〜㋒のどれがいちばん多いと思いますか。その前に，②の結果を先に見てもらいます。

　㋐・㋑にした人の理由（複数回答あり）

　親の要望が強いから，親に安心してもらう。(14人)／習ったことの定着を図る。特にドリル。(7人)／教師の安心材料，子どもの

安心材料。(5人)／家で少しぐらい勉強を。勉強する習慣を。(5人)／授業時間の関係でできなかったことを。(3人)／自分のペースでできる時間の確保。(2人)／学習する楽しさを知ってほしい。(2人)／まわりの教師が出していて，出すのがふつう。(1人)／自分でする学習方法を知ってもらいたい。(1人)／子どもたちは宿題が好き。(1人)

　宿題を出している理由のNo.1は「親の要望」でした。例えば，阿部徳昭さん（宮城）は，「若い頃はとんがっていて出していなかったが，親の抵抗がかなり強いこともあって，親の支持を得るために，今は文句を言われない程度に出している」。

　⑦にした人の理由（複数回答あり）
子どもたちの生活に干渉したくない。(2人)／忘れたときの指導がめんどう。(2人)／宿題をやる効果があるのか疑問。(2人)／出すものがない。(1人)／『たの授』で「習熟ドリルも学校で」と読んで。(1人)／宿題の答え合わせをする時間がもったいない。(1人)

　さて，①のアンケート結果をお知らせしましょう。
　ア．だいたい毎日出している　　正正正正正　　(25人)
　イ．ときどき出している　　　　正　　　　　(4人)
　ウ．出していない　　　　　　　正一　　　　(6人)

どうですか。予想に近い結果になりましたか。アンケートに答えてくれた人は，『たのしい授業』の読者ですので，読者でない人も含めてアンケートをとったら，たぶん⑦がもっと多くなるでしょう。しかし，『たのしい授業』の読者でも，けっこう⑦が多くい

るものです。ちなみに私も⑦です。

II．土曜日の宿題は？

> 〔質問2〕　土・日は宿題を出しますか。
> 　ア．出している。　　イ．出していない。

　どうしてこんな質問をしたのかというと，実は私がこのことについて迷っていたからです。自分が小学生のころは土日に宿題がありました。けれど，つい土曜は遊んでしまって，日曜の夜は宿題の山でした。今でも日曜の夜のテレビは何となく好きになれません。そんな思い出が私にはあるので，最近では，土曜には宿題を出さないことにしています。でも，「それでいいのかな」とちょっと思っています。

　そこで，アンケートの結果を見てみましょう。
　ア．出している　　　正正下　　（13人）
　イ．出していない　　正正正一　（16人）

　これは結構，伯仲しています。また，田中浩寿さん(長野)は「ここ2年ほど〈子どもの誕生日には宿題を出さず，牛乳でカンパイ〉をやっています。これは『たのしい授業』1991年3月臨増〔№101〕に載っていた勝山恵さん(京都)の方法です。とてもとても好評です。これからも続けたい」。

III．どんな宿題を出すか

〔質問3〕　宿題ではどんな内容を出しますか。（複数可）
　ア．漢字練習　　イ．計算練習　　ウ．日記

エ．自由勉強（自分で内容を決めて勉強する）　オ．本読み
　カ．プリント　　キ．習ったことのまとめ　　ク．その他

　この中で，No.1だったのはどれだと思いますか。その前に，けっこうユニークな宿題をいくつか紹介します。

山口幸弘さん（熊本）……夏休みなどに毎日3人以上の子と遊ぶ。

松野晴代さん（愛知）……乾電池1個と豆電球1個と導線で，あかりをつけてみようというもの（やれなくてもよい）。「これは大人でもできない」「できたら天才かもしれない」などと言って，学校で少し挑戦させて宿題に出す。また，〈さそりの標本〉で，3人の人をだまして，その驚き方をメモしてくるというような，家族を巻き込むような宿題をときどき出している。

松崎重広さん（愛知）……もうすぐ父の日。「お父さんにだっこしてもらって，その感想を聞いてきなさい」という宿題を出してみては？（『たのしい授業』No.3の〈はみだしたの〉より）

渡辺慶二さん（大阪）……日常生活のこと。ex．お手伝い，朝めしを食べてくること。

　さてそろそろ，アンケートの結果の発表です。
　①漢字練習　　　　　　正正正正下　（23人）
　②計算練習　　　　　　正正正正　　（19人）
　③プリント　　　　　　正正丁　　　（12人）
　④本読み　　　　　　　正正一　　　（11人）
　⑤日記　　　　　　　　正下　　　　（9人）
　⑥自由勉強　　　　　　正丁　　　　（7人）
　⑦習ったことのまとめ　丁　　　　　（2人）
　⑧その他　　　　　　　丁　　　　　（2人）

この結果は，私の予想通りでした。ちなみに，私の出す宿題は「漢字練習」と「日記」です（このやり方は『たの授』92年4月号〔No.114〕の井藤「ぼくのカリキュラムはいかが」をごらんあれ）。

Ⅳ．宿題を忘れた子にはどうするか？

〔質問4〕　宿題を忘れた子がいたらどうしていますか。
　　　　ア．対策を講じる。
　　　　イ．ときどき対策を講じる。
　　　　ウ．何もしない。

さて，アンケートの結果です。
ア．対策を講じる　　　　　　正正正　　（15人）
イ．ときどき対策を講じる　　正正　　　（10人）
ウ．何もしない　　　　　　　正　　　　（5人）

では，どんな対策を講じているか。
学校でやってもらう（5人）／「明日持ってきてね」と言う（4人）／残ってやってもらう（4人）／説教，どなる（2人）／その他（2人）
　「その他」から……。
加藤光二さん（愛知）……「居残り佐平次」という落語にちなんで，「今日は佐平次だ」という。
豊田雅彦さん（千葉）……名簿につけるが強制はしない。

　ぼくの場合は，ずうっと宿題を出さない子がいて「もうそろそろ何か対策を講じたほうがいい」と思ったときは，その子に「家に帰って宿題をやって，宿題ができたら先生の自宅へ電話して。電話する時間は夜7時から8時の間だよ」と言って，電話をかけ

てもらいます。それでも電話が来ないときは，こちらから電話します。電話にお母さんが出たときは，その子をベタほめして（電話する前にほめることを用意しておく。できたらお母さんのこともほめます），ちょっとの間雑談し，そして本人に変わってもらう（実際にやるのは年に1回か2回だけど）。こういう方法は，効果的です。教師のストレスがたまらない。しかし，ご批判もあろうかと存じます（親にもよりますが）。

ともかく，宿題をやってこないのは，その子が「やる気が起きない」とか「やり方がわからない」とかいうことが多いと思います。まずしかるよりも，やる気の出る宿題の出し方を考えるとか，やる気の出る宿題のやり方を教えるとかした方が，子どもも教師も気持ちよく生活できると思います。

Ⅴ．親は本当はどう思っているか？

〔質問1〕の「なぜ宿題を出すか」という問いに対して，一番多かったのが「親の要望が強いから」でした。本当に親は宿題を要望しているんでしょうか。それを調べてみたくなりました。

そこで，ある機会にうちのクラス（小3）の保護者21人に，宿題について次のような質問をしてみました。

あなたの子どもに，宿題はあった方とない方とではどちらがいいと思いますか。

　ア．あった方がいい。
　イ．ときどきあって，ときどきない方がいい。
　ウ．ない方がいい。

---

⑨と答えた親はどのくらいいたと思いますか。これは教育原理の問題として，いい問題かも知れません。さて，どうでしょう。

ア．あった方がいい　　　　　　　　　　　　正正正一（16人）
イ．ときどきあって，ときどきない方がいい　正　　（4人）
ウ．ない方がいい　　　　　　　　　　　　　一　　（1人）

　あなたの予想はあたりましたか。やっぱりほとんどの親は，宿題を望んでいるようです。
　その理由も聞いてみました。

㋐にした人の理由
　ないと勉強しないから。(9人)／家で少しぐらい勉強をしてほしい，勉強する習慣をつけてほしい。(5人)／習ったことの定着を図る。特にドリル。(2人)

㋑にした人の理由
　たまには外でおもいっきり遊ばせたい。(2人)

㋒にした人の理由
　高学年になれば宿題がふえるので，もっと友達と遊ばせたい。
　　　　　　　　　　　　　　　　　　　　　　　　　　（1人）

　もっとていねいに意見を書いてくれた人もいます。
> □3年生で新漢字200字習うみたいですが，家に帰って宿題なり復習しない限り覚えられるものではないし，またそれを自主的にやれる子はともかく，うちなどは「これだけの宿題」というふうに課さないとなかなかやらないので，たとえ少しずつでも宿題を出して下さい。
> □自発的にはなかなか勉強しないので，是非お願いします。
> □友達とみんなで何かを調べるような宿題ならよい。
> □先日，公民館について調べる宿題がありましたが，子どもが自分で調べるのは少しむずかしいかと思いました。予習，復習になる宿題，無理のない程度で自分で試したり調べた

□本読みは，宿題に出てもあまり読んでいるのを見たことがない。

子どもには評判のいい「本読み」ですが……。

　　□①で「あった方がいい」としましたが，休日の前日などはない方がよいのではと思います。平日は，だんだん授業時間が長くなったり，いろいろなことに追われていますので，休みの日はのんびりさせてやりたいと思います。
　　□休日は家族で過ごしたいので宿題はない方がいい。夏休みの創意工夫の工作はやめてほしい。（ただの工作なら子どもも喜んでやるが，工夫のあるものというといやがる）
　　□宿題の漢字をあくる日にテストしてくださるのはとても良い。

　私は，松崎さんに教わって毎日５問ずつ漢字のテストをやっています。明日のテスト範囲（5～10問）が宿題になります。テストの前にもう一回みんなで練習してから本番のテストをしています。

Ⅵ．子どもは宿題についてどう思っているか？

　やっぱり子どもに聞いてみないといけません。それがいちばん大切なことかも知れません。そこで，うちのクラス（小3）の29人に聞いてみました。

しゅくだいは，あった方とない方とどちらがいいですか。
　　ア．あった方がいい。
　　イ．ときどきあって，ときどきない方がいい。
　　ウ．ない方がいい。

　さて，うちのクラスの子どもたちは何と答えたでしょう？　私

は「きっと㋒がいちばん多いだろう」と予想しました。ところが，結果が出てびっくり。

　ア．あった方がいい　　　　　　　　　　　　　正一　（6人）
　イ．ときどきあって，ときどきない方がいい　正正正一（16人）
　ウ．ない方がいい　　　　　　　　　　　　　　正丅　（7人）

　「ない方がいい」は，それほど多くはありませんでした。なぜなんだろう。子どもたちの好きな宿題ベスト10は次の通りです。
　　　　　（選択肢を用意して，○をつけてもらいました）
①お絵かき（17人）／②体育（16人）／③自由勉強（15人）／④リコーダー（12人）／⑤日記（11人）／⑥本読み・プリント（10人）／⑦計算プリント（6人）／⑧漢字・習ったことのまとめ（4人）
　すると，⑧は，実は「いちばんきらいな宿題」ということになります。しかし，「漢字」がいちばん少ないのは，毎日漢字の宿題を出している私としては，トホホ，ちょっと反省しています。では，子どもたちの意見です。

> □できないことをしゅくだいにしてほしい。できることを何回やっても，いみがないし，おもしろくなくなってくることがあるから。
> □お父さんが，「夏休みのしゅくだいやれ」といって，「やることがない」といったら，「100文字かんじで書け」といいました。（だから少しはしゅくだいがほしい）
> □かんたんがいい。日記だけがいい。
> □全くなしがいい。
> □学校には勉強をしにきたんだから，宿題はあった方がいい。

　子どもは必ずしも「宿題なしがいい」わけではないような気が

するのですが，どうでしょう。

横浜の横山裕子さんも同様のアンケートを子どもたちにとってくれましたが，ここはもっとすごいです（小3）。

あなたは宿題が好きですか。
ア．すき・あった方がいい…………9人
イ．ふつう・ときどきならいい……17人
ウ．きらい・ない方がいい…………0人

なんと宿題がきらいな子がゼロです。いわゆる進歩派の教師の中には，「宿題は子どもの時間をうばうものだから，出さない」という人がいますが，その人はひょっとしたらそう思いこんでいるだけなのではないでしょうか。やっぱり「こんなのわかりきっている」と思うことも，「子どもに聞いてみないとダメ」なような気がします。といいつつ，「宿題を出さない」という意志をつらぬいている人もすごい（えらい？）と思います。

　　　　　　　　　　　＊

以上のアンケート結果を見てどう思いますか。「やっぱり子どもに聞くことがいちばん大切」のような気もします。しかし，子どもを小学校に通わせているのは親です。今は公立学校が主流ですが，私立学校がふえてきて学校の選択の幅がふえてくれば，親の要求に応じない学校へは入学者がへってしまうことでしょう。病院でも，国公立病院より私立病院の方がサービスがいいようですが，それと同じように私立へ子どもが流れてしまうかもしれません。ですから，かんたんに「親の意見は無視していい」とは言えないような気がするのですが，どうでしょう。

私の意見は，宿題に関しては「親の意見も聞き，子の意見も言い，両方に満足してもらうようにしたい」ということです。どちらかと言うと，子の意見の方を重視しますが。

Ⅷ. 最後に各地の教師の意見をどうぞ

いろんな人からもらった意見をいくつか紹介しておきます。けっこう，考えさせられるものが多いです。では，どうぞ。

●全員やらすことを強いずに出せばいい

「たのしい授業」の思想とは，〈学ぶこと自体がたのしい〉ということだと思います。だったら，宿題も，家でやる勉強も，「たのしい」ものがあるはずだし，現実に計算なんかでも，かなり習熟してくると，2～3個出すと，喜んでやってくる子も多いことがあったりします（もちろん，いやな子もあるでしょうが）。やりたい子もいるし，やりたくない子もいるのは，割合の違いはあれ，常にあるはず。だったら，全員やらすことを強いずに，宿題を出せばいいんじゃないでしょうか。

(阿部徳昭さん・宮城)

●計算問題とか意味調べとか○○のまとめ

宿題というか，「今日やった所の計算問題の復習をやってみてね」って感じです。復習的なのは計算問題以外は出しません。あと，意味調べとかも出します。算数の「○○のまとめ」みたいのも出しますが，これは予習的で，ま，いきなり授業でやる前に「ちょっと見といてよ」って感じです。

でも子どもたちは忙しいので，別に家でやらなくてもよいことにしてます。例えば，「今日は忙しい」と自分で思ったら，給食準備中なんかにやってる子もいます。次の日の朝，早く来てやってる子もいます。

宿題は，次の日，みんなで○つけとか，私が黒板でみんなと一緒にやるとか，そういうふうにしています。

(中井真紀子さん・北海道)

● **自分に自信をつけるために**

新居先生の考えに賛成。親の手助けはいらないようにしている。「できなければできないでかわまない」ということでやっている。「できない」ことを確認するだけのものにならないように気をつけているが、ほとんど、漢字練習、計算ドリルが多いので、それほど負担になっていないだろうと思う。

(松田明彦さん・高知)

新居信正著『つるかめ算』(仮説社)の中に、練習問題とは、「〈ぼくにだってできるんだ〉〈ぼくはなんてすばらしいんだろう〉と、自分に自信をつけるためにする問題のことです」とあります。松田さんは、この部分が気にいっているそうです。

● **自分の息子をみていて、宿題は不要**

自分の息子を見てると、宿題は、きっぱり不要。家の時間まで侵さないでという感じ。　　　(木下富美子さん・東京)

私のめいは、昨年6年生のとき、埼玉(浦和)から東京(国立)に転校したのですが、その時、国立の宿題の少なさにびっくりしたそうです。他に部活動なども、東京の方がずっと規制が少ないそうです。「地域差もあるのかな」と、木下さんの手紙を見ていて思いました。しかし、全体的にはいただいた文章をみてみると、「地域差はないのかな」という気がします。どうでしょう？

● **「適当にやる」というのが大切**

原則として「適当にやる」というのが大切なような気がします。「とことんやらせる」「とことんやらせない」ではなく、「適当にやる」「できなくてもとことん追及しない」。

一律の基準を設けて、全員に守らせるというのでなく、教師と子ども一人一人との人間関係の中で、考えていくのがいいの

ではないでしょうか？　これは宿題に限らないと思いますが。

(池田京子さん・山口)

●授業の残り物は出したくない

今年は専科なので，宿題とは無縁です。担任を持ったのは，昨年と5年前です。昨年は出さない方式。5年前は出す方式をとりました。どちらがいいかという結論は，私にはありません。

ただ宿題を出すなら「授業の残りもの」的なもの(たとえば教科書の〈練習〉とか，「できなかった人は家でやってきてね」というもの)ではなく，子どもたちが十分自力でできるようなドリルのようなものがいいと思います。やり方もよくわからないのでは，やる気も起こらないでしょう。

それから，出す以上は，毎日出すことにしています。1か月ぐらいすると，子どもたちも習慣づいてあまり大変がらずにやってくれます。昨年は，学校にいる時間の中でドリルもしてしまう方法をとったので，宿題は出しませんでした。毎日やっていたので，宿題を出していた時とかわらないくらい練習ができました。

(山口恵子さん・神奈川)

山口さんの文章を読んでいて思ったのですが，「宿題」という名前をやめて「おみやげ」にすればどうでしょう。たとえば，うまい中華料理店で食事をした後，おみやげにゴマダンゴをサービスしてもらって，家でも食べる，という感じ。冷たくなった残り物は，おみやげにしてくれても，いらない。

●〈空気と水〉のいたずらのすすめみたいな宿題

なぜ宿題を出さないか→学校から帰ってからのスケジュールが一人一人違いすぎるから。それと，出すと答え合わせをする時間もかかる。出さなければ，忘れたときにしからなくてすむ。

宿題をやると効果があるのかなー，ないのかなーということがはっきりわかれば，方向が決まると思います。前提条件も考える必要があるかなと思います。たとえば，①宿題を出すだけで，やる・やらないは子どもにまかせるとか。②子どもがやりたいという気持ちを持てる宿題にするとか。③授業のやり残しのものを宿題にしないとか。そうはいっても，ボクも子どももたのしめる宿題ならいいと思います。たとえば〈空気と水〉の授業書の中の「イタズラのすすめ」みたいな宿題なら，カンゲイです。
（由井宏幸さん・愛知）

● 〈宿題を出しているのは教師〉という自覚を

　「やらない自由（？）が子どもにある」ということも，教師はわきまえていなければならない。宿題とは教師が出すものである。したがって，その取り扱いはいいかげんなものであってはいけないと考えている。やってきた宿題はきちんと教師が見てやらなければならない。しかし，やってこない子どもは追及はしない。やってくることができない理由があったのだから，それより「やってくるといいことがある」というようにしなければ，子どもはいつまでもやってこないだろう。大切なのは「〈よし，オレもやってこよう〉と思えるようなものを宿題にすることだ」と考えている。
（干台治男・東京）

　こうやって，ワープロを打ってまとめていると，「宿題なんてほっといて，もっと楽しいことを考えたい」という気もするのですが，ここでちょっと哲学的に考えて，一つ自分なりに結論を出して「明日からもっと楽しく学校に行けたらいいな」と思っています。それでは，これを読んで何か感想があったら，お知らせ下さい。では，今回はここまで。
（1994.5.16）

学ぶたのしさ
見つけてくれたら
いいな

(初出No.143, 94・7)

小林光子
神奈川・横浜市矢向小学校

　私にとって〈家庭学習〉は宿題とは大きく違います。宿題は誰かに〈やらなければならない〉と強制され、何をやるかも自分で決められないものだ、と私にはそんなふうに思われます。

　私は〈家庭学習〉という名前で、子どもたちにこんな学習をしてもらっています。それは、ノートに「好きなことを好きなだけ」やってくるというもの。いわゆる自由学習なのでしょうが、ちょっぴり感じが違います。「好きなことを」というのは、自分で自分のやりたい学習を見つけてもらいたいと思うからです。人に与えられる学習ではなく、自分で〈おもしろいこと・楽しいこと〉を見つけてくれたらいいな、と思うのです。

　私の出会う子どもたちは、1年生を除いては、たいてい「勉強は嫌なもの・面倒なもの」というイメージを持っています。そんな子どもたちに、授業を通して「学習する楽しさ」を伝えることを一番に心がけています。そして、「へー、いろいろ知ったり考えたりするのって楽しいなー」と感じてもらえたら、それを自分で見つけてほしいなと思うのです。「学ぶことって楽しいよ」ということを知ってもらえたらうれしいなーというのが、〈家庭学習〉をしてもらう私の一番の気持ちなのです。

　　　　＊　　＊　　＊

　私は20年もこの〈家庭学習〉をやっていますが、すごく好評です。始めた当時、子どもたちがどんなふうに感じてくれてるのか気になって書いてもらったものがありますので、紹介しておきます。

□ぼくは最初家庭学習を始めるといわれたとき、「2学期はいっぱい遊ぼう」と言ったくせに〈何が家庭学習デー〉と思っていたけれど、案外面白くてなんだか嫌な勉強じゃないんだな。楽しい勉強なんで楽しくできていい勉強だ。だって好きなことをちょっとやるだけでいいんだ。だけどあんまり遊べない。だから先生に文句いいたいんだ。だけど無理矢理やる勉強よりもずっと楽しい勉強。いいな。宿題はぼくの嫌いなものも出るけど家庭学習なら自分が好きなこと

をやればいいし、楽しい勉強です。自分の好きな勉強だから、あんまり忘れないんだ。
　　　　　（川島伸一・4年）
□私は家庭学習を始めてから何日か過ぎて、やっぱり家庭学習をやって良かったなと思いました。家に帰って遊ぶ人がいない時や、つまらない時、一人で学習をやれるからです。私は学校から帰ったら少したったら、友達の家へ行った時は5時頃やるけど、一人の時は4時頃やります。でもほとんど一人だから、4時頃やるけど、たまにテレビを見ていて後で思い出してやることがあります。わすれるときもあるけどこれからもがんばります。　　（左橋千恵子・4年）

●アドバイスでまずフォロー

　この〈家庭学習〉は、まずノートを1冊用意してもらうことから始まります。
　「今日から家庭学習というのを始めます。この学習は〈好きなことを好きなだけ〉やってくる学習で、宿題ではありません。何でこんなこと始めるかっていうと、家で〈勉強しろ勉強しろ〉っていわれるでしょ。嫌でしょ。だから自分からやるようにしちゃおうよ。家へ帰ってお母さんに聞こえるように〈さあ勉強でもしようかな〉なんていって机に向かったら、きっとすごいほめられちゃうんじゃないかな。それで自分でやりたいと思うこと、やってきてね」
と子どもたちに説明します。

　ノートは毎日提出してもらいます。「提出は自由」という考えの人もあるようですが、私はやっぱり〈学習する楽しさ〉は毎日やっていく中で、いろいろ試してみる中で、見つかるように思います。

　さて、「好きなことを好きなだけ」なんて言われても、何を学習するかを見つけるのはそんなに簡単なことではありません。そこで最初の1〜2週間は何をやりたいか書いてもらって、アドバイスしていきます。

　最初の頃は、漢字や計算練習だったり、絵だったりします。私のアドバイスも、「どんな漢字を練習するの？」「計算問題ってどこから出すの？」など、サッと取り組めるような具体的なものになります。絵を描くという人には「上手に描いてね。色もつけるといいわよね」といったアドバイスをします。〈かいてよかったな〉と思える学習にしてほしいからです。

●マンガだって何だって大歓迎

　私のアドバイス期間が過ぎた頃

165

から，自分でいろいろ工夫する人が出てきます。漫画家になることが夢だという女の子は，ほとんど１年間四コママンガを書き続けました。同じように小説を書き続けた人もいました。

　仮説実験授業でやった内容を自分で分析してきたり，もう一度実験してくる人もいます。今年担任している３年生も〈にている親子にてない親子〉ではモンシロチョウを飼って観察してくれたり，〈磁石〉ではいっぱい自分なりの研究を始めてくれました。

　授業をして「これはきっとやって来る人がいるだろうな」と思っていると，ちゃあんと次の日に何人かの人がやってきてくれたりということもあります。わり算の等分除・包含除の数式・図式を自分で確かめたり，場合の数の樹型図を何ページにもわたって書いてきた人がいたのも思い出します。

　こうなってくると，毎日の家庭学習を見るのがとっても楽しみになります。ほとんど給食から昼休みにかけて全員のノートを見るのですが，大変とか面倒と思ったことは一度もありません。

　ノート一冊に国語も算数も絵も何でもやってもらうので，縦横もめちゃくちゃになったりしますが，気にしません。体育や音楽でも，マンガや絵でも，私は大歓迎です。自分で好きなこと，楽しいと思えることを見つけることができるなんて，すごい学習だと思うのです。

●成果を見てくれる人がいる

　学習をしたら，必ずその感想も書いてもらっています。自分で自分の学習を評価してもらうわけです。体育や笛の練習や実験だって，感想を書いてもらえば何をどんな気持ちでやったかが伝わります。

　そして，私も何か一言書くことにしています。ほめたり，こうやるといいよ，などなど私の感じたままを書いていますが，これが結構子どもたちにはうれしいみたいです。どうしても教室では集団になってしまって，一人一人のことを見ていきたいと思ってはいても，見過すことがあります。けれど，このノートを通して一人一人と向き合えるわけです。それに，自分のやったことをちゃんと見てくれる人がいるのって，何かをやる時のエネルギーになる気がします。

　こんな学習の中から，私が「楽しいな」とか「おもしろいな」と思ったものは，クラスのみんなにも紹介していきます。そして，ノート一冊終わったら，学級文庫に置いて自由に見ていいことにしておきます。ノートをみんなに見せ

ても良いかどうかは本人の許可をとりますが, たいていは他の人に見てもらうのはうれしいようです。

●休める自由もパス券で保証

ところで, ノートを5回提出したら, パス券を1枚発行することにしています。このパス券（マンガのキャラクターを印刷してる）をノートに貼って出せば, 家庭学習を1回パスできるのです。これは横浜の齋藤祐輝子さんが始めたことで, 「券のために学習するなんて」と思っていたのですが, 小さい学年をもった時にすごく喜ぶということで真似してきました。

パス券のいいところは, たとえば具合の悪い時など, 堂々と休めたり, やるやらないを自分で決められるところです。〈パス券は自由に休みたい時のためにあるんだから〉とか〈どんどん使いなさい〉などときちんと話しておくと, パス券のために家庭学習をやろうという意識はあまりもたないようです。

●そっと見守ってくださいね

この家庭学習を始める時には, たいてい4月の父母会で「私は宿題を出しません。そのかわりというのとはちょっと違いますが, 〈家庭学習〉といったものを始めます。これは子どもたちと私がやっていくものなので, 口を出したり, 手を出したりしないで下さい。ノートを見たかったら〈見せて〉と子どもに頼んで下さい」とお話ししています。

それと, やっぱりこれが基本だと思うのですが, 「きちっとした学力は授業でつけていくので心配ありません」ということはハッキリさせておきます。この家庭学習は「学校での学習は授業でちゃんとやりますからお任せ下さい」という姿勢と, 実際に子どもが授業（学習）を楽しんでいる様子があって, 初めてやれるように思います。

「言われたことをそのままやるのは簡単ですが, 自分で自分の学習を見つけるのってすごく大変で, それが本物の力をつけることになると思いますよ。子どもたちが学習を自分から楽しんでやれたらとってもすてきですよね」と, 家庭学習する意味も伝えておきます。

たいていは私の場合, 「今まで宿題で大変だったけど, ちゃんと自分でできるんですね」とか「自分から楽しそうにいろんなことやってるので感心します」といったお話を聞きます。そんな時は「いっぱいほめてあげてください」とお願いしておきます。

（初出No.150, 95・2）

お手軽授業通信
● 編集から発行まで1時間でできることを目指す

山路敏英 東京・台東区上野中学校

□「編集から発行まで1時間」を目標に

「全授業通信はたいへんだけど，1時間だけの授業記録なら書けそうだ」と〈科学の授業かわら版〉を発明したのは小原茂巳さん（小原『授業を楽しむ子どもたち』仮説社，参照）。「これはイイ」とマネさせてもらって10年以上。でも最近は年のせいか面倒になってここ数年は作っていない。体力がなくなったこともあるが，授業でかなりイイことがあっても——例えば〈たった1人だけ予想が当たる〉〈ツッパリ君が活躍した〉等ということがおこっても，ボクにとっては珍しいことではなくなっているので，それだけでは「感動が薄いなあ」と書く元気が出ない。欲張りになっている。

でも，子どもたちにとっては，仮説実験授業はもちろんはじめての経験。よろこぶのははじめから目に見えるようだし，子どもたちが実際に歓迎しているようすを見れば，当然，ボクもうれしい。そのよろこびは伝えたい。親にも伝えたい。それに，授業通信を発行すると，それでまた子どもたちがよろこぶ。親もよろこんでくれる。

そこで，ナマケモノの思想（そんな大それたものがあるのか？）が頭をもちあげる……。〈ラクしてよろこばれる，お手軽授業通信〉を作ろう！　目標は「１時間で印刷まで終わる」こと。
　そのためには，今まで仮説実験授業研究会に蓄積されたアイデアを使わせてもらおう。

1．子どもたちの感想文を原稿に直接はる。——小原さんの初期の授業通信はこれだった。当時，ファックス印刷機が普及してきて可能になったことだ。昔の「ロウ原紙・ガリ切り」ではできない。なお，「ラクすること」が目的でなくても，インパクトの大きいものは書き直さず，そのままノリ付けする。

2．「タイトル（共通事項）だけ」の原稿用紙を，先にたくさん（発行予定の回数より多く）印刷しておく。——犬塚清和さん（愛知・平坂中）をはじめ，授業通信をたくさん出す人がやっていた。〔下図，共通原稿用紙の見本。仕様は後記〕

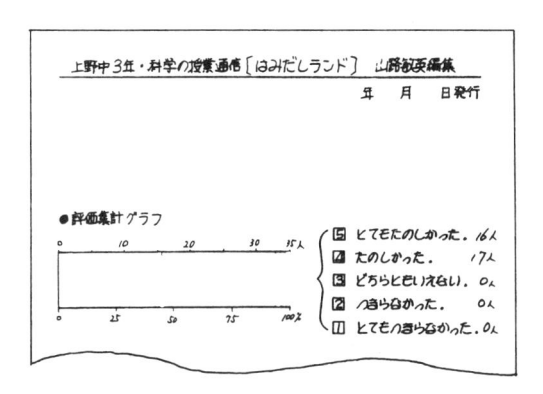

3．原稿はＢ４判１枚におさめる。——フツーの学年だよりや学級通信もこれだが，仮説実験授業ではつい内容がふえてしまうので，ナマケモノ研究室としてはＢ４判１枚にこだわる。
　　では，実例を紹介しよう。（編集手順はその後で紹介）

上野中3年・科学の授業通信〔はみだしランド〕　山路敏英編集

1994 年 6 月 13 日発行

＜自由電子が見えたなら＞が終りました。(ずいぶん前のことでスイマセン)

5組特集　最後の評価と感想
たのしいクラスのみんなありがとう ④

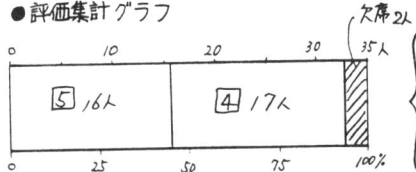

● 評価集計グラフ

⑤ 16人	④ 17人	欠席2人 35人

- ⑤ とてもたのしかった。　16人
- ④ たのしかった。　　　17人
- ③ どちらともいえない。　0人
- ② つまらなかった。　　　0人
- ① とてもつまらなかった。0人

5組は積極的に意見を言う人、プリントを読んでくれる人がたくさんいて、授業に行くのがたのしみなクラスです。

では感想文を紹介しましょう。

― 根岸 昭和くん　⑤ ―

とてもおもしろかった。
「おれが将来 先生になったら
　このようにやるよ」と野田が言う。
田原も「この時間は、おれの人生
　　　のなかで最良の時だった」

　　すばらしい。

根岸くんらしい とても
おもしろい表現だし、
読んでとてもうれしかったです。
イイ友達（野田くん、田原くん）に出会えて
よかったですね。

― 野田 洋行くん　⑤ ―
ぼくが休んだときにやった実験を見てみたいです。
それは、先生の授業をぼくだけが、その日、1日分

> だけ見ていないのはとてもくやしいからです。
> 先生の授業はとてもおもしろいので、これからは
> 休まないようにします。

こういう感想、ありがたい
と思います。

― 大矢峰子さん ⑤ ―
> この授業をとおして、早くこの理科の
> 時間がこないかなと思った。それは、
> やっぱり授業が楽しかったから
> だと思います。最後に勉強した、
> 金属どうしをくっつけるやつは、
> しらなかったので、1番、心に残って
> いる。こんどはきびしい授業になる
> そちらもがんばろうと思う。

授業がたのしみになる。
それは好きになった証拠。
そして成績があがる
きざし。

きびしい授業はバシバシ
当てます。予習をがん
ばってください。

ていねいな感想を
ありがとう。

― 内田幸一くん ⑤ ―
> じしゃくでもない、ふつうの鉛が自由電子によって
> くっつくというのはとてもふしぎだった。
> こういう授業のやり方は、はじめてだけど、ノートを
> とらなくていい分、授業に専念できた。

内田くんはいつも
絶対に真正面から
問題にとりくんで
くれます。うれしいです。

― 伊丹純子さん ④ ―
> 山路先生の授業は、少し他の先生方とは
> ちがうやり方で、理科のきらいだった私
> でも、少しずつ好きになり、やる気がでて
> きました。まちがえるたびに、少しず
> つ頭がよくなったような(?)気がします。

「好きこそものの上手なれ」
きっと理科が得意に
なりますよ。
期末テストがたのし
みだ!

□制作マニュアル

●準備

1．授業中に書いてもらう感想文用紙は上質紙（B4を四切り）を使う。HB以上の鉛筆で濃く書いてもらう。

2．感想を書く視点を与える。これは伊藤恵さん（東京・国立4小）に教わったことだ。例えば、「かしこくなったこと，びっくりしたこと，心に残った実験や読み物」「たのしさの評価 5 や 4 をつけた理由」「小学校や教科書の授業とくらべて」「自分が意見を言ったり他人の意見を聞いたりしたときに思ったこと」などのように。

3．初回は共通原稿用紙を作る（前図。15分くらいでできる。これは，毎回の制作時間とは別。次回からは空欄に記入するだけ）

・授業通信名，編集者名，日付記入らん，などだけを書く。号数を書かないのがミソ。

・評価集計グラフのワクだけ書く。横に 5 ～ 1 の評価基準を書く。ワクの横幅は人数で，1人2ミリぶん（35人なら70ミリがグラフのヨコの長さ）。タテの幅は15～20ミリ。上段には人数目盛り，下段には％の目盛り。このスタイルは，田辺守男さん（埼玉・狭山西中）に教わった。

●編集の手順

1．感想文を選ぶ。

・これはイイというものを3～5枚ほど選ぶ。

・誤字はさりげなく直す。

・あまり字がキタナイ，またはうすくて機械が読みとれないものだけ書き直す。あとはそのまま感想文の部分を切りぬく。

2．レイアウトする。

・各感想文に「ひとことコメント」――これが重要――を書くことを念頭において，共通原稿用紙の上に切りぬいた感想文を配

置してみる。

のりづけをする。のりはポチポチと4カ所くらいでよい。できれば仮り止め用のりがよい。あとではがせるから，編集の手なおしができる。

3．タイトルを書く。凝ったものを書こうとすると時間がかかるので，ヒラメキがなければ「〈〇〇〇〉が終わりました」なんていう味のないものでもあきらめる。──授業通信を出すというだけで十分に革命的！

4．簡単な「まえがき」を書く。ナカミは，授業書の紹介，クラスの雰囲気のひとこと紹介。この2つを書くだけで3行は使ってしまう。

5．各感想文にひとことコメントを必ず書く。コメントが短くて空白のスペースができても気にしない。むしろ，ビッシリつまっているより涼しい感じでよい。

●印刷・配布

印刷は（中学・高校の場合）原稿の対象になった1クラスぶんだけでもよい。1クラス配布の利点は……

①対象クラスにかたよりがでても不公平感を与えず，他クラスに気がねなく発行できる。

②タイトルやコメントが同じでもはずかしくない。

③印刷時間・体力が少なくてすむ。

など。

配布のとき，子どもたちの反応を見る。これがたのしみだ。

「あっ，〇〇ちゃんの，おもしろい！」などのつぶやきや笑顔は次号を作る元気のモトとなる。なお，担任にはクラスのほめコトバ（これはオセジではなく言えるはず）と共に一部贈呈するとよい。これも小原さんから学んだことだ。

□「授業通信」についての子どもたちの感想

　いくら〈お手軽〉とはいっても，子どもたちが歓迎してくれなければイミがない。さいわいボクは今年転勤して，仮説実験授業も，ましてや授業通信も知らない中3の子どもたちと出会った。そして，この「お手軽授業通信」を発行してみた。もちろんそれが〈お手軽〉だなんて知らない，そんな子どもたちがこの授業通信をはじめて受け取ったときの「授業通信についての感想」を紹介しておこう。

> 　　　　3年5組　関口泰子
> 　読んでいてたのしいし，よいと思う。
> 　みんなの考えていることがよくわかる。
> 　でも，先生，いろんなことやって，大変そう…。

　B4判1枚だって，たいへんと言えばたいへん。〈お手軽〉だって，子どもたちは，ちゃんと苦労をねぎらってくれる。
　そして…

> 　　　　3年5組　嶋村由美
> 　友達が何を考えているか，などがわかる。それを読んでわたしも同じ気持ちになったり「この人はこんな考え方をするんだあ」と感心させられることがあるので，これからも続けてほしいと思う。

　〈お手軽〉だって，子どもたちはしっかりよろこんで次号のさいそくまでしてくれる。これでボクもまた元気になる。

　　　　　　　　　　　　＊

　仮説実験授業をして子どもたちによろこばれていて，まだ授業通信というものを書いたことのないアナタ，そして，かつて書いていたけど，少しくたびれてしまったアナタ（それがボクだ）。〈お手軽授業通信〉ためしてみませんか。そんなに凝ったものでなくても十分に歓迎されるでしょう。

学級崩壊・リンチ事件・学力低下

教室のトラブル解決ABC

リンチ事件……あぁ～困った！

ボクの忘れもの対策
●子どもと教師の関係を良好に保つために

(初出No.211, 99・5)

藤森行人 東京・福生市第3小学校

「忘れました」と言いに来る子にイライラ

みなさんは，忘れものをした子どもに，どう対処していますか？　ボクの場合はこんな感じです。

　　A男「先生」　ボク「なに？」（明るく）　A男「〇〇忘れちゃった」　ボク「だめじゃないか。今度から持ってくるんだぞ」（まだ余裕がある）　A男「はい」　ボク「じゃ，今日は誰かに見せてもらいなさい」

A男が席に戻ると，すぐにB子が来る。

　　B子「先生」　ボク「なに？」　B子「〇〇忘れました」　ボク「なんで」（ちょいっとムカッときている）　B子「……」　ボク「まあ，忘れちゃったものはしょうがない。今度から忘れるなよ」　B子「はい」

すぐにC男がきて……

　　C男「先生」　ボク（もうイライラしている）　C男「〇〇忘れました」　ボク（爆発！）「〈忘れました〉と言えばいいってもんじゃないだろ！」

……いつも3人目で爆発するわけではありませんが，「忘れました」が何人も続くと，イライラします。

　どうして「忘れました」と言いに来られるとイライラしてしまうのか……。考えてみると，ボクは，「忘れものをした」ということよりも，それを申告されることがつらいのです。人間は忘れる動物です。興味のないことは忘れるし，ついうっかり……ということだってあります。だから，忘れものをすることをそんなに責めるつもりはないのです。でも，「忘れました」と言いに来られても，何かが解決するわけではありません。わざわざ「忘れました」と言ってくることは，「ただ叱られるために言っている」ようにしか聞こえなくて，つらくなってしまうのです。

　それではどうしたらいいのでしょう。ボクは，「忘れものをしたときは，子どもたち自身に対策を考えてほしい」と思うのです。授業で使うものを忘れてしまっても，使うときまでに手元に用意できていれば，とりあえずは間に合うのですから。

対策その1……ボクが貸し出す

　そこでボクは，数年前から子どもたちにこんなふうに頼むことにしています。

　　「忘れものをしても，ボクの方から聞くから，君たちの方からは言いに来なくていいよ。そのかわり，忘れて困っているときには，ボクのところに〈○○を忘れたので，貸してください〉と言いにきてください」

　「貸してほしい」と言ってくれれば，ボクは頼まれたことに答えてあげればいいわけなので，気が楽です。

　そして，ボクの方でもすぐに貸してあげられるように準備をしておきます。例えば，ノートを忘れた人のためには，ノートと同じように罫線やマス目を入れた紙をプリントして教室に用意して

おきます。「先生，漢字のノート忘れました。貸してください」と言われたら，漢字練習帳と同じようにマス目を印刷したプリントをあげるのです。

色鉛筆や社会科の副読本，漢字ドリルなども，ボクが余分に持っていて貸してあげます。図工や音楽など，専科のための道具も，貸し出します。

対策その２……他のクラスで借りる

でも，教師が何もかも余分に用意して持っていることはできません。そこで，「授業が始まるまでに，よその教室の人から借りておいてほしい」とお願いすることもあります。

中にはよその教室に借りに行けない子もいます。そういう子には，ボクも一緒についていってあげます。そして代わりに，「貸してあげてくれる子，いないかなー」なんて頼んであげることもあります。

対策その３……近くの席の子に借りる

近くの席の人に借りたり，見せてもらったりすることも大事です。でも，貸してあげたり見せてあげたりするかどうかは，貸し手の子が判断すべきだとボクは思います。だからボクは，忘れた子には「△△君に，〈○○貸して〉って言いなさい」とは言いますが，相手の子に「貸してあげなさい」とは言いません。「貸してあげてくれるとうれしいな」と言います。

また，「困っているときに貸してもらったり見せてもらったりできるように，ふだんから近くの人と仲良くしておきなさい。そういうことも生きる上で大事な能力だよ」とも言うことにしています。

対策その4……落とし物レンタル

　教室には，たくさんの落とし物があります。ボクが今年担任している3年生のクラスには，2年生の時に「落とし物係」というのがあったようです。教室に「落とし物入れ」を用意しておき，係の人は落とし物をその中に入れていきます。1週間に1度くらい中の物をみんなに見せて，落とし主に返すのです。今年はボクもそれを引き継いでやっているのですが，そうやっても落とし主が現れず，誰のものか分からない落とし物が意外に多いのです。

　そこで，落とし主の分からない物は，ボクが預かってレンタルすることにしました。「えんぴつ，消しゴムを忘れた人，レンタルしますよ」と言って，貸し出すのです。「レンタル」って言うと，なんだか借りやすい感じがすると思います。

対策その5……忘れる子を少なくする

　こんなふうに，とにかく「忘れた子も気持ちよく授業に参加できる」ことが大切だと思います。

　でも，毎回たくさんの子が忘れるようなものの場合は，ただ「借りなさい」と言うだけではすみません。「たくさんの子が忘れないようにする」対策も必要です。

　ボクはいつも，「1～2割くらいの子が忘れてくるのは仕方ない」という覚悟でいようと思っています。でも，忘れる子がそれ以上いる場合には，「次の時間に忘れる人を少なくする（〈なくす〉ではない）」対策を打ちます。

> 「持ってきた人は手をあげてください。数えます。……ハイ，もってきた人はとってもえらいな。じゃ，今度は忘れた人，元気に手をあげてください。はい，元気なのはすばらしいけど忘れたのはよくないぞ。次からは持ってきてくださいね。では，名前を呼ばれた人は手を下ろしてください」

こう言って，忘れた人の名前をメモします。そして次の時間にも繰り返し忘れてしまった人には，
　　「○○君はこの前も忘れたぞ。たまに忘れるのは仕方がないけど，いつも忘れるというのはいけないな」
などと注意するのです。
　注意するコツは，「罵倒しない」「傷つけない」ことです。言われた子が納得できるように，「忘れたことはよくないぞ」という点にしぼってあっさり話をするようにしています。

忘れもの対策・その哲学
　ここでは「子どもたちが忘れものをしないような授業を準備する」といったことには，あえて触れませんでした。ボクの〈忘れもの対策〉は，「忘れものをな・く・す・対策」ではありません。「忘れものにはそれなりの手を打ちながら，教師と子どもとの関係を良好に保つ対策」なのです。ボクは，「忘れ物なんていくらしたっていい」とは思っていません。でも，「この子の〈忘れものをする〉という性格をなおしてやろう」などと考えて，罵倒したり怒鳴ったりするのも考えものだと思っているのです。
　　「忘れたら困るね。でも，それを使うときまでに用意しておけば，まるで忘れなかったみたいに勉強することができるよ。だから，誰かにお願いして借りておくといいね。でも，いつもいつも忘れものをして，勉強がやりにくいというのはマズイよね。だから，次からは忘れないようにしようね」
……こんなふうに言えば，子どもたちも納得してくれるのではないかと思っています。
　あなたはどんな「忘れもの対策」をしていますか？　教えてもらえるとうれしいです。
　　　　　　　　　　　　　　　　　　　　　　　　　（1993.7）

料理は冷めないうちに
●小原式「給食配膳法」はやっぱりオススメ

(初出No.209, 99・4)

小川　洋　東京・八王子市椚田小学校

●移動教室の作法？

5年担任のボクは、先日、6年生の移動教室に付き添って行ってきました。

その移動教室の夕食の時（ホテル）のことです。食事が終わるとすぐ、子どもたちは一斉に食べ残しをグループごとにまとめ始めました。もちろん教師たちも率先してやり始めました。

移動教室ではよくある光景なのかもしれませんが、ボクは初めてのことで、ちょっととまどいました。食後すぐに、食べた本人の目の前で、食べ残しを一枚の皿にグチャグチャ集めるのは、正直、とても気持ちの悪いことでした。

「学校の移動教室だから、仕方がない」といえばそれまでなのかもしれませんが、普通、どんなお店でも、お店の人が客の目の前で食べ残しをグチャグチャ集めるなんてことしませんよね。

そしてこれは、ホテル側から言われてではなく、どうやら学校のほうで進んで善意でやっていることのようでした。

「自分たちの食べたものは自分たちで片づける」というのは当然のことのようにも思えます。でも、ここは自炊のキャンプ場ではなくれっきとしたホテルです。「宿の人は助かるかもしれないけど、客である子どもたちの気持ちよさよりも、宿の人の手間をはぶくことを優先するんて、なんだかおかしいなー」――そんな釈然としない思いが残ったものです。

●もらった子から食べ始める

これって、「移動教室だから」ということでやられているんでし

ょうが，もし他のお客さんがいるレストランでこんなことやったら，「お店のため」どころか「営業妨害」になってしまいかねないことですよね。

こういうことに限らず，学校のやることって，世間一般と違うことがたくさんありそう。あらためて考えてみると，ふだんの給食だってずいぶんおかしなやりかたをしているように思いませんか。たとえば，「みんなでそろってイタダキマス」なんてことも，普通はやりませんよね。宴会や法事くらいなものです。

以前，「たのしい教師入門サークル」（東京）で給食のことが話題になりました。給食はいつも担任の悩みのタネ。配るのに時間がかかったり，子どもたちがうるさかったりで，担任はとても疲れます。

そのとき，小原茂巳さん（東京・立川四中）が，「僕は前よりも給食が快適になったよ。給食は，もらった班から食べていいことにしている。冷めないうちにおいしく食べられてとてもいいよ」と言ったのです。

みんな「へー！」と驚きました。「全員配られるのを待って一緒にイタダキマス」というやりかたで，みんなやっていたからです。

「でも，もし多くよそいすぎて最後の方で足りなくなったら困るんじゃないの？」

「なんかデタラメになって，余計うるさくならない？」

いくつか心配なことも予想できました。でも，「大丈夫」と小原さんは言うのです。

「一応，〈全員そろったから食べていいですか〉と班長に聞きに来させて，班ごとにイタダキマスをさせている」と小原さん。「ぜんぜんデタラメになんかならないよ」とも言います。「ただ，おかずが足りなくならないように，配膳のとき，見ている必要はあるけどね」ということでした。

●小原式給食配膳法をマネてみる

その後，いろんな人がこのやりかたをマネし始めました。田辺守男さん（埼玉・狭山西中）もそのひとり。『たのしい「生活指導」』（仮説社）に「給食の配膳をスムーズにするために」という田辺さんの詳細な実践例が紹介されています。小原式「給食配膳法」と名付けたのも田辺さんです。ぜひ参考にしてください。

ボクも去年，4年生のクラスで，4月から一年間やってみました。

　はじめに，「そろったグループから食べていいことにしよう」とボクがいうと，子どもたちはとても喜びました。「ただし，グループの全員がそろったことをボクに報告してもらうことにしようか。あ，それと給食当番の子のぶんは必ずグループのだれかが代りにもらってきてください。そしたら，当番の人を待たずにイタダキマスしていいからね」——子どもたちには，そう言いました（食べるグループと給食当番の班は同じではなかったので）。

　一番の心配は，「途中でおかずが足りなくなる」ことでした。それで，最初のうちは，ボクが当番の子の配る分量に目を光らせていましたが，やがてその必要もなくなりました。実際に続けてみると，途中で足りなくなることはほとんどなくなったのです。食缶に入ってくるおかずの量が，毎日ほぼ決まっているからです。だから，「今日は（食缶の）おかずが少なめだなー」というときだけ，ちょっと注意すれば大丈夫でした。

　ごくまれに，「あと5人分足りなーい」というようなことがありますが，そのときは，まだ食べていない子や嫌いな子から集めればなんとかなります。

●冷めてないだけで味が違う！

　この小原式「給食配膳法」，実際始めてみると，イイことの方がだんぜん多いのです。

　まず，「冷めないうちに食べることができる」こと。これにいちばん感激したのはボク。ほんとうに味が違うんですよ。

　それから，「給食を配る時間が短くなった」こと。もらえばすぐに食べられるから，廊下なんかで遊んでいる子がいなくなったためでしょう。その結果，今までより余裕をもって食べることができて快適です。食事の時間が足りなくなることはなくなりました。

　また，ボクも小原さんや田辺さんと同じく「食べ終えた子から片づけていい」ことにしました。これもゴチソウサマのあと全員一度にドッと片づけるよりも，落ち着いてできるため，キレイに片づいて気分がいいですよ。

　そして，「食べ残しの量がぐっと減った」こと。以前の3分の1ぐらいになってしまいました。全部食べてしまえば，食べ残しを食

缶に戻さずに片づけられるので、おかわりする人を待たずにさっさと片づけられるのと、食べる時間が前より増えたことがその理由だと思います。

いいことずくめのこの配膳法、ほんとにオススメです。アナタのクラスの子どもたちも、大歓迎してくれますよ、きっと。

考えてみると、「運ばれた料理を冷めないうちに食べる」というのは自然なこと。学校の外では、フツーこうですよね。

給食に限らず、学校でのいろいろなやりかたを、「世の中では、フツーはどうやってんのかな？」と考えてみたら、従来のやりかたよりずっと合理的に気持ちよくやれることが、けっこうあるのではないでしょうか。

● 給食中の喧噪をどうするか

さて、ついでに「快適な給食時間」の話題をもうひとつ。

給食を食べているときの小学生たちの騒音（?!）に悩まされることはありませんか。

ボクは「うるさいなー」とは思っていましたが、ほとんどあきらめかけていました。「子どもたちは、あの騒音が平気らしい。教師のボクがガマンすれば済むことなのだ」と。でも「必ずしも、子どもたちが給食中の騒音が好きなわけではない」ということを最近発見したのです。

小俣和弘さん（山梨・甲東小）の小学校は、給食がないのだそうです（ウラヤマシー）。で、早くお弁当を食べ終わった子がさわぐので、その時間に、教室で『ドラえもん』のビデオを見せているというのです。

そこでボクもマネをして、給食を食べ終えた子が多くなった頃を見計らって、1日に10分ずつ、ビデオをかけてみました。そしたら、これが子どもたちには大好評。たまにビデオを忘れていると、「早く、ビデオ〜」の大合唱です（4年生には、『ドラえもん』が特に大人気でした）。とにかくビデオが回っている間はウソのように静かで、ボクは助かりました。

ただ、毎日だとすぐビデオが無くなってタイヘンなので、最初は「週に何回」とか決めてやるといいかなと思います。今年の5年生にはまだ給食中のビデオはやっていませんが、二学期からまたやってみようと思っているところです。　　　〔1997.7.26〕

「叱り方」がほめられちゃった
●僕の大原則は「たのしく授業がしたい」だけ

(初出No.247, 01・12)

吉田義彦
北海道・室蘭市本室蘭小学校

どうやって笑顔を作るのかな

　全道レベルの研究会の受付係をおおせつかった。係りの打ち合わせの時に，おえらいさんが「みなさんは江別市の顔ですから，笑顔で応対願います」と念押ししていた。

　さて，受付け業務が始まると，隣に生真面目そうな若い女教師が座っている。彼女と世間話をしているうちに，「どうやったら笑顔を作れるんでしょうね」と真顔で聞かれた。とっさに僕は「たのしいこと思い出せばいいんじゃないですか」と返事をした。(アレ，僕ってこんな返事できる人だったかなあ。おえらいさんがぐちゃぐちゃ言ったらすぐに反発したがっていたはずなのに……)

　〈たのしいことを思い出す〉——それは日ごろ子どもとの関係で「子どもをイジメぬかない」ために自分が心がけている言葉だ。

叱り方を親からほめられる

　小学1年生を担任していると，親との「連絡ノート」を使うことがよくある。僕の方からは特別なことがない限り使うことがないが，ときどき親の方からメッセージが届けられることがある。

　先日，こんな文が寄せられた。

　それから最近，杏奈に言われて，本当に「そうだな」って思うことがあります。それは……，「先生はおこる。だけど，そのあと笑ってくれる。そこが，先生のいいとこなんだよネ～」と，しみじみいいます。「でも，おかあさんは，おこったら，ず——っとおこっているもんね」。

　なるほど，反省させられます。

「オヤ,子どもって意外なところを見てるもんだな」って思いながら読んだ。ともかく僕はスコーンって怒っちゃうほうだから,怒りすぎた手前,気恥ずかしくなって,ニヤリと笑って「まあ,がんばんなさい」って言うようにしている。それがいいのだろうか。

この文が寄せられて2週間ほどあと,別の親からも似たようなメッセージが届いた。

> 先日,「おかあさんは,一度おこるとそのあともずっとおこるもんね。吉田先生はね,おこると恐いけど,そのあとすぐやさしく笑うんだよ。おかあさんと全然ちがうよ」と,娘に言われてハッとしました。(中略)
>
> そのあと本当に「ああ,そういえばしかったあとすぐに気持ちをきりかえて,やさしく笑いかける……なんて,こんな大切なふれあいの仕方,私は忘れてしまっていたんだ」と思いました。
>
> それから,こんな事も。
>
> 「あのね学校へ行って,もし元気がなくなっても吉田先生の元気がうつって,私もすぐ元気になるんだよ。だからだいじょうぶなんだ」って,娘の一言に胸をつかれました。
>
> 先生には娘とともに私も教えられることが多いです。本当に感謝しております。
>
> 私も先生の〈笑顔〉と〈元気〉をうつされて日々の生活に生かしたいです。

あれれ,また僕の叱り方がほめられちゃった。親の叱り方と僕の叱り方ではどんな違いがあるんだろうか。

とりあえず叱るだけがイイ

僕の場合,叱るのは「目の前にある,いま起きていることだけ」と心がけている。親の叱り方と違うとすれば,そのことじゃないかという気がする。うるさくなったら,静かになってほしいから叱る。静かになればそれでいいのだ。

ドリルなどのけいこのときにダラダラやっていたら,授業時間がもったいないから叱る。そんなときにダラダラ叱るのも馬鹿らしいから早く切り上げる。

人の心を傷つけるような行動は,これも叱る。いつまでも叱っていると,叱られている子の心の方を僕が傷つけちゃうことになる

から,「まあ,がんばれや」といってやめにする。

考えてみれば僕は,目の前にある現象をとりあえず叱って軌道修正できればそれでイイ。ともかく気持ちよく授業をしたいだけなのだ。そして,〈たのしい授業の思い出〉をたくさん作りたいだけなのだ。そりゃ,叱らないですませられればもっと理想的だが,今のところそんな技術は十分に持ち合わせていない。

「授業を怒りながら続ける」なんてことしたら,〈授業〉に申し訳ない。だから,叱ったあとはさっさと僕の気分をいれかえて,叱った子をあまり見ないようにしながら授業を続けるだけだ。そのうち,叱られた子も気分をいれかえてくれて,授業に参加してくれる。僕はそこでほっとする。僕にとって大原則は「たのしく授業をしたい」という,それだけなのだ。

子どもの将来を育てるものは？

ところが,親の場合,「ここでこの子を叱っておかなくては,将来とんでもないことになるんじゃないか」なんていらぬところにまで気が回っちゃうから,はじめは現象だけを叱っていたはずが際限なく叱り続けるはめに陥るんじゃないだろうか。親だけじゃなく,多くの生徒指導が〈転ばぬ先のナントヤラ〉で,「子どもの将来のため」という正義感に燃えちゃうからじゃないでしょうか。

子どもの将来を明るくするのは,「たのしい授業」だと僕は思っている。叱って育てようなんて気はサラサラない。子どもを叱るのは,ともかく目の前の現象を軌道修正するためだけ。だから,叱ったための罪悪感に悩まされるなんてことはほとんどなくなってしまった。もしこれが,「叱ることで子どもを育てる」なんて考えていたら,僕は恐ろしくて気軽に子どもを叱ることなんてできないだろうな。

もし,叱った時,軌道修正してくれなかったらどうするか。それは,もうお決まりの言葉を決めている。「まあ,いいや。またいずれ叱るから。がんばれや（ニヤリ）」

あとは〈たのしい授業〉に専念して,ニコニコしていればいいのだ。たのしいことを大事にする。それが,「子どもをイジメぬかない」僕のテクニックだ。

(初出No.167, 96・4)

たのしい授業と生活指導
●オススメ財産リスト

東京・八王子市中山中学校
石塚　進

まずは授業

「生活指導ができなければ，いい授業はできない。しっかりしつけることがまず大事だ」と言われてもなかなかうまくいかない。そして，問題は次々と起こる。自信喪失のこの頃。「いや，困っちゃうな！」と一言愚痴がでます。そんな時に，お勧めしたいのが佐藤正助「授業以前の問題は授業の問題だった」(『たのしい生活指導』)です。そして「なめられてはいけない，甘くしてはいけない」なんて，思い詰めた気持ちでやったけど，何か充実感がない。むなしさを感じるなと思う時は，松川靖「やっとトンネルをぬけた」(『たのしい授業』No.87) がいいです。

まず，生活指導やしつけからはじめるのをやめて，子どもたち，生徒たちが歓迎するたのしい授業から入ることをお勧めします。そんなに生徒を甘やかしてもいいのかと思われるかもしれませんが，効果は絶大。たのしい授業に夢中になっている子どもたちと教師の自分。そういう授業によっていつの間にか，「授業が教師の自分を変えている」ことに気付いたり，気楽に子どもとつきあえるようになった様子がわかります。

子どもが荒れたとき

「子どもたちが荒れて授業にならない」という若い先生の深刻な悩みに対しては，丸屋剛編集「まず，台風の中で10円玉をひろう気持ちで」(『たのしい授業』No.42) を読むと，元気がでますよ。

また，科学の授業は人気抜群。だのになぜかクラスの女子が反乱。ショックでドキドキ。さて，こんな時どうしますか？ 〈たのしさの共有でイイ関係〉のベテラン担任の挽回劇をどうぞ。小原茂巳「女子中学生に反乱されちゃった」(『たのしい教師入門』)が抜群によいです！

「仮説実験授業の時だけはとて

ものびのびしているのに、私たちの思ってもみない悪いことをしたりする。困ったものだ！」と嘆きたくなる時、ボクは板倉聖宣「科学とヒューマニズム──私の教育原理」(『仮説実験授業の考え方』)を読むことにしています。

　子どもが、1時間、10時間、あるいは一つの授業書、あるいは何年間か仮説実験授業をやって、先生が「見違えるほどに素晴らしい人間になった」ということがあったら、私はそれはかえって恐ろしいことではないかという気がします。……

と突然の子どもの変化は否定しながらも、「仮説実験授業を体験した子どもたちがそうでない子どもたちと決定的に違うことがあるに決まっている」と言い、人間に対する徹底した信頼を基礎にした底抜けに明るい科学観と、その輝かしい理想主義に裏づけられたたのしい授業こそが社会の未来を開くのだという文章には、いつも圧倒されています。

困ったときの発想法・指導

　たのしい授業で少しでも余裕ができると、いろいろな問題がおこってもちょっとした発想の転換で切り抜けることができたりします。日頃困ったとき頼る発想法大公開です。星野ու史「ぼくが〈発想法〉を使うとき」(No.160)はおすすめです。「悪いことにも序列をつけて考える」などの発想を具体的にどんな場面でどのように使ったかがわかり、とても参考になります。山路敏英「ぼくの教育哲学のＡＢＣ」(No.155)も教師のための「原則」の考え方と使い方を具体的に教えてくれます。

　「いじめ」の問題で悩んでいる方には、坂井麻紀「いじめを解決するものは何か」(『たのしい生活指導』)はどうでしょう。いじめの発生から収拾までの経過がよく示されていて役にたちますよ。

　「たのしい授業さえしていたらいい」と思っても、時には"万引き"や"金銭上のトラブル"が起きるかもしれません。いざというときにオロオロしないための指導マニュアルがあったらなという時には、横山稔「子どもの万引き・金銭のトラブル」(『たのしい生活指導』)があります。ゆううつな

＊「No.○○」は，月刊誌『たのしい授業』（仮説社）の号数を表しています。

事件を上手に後始末して下さい。

掃除，席決め

清掃や席決めの指導って，けっこう面倒です。下手をすると子どもたちから反発を受けることもあります。そんな時は，阿部節子・近藤智栄実「清掃をこうしています」（『たのしい授業』No.37），小原茂巳「ハヤイキレイラクなそうじ指導」（『たのしい教師入門』），紺野勇・小川洋「低学年のそうじ」があります。竹内徹也「席替えはテッテーテキに管理する」も「偶然を楽しむ席決め」で，とてもマネしやすいですよ（「紺野式〜」ともに『たのしい生活指導』）。

生活指導と管理

学校・学年で，「生活指導」の中核を担っている人に少しは役に立ちそうなものでは，ボクの「突撃ラッパは大ケガのもと」（『たのしい生活指導』）があります。同僚に対してラッパを吹かずに，子どもと教師の信頼関係をもとに進めてはどうですか。

「生活指導」っていうと，すぐに「管理」のことを思い浮かべて「管理はすべて悪デアル」と考えてしまうこともあったりします。そんな時冷静にこの問題を考えると，そんなに簡単ではなさそうです。問題を少し整理するのに，山路敏英「管理すること・されること」（『これがフツーの授業かな』）はいいですよ。「管理に値する管理」とはなにか？などについて具体的な視点を教えてくれます。

最後に，ボクがいつも頼りにしている２つの本の紹介です。

まず，小原茂巳『たのしい教師入門——僕と子どもたちのスバラシサ発見』です。「僕だって，今も教師業をたのしみつつ悩みつつやっているのです。もっともっとたのしくやれたらいいな。そのために，解決しなくちゃーいけない問題がまだまだあるぞ」と，様々な問題に明るく楽しく誰でもがマネできるように教えてくれます。

そして，山路敏英『これがフツーの授業かな』もいいです。子どもたちとの人間関係や生活指導がビシッとできなくて胃がキリキリ痛むなど，いまも暗い日々をおくる人々に勇気と希望を与えてくれるでしょう。

教師の悩み相談室

●シラーっとしたクラス（小学校）と，乱暴者でワガママな中学生

(初出No.231, 00・10)

埼玉・狭山市堀兼中学校　**田辺守男** 編

はじめに

　この文章は，クラスや授業のことで悩んでいる先生への具体的アドバイスやヒントをまとめたものです。

　実際に悩める二人の先生が「悩み相談」として，二つのサークル（東京の昭島市と埼玉の狭山市）で悩んでいることを発表されたことがありました。その際，ボクや小原茂巳さん（東京・羽村二中)，木下富美子さん（東京・大泉学園緑小)，小川洋さん（東京・椚田小）といった方がアドバイスしたのですが，それをボクがまとめたものです。

　以下，①②の相談・アドバイスともに，ボクが推測で追加したり，何人かの発言を勝手にくっつけて作文しています。編集の責任はボクにありますので，その点を考慮しつつお読みください。

　悩める先生に対して，サークルのみんなでアドバイスしたことがきっかけで，二人ともその後はかなりうまくいくようになったようです。この文章の中には，クラスや授業のことで悩んでいる人だけでなく，教員なら誰でも，知っていると役に立ちそうな考

えやヒントがいっぱい見つかると思います。でも、ここに載っているアドバイスはあくまで〈一つの選択肢〉として、お読み下さい。（子どもの名前はすべて仮名です）

悩み相談室①

「助けて下さい!!　このままでは私が崩壊しそうです」

　　　　　　　　　　～小学校担任のＫ先生からの悲痛な叫び

　去年からの持ち上がりの６年生。男子は女子に比べたら幼くて優しいし、気のいい子たちが多いです。一方、女子はおとなしい子もいますが、負けん気の強い子が多いです。そんな中で二人の気になる子がいます。

　緑さん……家の事情により、両親が離婚。母と３人の子で暮らしている。自傷行為が見られたため、精神科にかかっている。

　家庭の不安定さもあるのでしょうか、しょっちゅう腹痛を訴えて保健室に行きます。この頃では、サボり傾向も見られるのです。保健室の先生ともトラブルを起こしています。

　また、すぐに不機嫌になり、まわりの子（特に男子）に当たり散らし、「もうやりたくない」と言い出します。

　気分がいいと、何でも目立つ仕事などはやろうとします。実力のある子なので、仕事振りは良いのですが、他の子との関わりの部分では、すぐにキレることが多いのです。

　花子さん……しっかり者。児童会の役員などを２年もやっています。担任の前では、自主学習を毎日欠かさずたくさんやってきたり、いい子を崩さないのです。

　音楽の時間に、専科の先生とトラブルを起こして、泣いて帰ってきました。それ以後、合奏も「やりたくない」とゴネてい

るようです。「友達を無視する」（無視された子が私に訴えてきた）ということも起こっています。

　兄も同様に6年で崩れたとかで，同じような傾向で崩れるのではないかと心配されるのです。

　他にも千絵さん（不登校気味），優子さん（父親からの虐待で児童相談所にかかっている）など，家庭の問題をかかえている子がいて，休み時間は個別の対応に追われています。

　この頃，その女子の何人かに，担任（私）もその他の子どもたちも振り回される傾向があり，悩んでいます。

　一番の悩みは，クラスのシラ〜っとした空気。やる気のない雰囲気が時々ただよっているのです。学校の行事も，「移動教室」「移動教室の学習発表」「図書の発表」「ＰＴＡ行事」などに追われて，仮説実験授業どころではない今日このごろ（去年はたくさんやってましたが）。これも原因のひとつかもしれませんが，崩れそうな女の子にはどう対応したらよいでしょう。このままでは，私の方が"崩壊"してしまいます。是非，アドバイスをお願いします。

雰囲気に流されず，楽しみごとをたっぷり
田辺　緑さんは「実力があって仕事振りがよい」とか花子さんは「担任の前ではイイ子を崩さない」とか。それって，担任の先生には「私はまじめにやってます。頑張っています」ってイイ印象を持ってほしいからだから，うれしいことだよね。こう考えると〈悪いことばかりじゃない〉って，気づく。その子のイイところが見つかってくるよね。

　だけど，他の先生とのトラブルの時は，とりあえず「私が原因ではない」って思えるとイイよ。そんな時にはどうしたって，周りの先生の目や他のクラスが気になるのが当たり前だからね。

そういう時にすぐに「あ〜，困った。またアノ子か」とか「どうしよう？　私がなんとかしなきゃ！」って焦ったり，〈正義感だけ〉でいくと失敗することがあるよ。

小原　「兄が6年で崩れたから，本人も同じようになるかも」って言っているけど，これはあくまで予想で，今からしなくてイイ心配だよね。

　「一番の悩みは，クラスのシラ〜っとした空気。やる気のない雰囲気が時々ただよっているのです」って言うけど，子どもたちが〈先生の期待する表情をしないだけ〉なのかもしれないよね。

　こういうクラスだと，教師が「弱気」だとそういうことが気になるけど，「強気」とか「脳天気」だとうまくいくことがあるよね。こっちが弱気でいると，気にしなくてもいい子にも弱気になっちゃうことがある。

田辺　「強気」って，気合いや体力も必要かもしれない。でも，それだけでなく，ボクらには「仮説実験授業」とか「たのしい授業」という具体的手立てがいっぱいあるでしょ。それが，ボクらを「強気」にすることができるんだと思うんだ。

小原　例えば，〈シラ〜っとした雰囲気はとりあえずあきらめる〉といいね。"嘆き"からスタートしないことだね。

　みんなで，「ワ〜！」とか「キャ〜！」とか喜べない，反応できないのはいくつか理由があって，〈お祭り男がいない〉とか，〈こっちの刺激に声を出して反応する子が少ない〉とかね。

　担任のやっていることに無邪気に反応したりすると，元気な子から「アイツ，うざったい」なんて言われることがある。そう言われないために〈自己防衛〉している子がいたりする。

小原・田辺　でもね，そういう雰囲気って別に悪いコトじゃないんだよね。少なくとも先生に直接反発していないんでしょ。

　もし，周りの子たちがその子たちに共感しているんだったら，

一緒に騒いだり，反抗したりするでしょ。

　でも，ただシラケているだけだったら，今はまだ先生の「敵」ではないよね。もしかしたら，「今度（今年）の先生って，なんか楽しいことをやってくれるぞ！」なんて思ってくれたら，すぐに先生の「味方」になってくれるかもね。

田辺　〈シラ〜っとした雰囲気を作っている人たちをどうしたらいいか〉だけを考えていくと行き詰まることはよくある。だから，とりあえず，そういう問題のある子たちのことは，気にしつつも，〈一時保留〉っていう感じでやるのもイイ。

　大変なクラスの時こそ，ボクなんかはいっぱい〈楽しみごと〉を用意するなぁ。普段やらない「ものづくり」をやるきっかけになるし，楽しいおもちゃや手品なんか必死で買い集めたりする。でも，一番の楽しみごとって，やっぱり「仮説実験授業」だね。

　なんか，いっぱいいろんな角度から〈楽しみごとで攻めていく〉って感じかな？　逆に，うまくいってるクラスの時にはそういうことがすごく少なくなったりする（セコイ？）。

悩みを抱えこまないで気分転換しよう

小川　クラスのグチャグチャした問題は，〈クラス全体の問題〉として考えると悩むけど，問題を整理できるとその解決の糸口が見つかるもんだよね。

小原　問題が起こったら，いくつかの〈選択肢〉を思い浮かべるといいんだよね。フツーは一つか二つくらいしか思い浮かばない。だから，悩むんだけれどね。それが，もう少しいくつか他の選択肢が思い浮かぶだけで，ずいぶん展望が開けるんだよね。

小原・田辺　僕らはクラスを担任するときに，偶然いろんな子たちといっしょになる。とりあえず，そういうクラスを持ったとしたら，〈それなりに目標を定める〉といいんだよね。

初めが悪いとうんと低い目標でスタートできる。初めがうんと低ければ，後は少しプラスになっただけでも，喜べるよね。大変なクラスの時には，〈初めのスタート基準〉や〈要求水準〉をどれくらい低くできるかがポイントだよね。そうすれば自分たちの進歩がよくわかって気分も軽くなるよね。

小原　暗く考える人はなんでも暗く考える。今年のクラスは「シラ〜っとしているからイヤだ」って言ったかと思うと，次の年は「うるさくてイヤだ」ってね。

　いつも暗く考えていてはダメで，〈シラ〜っとしている〉のは，「落ち着いて話を聞いてくれるからイイな〜」と。〈うるさい時〉は，「元気がよくて反応がイイ」ってイイ方に考えればいいんだよ。どちらにしても"シメタ！"を見つけながら，「今からここから」って気持ちでスタートするしかないよね。

　ほんとに大変なクラスを持った時には，担任のできる〈可能性と限界〉を見つけながらやるといいんだよね。〈なんでも担任ができる〉と思うと，担任がつぶれちゃうよね。〈学級崩壊〉するのを心配するよりも，僕だったら子どもたちをきらいにならない心配をするな。だから，できるだけ子どものいいところを見つけていきたい。

木下　大変なクラスの時には〈自分の気分転換の方法〉をいっぱい用意しておくといいよ。単純だけど，おしゃれをするとか映画を見るとか，好きな人とデートしたりね。

小原　〈悩み相談の相手を探しておく〉というのはすごく重要。悩んだら，まずその人に相談するといい。悩み多き子がワガママ放題のことをやっている場合，ぼくは，他の大勢のフツーの子どもたちに何て言ってるかな。

　「被害を受けている子もいるだろうけれど，担任としてそういう暴走を止められなくてゴメン。でもね，彼らのこと根っから悪

い人だと思ってほしくないんだ。彼らにも色んな悩みや苦しみがあるんだ。人間，誰でも苦しい中でも楽しくやっていけるといいもんね。でも，やっぱり被害を受けてつらい思いをしている人は，ぼくの力不足なのでゴメン！　でもその思いはぜひ担任のぼくに知らせて下さい。努力します」って担任が言えるといいんだよね。

　フツーの子どもたち，そして家庭が大変な子どもたち――どんな子どもたちでもとにかく学校で楽しい体験（授業）をしてもらいたいなあ。それに，いろんな家庭の事情を抱えた子どもがクラスにいたら，やっぱり，担任としては滅入っちゃうし，弱気になっちゃうね。でも，そういうことは担任のせいじゃないんだよね。担任だからといって，問題を抱え込んじゃダメ！　他の先生に相談してみたり，グチってみたり，頼んでみたり，甘えたり……しながらやるといいよ。自分一人が抱え込んだら，自分が落ち込んじゃうよ。

　ぼく自身もそうだけど，教師はすごくめげやすい人が多いねえ。教師は優等生だった人が多いから，小さい頃に自分がいじめられた経験があまりない。だから，教師になって子どもから突き上げられるとすぐにめげちゃうんだよね。

――その後のK先生

K先生が1カ月後，こんな風に話してくれました。

　最近はうまくいくようになりました。まずは，サークルのみなさんに話を聞いてもらったことで勇気が出てきました。

　いくつかのトラブルは「私のせいではない」と思えるようになって，それがよかったみたいです。音楽専科の先生と花子さんのトラブルは，担任の私と問題を切り離して，とりあえず専科の先生に任せることにしました。また，保健室に入りびたって，保健の先生とトラブルを起こしていた緑さんも，「その先

生とその子のトラブル」と考えたら，なんかすっきりしました。逆に，保健の先生からは「K先生のクラスの女子がしょっちゅう来るけど，なんかみんな明るくなったわね！」なんて言ってくれるようにもなり，自分もうれしくなりました。

　気になっていた，花子さんも変わってきました。国語の暗唱テストで完璧に出来てみんなから拍手をもらって喜んでいました。それから，3階の校舎から外にいる私の姿を見て，手を振るようになりました。

　「弱気」の自分がいたことに気づき，ちょっとは「強気」でいけるようになりました。もっとも，仮説実験授業は未だにやってないんですけどね。

〔田辺のツブヤキ〕　担任の関わるべき問題がはっきりしてよかった。でもね，「忙しいから仮説実験授業ができない」って，K先生は言っているけど，ボクには「なんでかな〜？」って思っちゃう。「仮説実験授業がイイ」って知っている人なら，こういう時にこそやればいいんだけどね。気になる子がいるけど，その子以外のたくさんの子どもたちから「授業が楽しい！」って評価されたら，かなり気分的にラクになると思うけどな。もったいないなぁ。

悩み相談室②

「元・学級崩壊男」のトラブル続出

　　　　　　　　　　　　　〜中学校社会科のM先生（女性）

　小学校の時に"学級崩壊"の中心人物だった拓也君がクラスにいて，その子の起こす問題に困っています。

とにかく，乱暴者で，ワガママ。例えば，こんなことは日常茶飯事。「自分の気にいらないことがあると，机を蹴飛ばす」「人の給食のパンを奪って食べる」「弱い者イジメをする」「掃除をやらない」「給食の片づけを人に押しつける」……毎日が，こういう感じでトラブルの連続。担任の私のところには，生徒や保護者，教師が苦情を寄せてくる。
　拓也君に関する今までの事件で大きなことは2つ。
　同じクラスの優香さんが，拓也君に蹴られて"あざ"をつくったらしいということ。あざは，優香さんの母親から電話があり，学校に相談に来てそのことがわかった。らしいというのは，拓也君本人に聞いてみたがガンとして「やっていない」と言い張ったからだ。
　それでも，優香さんの親が「拓也君の親御さんと話しておきたい」というので，学年主任にも相談して，「双方の親を呼べ」ということになり，話し合いをしたが，結局，拓也君自身がやったことを認めないので，うやむやのまま話し合いは終わってしまい，後味の悪い結果となってしまった。
　次は現在進行形の話。拓也君が同じクラスの康平君をイジメている。
　康平君は，言葉が不自由で，体も小さい。てんかんの薬を飲んでいるせいか，いつもボーっとした感じ。作業をやっても，一番遅れてしまう。
　そういう康平君に対して，拓也君は「さっさとしろよう～！」と机を蹴飛ばす。なにかと「お前，オレにぶつかっただろう～！　あやまれよ～！」とすごむ。「先生！　康平君が，冷水機に口つけて飲んでいました～」などと告げ口する。
　他の子にもけっして優しくない拓也君だが，特に康平君には集中攻撃だ。

ところで，授業での拓也君の様子はというと，比較的おとなしい。優香さんが教科書授業で手を挙げて答えている時に，ヤジをとばしたりしたが，最近はそういうことはない。
　なんとか授業は受けているが，この前は登校時にもらった聖書に塗り絵をしているところを私に注意された。
　4月にスタートした仮説実験授業《世界の国ぐに》では，「楽しい」と書いていた拓也君。意地悪さえしなければ，「おもしろいことをたまに言う子だな～」と思うのだけれど。
　《世界の国ぐに》が終わってから選んだ「授業ベスト10」（授業で活躍した人を投票で選ぶ。小原茂巳『授業をたのしむ子どもたち』仮説社，参照）では4位に入賞していた。
　クラスを明るくする存在でもあるのだが，他の子への影響力も強い。敵に回すとこわいなと思う。クラスがスタートしてまだ2カ月。これからの彼との関係を考えるとため息が出てしまう。
〔『世界の国ぐに』は，仮説社，1600円（税別）〕

「悪いコト」には序列をつけよう

小原　初めに本人の悪いことをいっぱい書いているけど，こういう時には，〈悪いことの序列〉をつけるといいんだよね。自分の一番気になるのはどれで，たいしたことじゃないのはどれかってね。

田辺　"あざ事件"の解決方法はよくなかったね。本人が「やっていない」って言っているのに，双方の親を呼んだのはよくないよね。明らかに学年主任のミスだね。だって，「やってない」って言っているのに相手の親を呼んじゃったら，もっとこじれるに決まっているよね。

小原　そうだよね。何か問題を起こすとすぐに「親を呼べ～！」って言う教師はよくいるけど，〈親を呼んで効果があるかどうか〉

を考えないとね。呼んだら，その子がさらに悪くなったりするようだったら呼ばない方がいいよ。何のためにそのことをするのか，ちゃんと目的をハッキリさせないとね。それに，「親を呼ぶ」ってヘンだよ。こっちがおじゃまするか「来てもらう」「いただく」だよね。

田辺　拓也君が「オレはやってない」って言うのはウソをついているかもしれない。でもね，こうも考えられる。例えば，拓也君はイライラして机を蹴飛ばしたりすることがよくあるんでしょう？　そしたら，その優香さんだって直接，蹴られたんじゃなくて，机を蹴っとばしている最中に彼女の足にぶつかったとかね。本人には〈アノ子を蹴った〉という意識がない感じなのかもね。そうだとすると「オレはアイツを蹴ったりしていない」と言うでしょうね。

　康平君をいじめる拓也君。それって，あきらかに"弱い者イジメ"だよね。でも，もしかすると，拓也君には彼なりの"正義感"で動いている場合があるかもしれない。

　以前，僕のクラスに同じように体が弱くて言葉が不自由なＳ君がいた。その子に周りの子が色々とかまったりする。ある時，Ｓ君が元気のいいＮ君に逆立ちさせられているんだよね。

　Ｓ君が泣きそうになっているんで，僕は「何やってんだ！　やめろ」って言ったら，Ｎ君は「先生，Ｓは体育の授業で逆立ちが全然できなくて，みんなからバカにされているんだ。だから，オレはやらせているんだ。だって，Ｓが"逆立ちできるようになりたい"って言ってんだよ」と。実際Ｓ君はそう言ったらしいけどね。

　それで僕はＮ君には「そうか……，でもな，やりすぎるなよ，泣きそうになっているじゃない。それに，本人がイヤって言えないことだってあるから，気をつけてね」と……。

小原　こういう時には，オレだったこう聞くな。もし，正義感でやっているとしても，「お前はアイツのことをホントのところはどう思っているの？　アイツのことバカにしていない？　からかって面白がっていない？」ってね。もしそうだとしたら，オレはちゃんと怒るね。

田辺　こういうタイプの子には，ボクは気をつかうんだよね。だって，イジメる子ってクラスのボス的存在で，クラスの雰囲気を作ったりする。ボスを敵にまわしたら他の子たちもそれについてくる可能性がある。

　それに，そういう子ってボクの授業では活躍してくれたりする。他での活躍振りを知ってしまったら，ボクは一方的に怒ったりできないな。

　だから，イジメられている康平君に「今はイジメを完全には止められなくてごめん。もし，また意地悪されたり暴力ふるわれたら先生や誰か友達にすぐに相談してね」と言って謝るかな〜？

　「先生，また康平君がいじめられています」って，担任に告げ口してくる。同僚の先生も，わざわざ悪い情報を伝えてくる。

　そういう子どもたちや先生にはこんなふうに言うといいよ，一人で抱えこまないでさ。「ほんと，私も困っているんですよね〜，正直言って。なんかイイ方法ないですか？」と相談してみる。

　担任がその告げ口を聞いて，同僚にすぐ「すみません！」って謝るのって，なんか〈私の責任です〉って認めているみたいで，ボクはあまり言わないようにしている。だって，ボクと関係ないんだもの。そうしないと，自分が辛くなったり，自分をもっと追い込むことになってしまうんだよね（まぁ，迷惑かけているのは事実なんだけど）。

　ボクはクラスのトラブルを起こす子のことは"話しがわかりそうな"生徒に相談することもあるよ。

そうだ！「ベスト10」で4位に入ったんでしょ。そしたら，1学期の通信簿には「授業ベスト10の4位入賞スバラシイです。授業で活躍してくれてありがとうね。2学期も頑張ってね」って書けるじゃない！

1対1で向かい合う機会を
田辺　いじめっ子の〈悪いところを減らそう〉，〈なんとか直してやろう〉っていう発想だけじゃなくて，〈その子の良い所を増やそう・伸ばしていこう〉という発想がいいよ。

　その子が産まれて13年間で身につけちゃった所は，すぐには直らないと思うよ。たった2～3カ月つき合った担任がその子を"改造しよう"なんて，無理な話だと思っていないとね。

　「ベスト10」で4位に入っているんだったらいいじゃない。ベスト10に入っているってことは，周りの子たちの拓也君に対する評価でしょ。「お前の活躍認めるよ」って，ことだからね。

　なんか友達とトラブルでも起こしたら，時には，そのことをまた改めて思い出して，「みんなが，お前のスバラシサを認めてくれたんだよね。だから，みんなを敵にまわしたり，傷付けたりするのってまずいよ。悲しいことだよ」って言ってあげるといいかもしれないな。

小原　子どもは教師や大人と1対1で向かい合っていると，かなり本音を言ってくれるもんだよ。自分がやったことを反省したり優しくなれたりする。

　でも，大勢の中でトラブルのことを聞いたり，注意したりすると〈乱暴な反省〉の仕方しか出てこないんだよね。みんなの前ではカッコつけて素直になれないんだよ。

　本人がツッパらなくてもいい状況にしてあげれば素直に心を開いてくれる。そういう時にこちらが相談にのってあげれば「先生

って，オレのことをわかってくれる」って思えるよね。
　「ベスト10」の件だけど，僕だったらそういうイイことを見つけたら，それをしぶとく使うな。まずは，本人に直接「お〜，すごいね。おめでとう！」ってわざわざ言うね。いくらみんなもわかっていると思っても，ちゃんと言うね。通信簿にも書けるよね。
　それって，なんで大事かというと，〈小原はお前のこと気を使っているぞ〉ってわかって欲しいんだよ。大変な子に対しては，〈お前のことを心配している〉というたった一人の大人になれるかどうかなんだよね。

——その後のM先生
その後，悩んでいたM先生からはこんな話を聞きました。
　アドバイスで一番ハッと気づいたのは小原さんが言ってくれた〈悪いことにも序列をつけるとイイ〉ということ。毎日悪いことばっかりじゃなくて，〈フツーの時の彼もいたな〉って気づいたんです。機嫌が悪いと，3年生のツッパリ並みにすごいことをするんですけどね。そういうことがわかってきた。
　色んなトラブルはまだ続いているんだけれども，学年主任や校長先生に「○○しなさい」「親に連絡しなさい」って言われて，私自身が焦って行動したりしていたのが一番の原因だったみたい。他の先生からの悪い情報も，私が彼にイライラと接する原因の一つだとわかりました。
　〈主任の判断がうまくいかない〉とか，〈主任の予想がはずれる〉ということがわかったから，それからは自分で少しは冷静に判断して，〈せめて自分がその子と最悪な関係にならないように〉と心がけています。自分らしくやった方がイイということがわかりました。
　それから，田辺さんの所にはたまに悩み相談の電話をしてい

ます。第三者から見てくれると選択肢がふえるので，少し余裕ができるようになりました。ベスト10のことは，もちろん通知票に書きましたよ。

トラブルがあった時，お母さんと色々と話して，〈本人が担任の私のことを嫌っていない〉ということがわかってよかったです。それと，1学期の最後にみんなで「コーヒー・ゼリー作り」をやったんですが，その時の彼はニコニコ笑顔でいました。そういう姿を見ると，やっぱりうれしいです。

〔田辺のツブヤキ〕　よかったですね。とりあえず，大変な子の時には〈せめて最悪の関係にならないように〉って小原さんがよく言っています。

＊

いかがでしたか？　少しはみなさんのお役に立てたでしょうか？　これから，クラスや授業のことで悩んだりした時には，もう一度読み返してもらえたら新たな発見があるかもしれません。

ボクは仮説実験授業のおかげで元気に教師をやれてきました。大変なクラス，大変な子に出会った時は，いや，そういう時だからこそ，子どもにとっても教師にとっても〈楽しいことをやり続ける〉ことがとても大切だと思います。

ところで，悩み相談されると，〈相談される側〉というのは正直，大変です。けっこう気を使います。だって，変に答えて失敗したら責任がこちらにありますからね。でも，相談される側はその人にとって〈信頼される人〉なわけですから，うれしいです。

ボクの悩み相談の相手は小原茂巳さん。たいてい，的確なアドバイスをしてくれます。だから，ボクも少しはマネしてるんです。ボクは小原さんがいないと「小原さんならどんなアドバイスするかな〜」って考えながら，アドバイスしています。

リンチ事件とその平和的解決

(初出No.247, 01・12)

山路敏英 東京・足立区扇中学校

●お父さんは怒る

　今から10年ほど前のこと，僕のクラスの男の子（中1）が，上級生（中2）5人にリンチされる事件があった。

　その知らせを聞いた僕は，すぐにリンチされた男の子の家に電話した……。

ボク「あ，お父さんですか。じつは，おたくのタツヤくん（仮名）が，先ほど，上級生5人にトイレに呼びだされて，なぐられたり，けられたりしちゃったんです。少しケガをしていまして，右腕に青アザができていますが，そこ以外はもう痛くないと言ってます。病院に行くほどではないようです。その上級生5人はだれかわかったので，今，集めて指導しています」

お父さん「えっ！　上級生にリンチを受けたんですか。ウチの子だけですか？　ケガはたいしたことないんですね」

ボク「そうです」

お父さん「そりゃちょっとヒドイですね（怒りでだんだん声が大きくなってくる）。いえね，1対1でケンカっていうんなら，男

の子ならよくあることだし，何も言うことはないんですが，上級生5人が，よってたかって下級生1人に暴力を加えるなんて，ちょっと異常ですよ。ま，たしかにウチの子がぜんぶ正しいとは思いません。きっと，なんか彼らの怒りを買うようなことをしたとは思いますよ。だけどね，だったら1対1でやれって言うんですよ。年下の子を，しかも5人がかりで……ヒレツきわまりないですね」

ボク「ええ，お父さんのおっしゃるとおりです」

お父さん「ところで，学校は何をしてるんですか！ 学校はそういう連中を野放しにしているんですか」

ボク「そういうわけではないですが，まだ，今，彼らの担任がそのへんの事情を……」

お父さん「こういう状態では安心できないので，親として，子どもを学校にやるわけにはいきません。いえ，ウチの子だけじゃなくて，他のお子さんだって同じだと思いますよ」

ボク「はい，そういうお気持ちはよくわかります」

お父さん「(怒り最高潮) センセイね，そいつら5人をウチによこしてください。そういう連中は，話したってわからんヤツですから，私がひとりずつ思いっきりぶんなぐってやりますよ。他人になぐられるのがどれくらいの痛みなのか，なぐられなきゃわかんないでしょうから」

ボク「お父さんが，5人の子をなぐるんですか？」

お父さん「そうです。(ヤマジ) センセイじゃちょっとムリでしょうから」(よくわかっている)。「私がバシバシやりますよ」(元気だなあ)

ボク「はあ，そうですか……じゃ，よろしくお願いします」(なんと無責任な)

——この電話のやりとりをそばで心配そうに聞いていた校長先生

と生活指導主任の小林先生は青くなっていた。

ボク「ところで,お父さん。まだ,学校側の指導が終わってないんです。もう1～2時間かかると思うんですが,それが終わってから,ボクが5人を連れておわびにうかがいますから。それでどうでしょうか」(時間かせぎだけはしっかりしている)

お父さん「はい,それでけっこうです」

ボク「とりあえずタツヤくんはお宅に帰します」

——これで電話は終わった。

校長先生「5人の子をなぐるって言ってるんですか？ そりゃ弱りましたねえ」(ボクの返事にも半ばあきれている様子)

＊

さて,お父さんが「なぐる」と言ったのに対して,何か考えがあって「よろしくお願いします」と言ったのだろう……というのは〈美しい誤解〉というもので,ただ安易に返事をしただけだった(ますます無責任)。ボクには,怒っているお父さんに反論して説得するだけの〈気力〉と〈体力〉が欠けていただけのことだった。さて,これからどうしよう？

●**思い出した,板倉さんの言葉**

こんなとき,ボクは板倉聖宣さんの言葉を思い出す。それは「押しつけとは何か？——イラクのクウェート侵攻問題を契機に」(『たの授』No.94／『近現代史の考え方』仮説社,166ペ)の一節だ。

> これは,たとえば学校の中で子ども同士が喧嘩をした時にその仲裁をどうするか,という問題と同じです。片方の子が相手を殴って泣かしたとするでしょ。「殴ったのは誰だ！」ということだけで教師が仲裁に入れば,これは単純に殴った方が悪者ということになります。しかし,たいていの場合,殴った方には殴っただけの理由があるものです。相手に悪口を言われたと

かで，殴らざるを得ないような状況があるのが普通ですね。子どもたちにとっては，場合によっては殴ることよりも言葉の暴力の方がはるかにきついことだってありうるわけです。それなのに，下手に正義感の強い教師が「殴った」という事実だけをことさら問題にして，その背景にある事実を公平に判断しないような事態が起こると，大変厄介なことになります。

　今回のイラク＝クウェート問題というのは，「学校での喧嘩の仲裁をどうするかというような問題についての世界的規模での実験」と言うこともできると思っています。（この後「当事者の言い訳を聞け」「正義感より基礎知識」の節が続く）

●殴った側の理由

　ボクは，「5人の子どもたちに会って，話をしたい」と生活指導主任に頼み，彼らがいる部屋へと向かった。部屋では，彼らは正座させられていた。ボクの仕事は「仲裁」だ。そのままでは対等に話ができないので，まずイスにすわってもらった。

ボク「今，タツヤくんのお父さんと電話で話したんだけど，とても怒ってます。それで，〈家につれて来い，5人ともなぐってやる〉って言ってるんだけど……」

——5人ともまっ青になった。

ボク「まあ，そのぐらい怒っているということは知っといて下さい。ボクも一応タツヤくんの担任としては怒ってますけれど，それは置いといて……。タツヤくんも大切だけど，キミたち5人もこの学校の大切な生徒。だから，乱暴な解決方法をとらないようにしたい。そこで，ボクがタツヤくんのお父さんとキミたちの間に入って，平和に話を進めたいと思うんだ。

　お父さんに，〈2年生5人が1年生1人をリンチした〉という事実だけを話すと，キミらは〈ただむちゃくちゃな乱暴

者〉ということになってしまう。でも，キミらにはキミらなりの，そうしてしまったわけがあるにちがいないと思うんだ。それをきちんとボクに説明してほしい。

　ボクがナルホドと思えることなら，タツヤくんのお父さんにもわかってもらえると思うし，ボクもいっしょにキミらの立場を説明できるから。そして，暴力をふるってしまったことについては，ボクも一緒に，学校側としてゴメンナサイを言うから」

――5人の子どもたちは，順にわけを語ってくれた。
今回の中心人物Aくんの言い分：

　暴力はマズかったと思う。ゴメンナサイも言える。ボクが怒ったのは，タツヤくんが，「(タツヤくんの) カバンを取った子は，ツッパッた服装の上級生だった」と先生に言ったことだ。ボクはカバンを取ったんじゃなくて，借りたんだ。「貸して」と言った。それを取ったなんて……，ボクは取る気はなかった。それに，ボクはあのとき，ちゃんと標準服着ていたし，ツッパリの服装なんてしていなかった。先生にウソ言いやがって，腹が立った。

(Aくんに対する) ボクの意見：

　〈ものを貸す〉というのは，相手が誰なのかわかっていて，「きっと返してくれる」という信用があってはじめてできることです。その点で，タツヤくんはAくんの顔も名前も知らなかったから，信用がない。だから，どんなに「借りる」という言葉を使っても，借りたことにならないことを知ってほしい。

　例えば，道で出会った知らないお兄さんに，「ちょっと金貸せ」と言われたら，フツーは「金くれ」と同じ意味で受け取るでしょ。それと同じで，タツヤくんが「カバンを取られ

た」と思うのは自然です。
　それから、〈ツッパッた服装〉のことだけど、タツヤくんが、「カバンがなくなって困った。知らない人に取られた」というので、ボクが、「うろおぼえでもいいから、その子の特徴を言ってごらん。それしか手がかりがないから」と聞いて、言わせたんだ。もし〈ツッパッた服装〉というのが事実でなければ、そのことについては、ボクがあやまる。

元気なBくんの言い分：
　Aくんから、「１年生に、上級生の悪口を言うヤツがいる」と聞いたので、頭にきてAといっしょになぐった。今は、「悪いことしちゃったな」と思う。

Cくんの言い分は、Bくんと同じ。

Dくんの言い分：
　AくんとBくんから「１年生をヤル」と聞いたので、おもしろそうだと思ってついていった。トイレでAくんとBくんがなぐっていたので、どさくさにまぎれてボクも手を出した。

（Dくんに対する）ボクの意見：
　理由は何もないの？　そりゃちょっとなさけないね。もしボクがタツヤくんのお父さんだったら、キミのことをいちばん怒るだろう（と言いながら、怒りはじめてしまったボク。おさえておさえて、仲裁、仲裁）。ちょっと弁護する自信がなくなってきた。でも、正直に言って、「ゴメンナサイ」するしかないか……。

Eくんの言い分：
　Aくんと仲よしで、Aくんの後についていっただけ。なぐったりしていない。

（Eくんに対する）ボクの意見：
　「人数が多かった」というだけでタツヤくんはかなり怖か

ったみたいだから，いっしょにいただけでも，その点についてはあやまった方がいいかもしれない。

●お父さんの，予想外の返事

　ボクの聞き取りは終わり，席をはずした。その後，その学年の方針で，5人の子の親が学校によばれ，また1時間ほど話し合いが続いた。ボクは，職員室で終わるのを待った。

　その話し合いで，「親子全員でタツヤくんの家にあやまりに行く」ことになったらしく，生活指導主任の小林先生が，タツヤくんの家に「これからうかがいます」と電話を入れた。電話を切った後，小林先生は，タツヤくんのお父さんの返事は次のような内容だったと伝えてくれた。

　「先生方の今までの指導で，もう十分です。当人たちも反省しているでしょうし，これ以上追いつめて，またウチの子がうらまれてはしょうがありませんので……。ウチに来てもらっても困ります。もうこれで終わりにしてください」。

　さっきまであんなに激しく怒っていたのに……あっけにとられてしまった。これですべてすんでしまったわけだが，でも，まだ「5人の子がなぜそんな乱暴をしたのか」は，タツヤくんとお父さんにはまだ理解されていない。それに，暴力事件に対する学校側からの謝罪もして，きちんと終わらせたかった。なにより，「タツヤくんのお父さんと仲良くなれるチャンス！」だと思ったので，ボクひとりで家庭訪問をすることにした。お父さんの気持ちがわかっていたので，ボクの足どりは軽かった。

●ボクにはシメタの家庭訪問

　タツヤくんの家に着くと，ボクは「おわびの気持ち」と「事件の真相と，5人の子どもたちの心情」を伝えた。

タツヤくんのお父さんは言った。「中学2年というと，イライラしたりする年ごろなんでしょうねェ。私にもおぼえがありますから，彼らの気持ちもよくわかります。子どもは，そうやって失敗をかさねて成長していくんですよね。まあ，この件はこれで終わりにして，彼らのことをもう責めないでください。明日から，タツヤも，5人のお子さんたちも，元気に学校に行ってくれればそれで十分です……。ところで，中学校の先生ってタイヘンですね。ムズカシイ年ごろの子どもたちと毎日接するんですからね。いや，今日は，タツヤのためにわざわざウチにまで来ていただいて，申しわけありませんでした。校長先生にも〈お世話かけました〉と伝えてください」。

——ということで，お互いに笑顔で，ボクは家庭訪問を終えた。

学校に戻ると，校長先生と教頭先生は「ほんとうに，ごくろうさまでした」とねぎらってくれた。けれども，ボクには苦労でもなんでもなかった。それより，「ボクだけタツヤくんのお父さんと意気投合しちゃって，オイシイところだけもらっちゃって，ワリィなあ」という思いでいっぱいだった。

近現代史の考え方
●正義でなく真理を教えるために

板倉聖宣著

二〇〇〇円（税別）

明治維新から東欧の激変，ソ連の崩壊，中東戦争，オウム真理教などの事件や，君が代・日の丸問題を《社会の科学》と教育の問題として解明。自分の生き方と「世界」のかかわりが見えてくる，予言に満ちた論文集。

B6判・三一〇頁

仮説社

あくる日，タツヤくんは何事もなかったように笑顔で登校してくれた。

＊

その後，5人の子どもたちは，廊下で会うと，「コンニチワ」とあいさつしてくれるし，ときには「センセイさあ……」なんて甘えてくるようにもなった。ボクより大きなカラダして……カワイイ子たちだと思う。ボクは彼らの授業を持っていないので，この事件がなかったら，「知らない」間柄だっただろう。それは，今回の事件でのもうひとつの「シメタ」でもあった。

●怒りがおさまったわけ

ところで，ボクには，大きなナゾがひとつ残った。それは，「なぜ，タツヤくんのお父さんの怒りは，おさまってしまったのか」ということだ。だって，ボクは，仲裁のために，5人の子どもたちから理由をいっしょうけんめい聞きとり，「タツヤくんのお父さんにこう聞かれたら，こう答えよう……」と，キンチョーして出番を待っていたわけだから……。

＊

こういうナゾに答えてくれる，うってつけの人がいる。牧衷さんだ（元岩波映画取締役，仮説実験授業研究会会員）。電話で質問するボクに，牧さんはこんな話をしてくれた。

> 〈怒り〉というのは，ある特定の刺激を受けたときの反射的な行動なので，そこには冷静な論理はない，たいへん理不尽なものなんです。だから，本人にもどうしようもないんです。まわりの人もおさまるのを待つだけです。
>
> でも，上手な待ち方はあります。そのひとつは，「それ以上刺激しない」ということです。今回のことで言えば，ヤマジさんはそのお父さんのどんな言い分も，否定しないで受けとめて

いるでしょ。「5人の子をなぐる」っていう言葉さえ,「そうですか」と受けとめているでしょ。それがいいんです。

　もうひとつは,「こちら（教師）はせめて怒らない」ということです。今回のような場合,教師は,「悪いことしたのは子どもで,オレ（教師）は何も悪いことしてないし,指導する側なのに,なんで親におこられなくちゃいけないんだ！」と思うと腹が立つでしょ。でも,「そこで怒っちゃダメよ」ということなんです。こんなとき,被害者の親にしてみれば,学校そのものがニクイんです。「親は教師を事件の〈共犯者〉として見るのが普通だ」ということです（ヤマジ：う～ん,それは知らなかった）。

　それから,最終的には,「時間をかけて,やんわり受け止めてあげる」ということです。ひとりの人間の「怒りのエネルギー」なんて無限にあるわけじゃありません。あるきまった量です。これを短時間で止めようとすると,止める側も大きな力が必要ですし,破壊のエネルギーにもなってしまいます。だけど,時間をかけて少しずつ受け止めていけば,破壊には至らないし,小さい力でもできます。ヤマジさんの電話の受け方がそうなっていたんですよ。（以上,ヤマジが要約しました）

　「なるほどねえ……」とボクは思った。

〔付録〕事件の解決を振り返って……

　さて,ここまでほとんどエピソードだったので,最後に自分の思いを少し付け加えさせてください。まず,この事件の解決にあたって,何が良かったのかを,もう一度ふり返って考えてみようと思います。

　第一に良かったことは,初めに引用した板倉さんの「当事者の言い分を聞き,その背景にある事実を公平に判断する」という言

葉を思い出すことができたことです。暴力をふるった上級生の言い分を聞いたとき，タツヤくんのお父さんの気持ちと同じになって，つい怒ってしまいそうになったことが何度もありました。でも，「子どもたちの言い分をまずきちんと聞くことが解決への近道だ」という明るい見通しを持つことができたので，ガマンすることができたのだろうと思います。

　もう一つ良かったことは，「タツヤ君のお父さんに共感できた」ということです。我が子が5人の上級生に乱暴されたと聞けば，激しく怒るのは当然です。それが普通の親というものでしょう。そういうお父さんの気持ちにボクは共感していたので，感情的な言葉もすんなりと受け止めることができたのだと思います。

＊

　学校というところは，良くも悪くも，子どもたちがぶつかりあうところです。だから，トラブルが完全に無くなるということは考えられません。

　ところで，今回ボクを支えてくれた板倉さんの言葉は，「対立する立場のそれぞれの具体的な言い分と正確な状況を知れば（学べば），平和的におさまる判断・方針が浮かび上がってくるはずだ」というふうにも読めます。すると，「世の中に根っからの悪人はいない。ただ正確な知識・情報をもっていないだけ」ということにもなるでしょう。そこにボクは，「人間」に対する限りない信頼を感じるとともに，「なんのために学ぶのか」という問題に対する答えも見えるような気がしています。

　板倉さんの「押しつけとは何か」の文は，イラク・クウェート問題が中心に書かれているものの，これからも人と人がふれあう（ぶつかりあう）ところでは必ず役に立つことでしょう。すでに読んで知っているという人にも，再読をおすすめします。

おわり

自己への信頼を
とりもどすために

●中学の担任がクラスの学力アップに大奮闘（上）

（初出No.99, 91・2）

千葉・船橋市三田中学校　**堀江晴美**

8クラス中8位のクラス

　「なんだ，これは！　このクラスを進路指導しなきゃいけないの」——1学期の期末テストの結果を見せられたとき，私はガクゼンとしてしまった。我がクラスは，ダントツビリ（8クラス中8位）なのだ！　中間テストでもビリであった。

　今年は初めての中2の担任。私の学校は，基本的に2年から3年になるときはクラス解体がない。1年後を考えるとクラ〜イ気持ちになってしまった。同じビリでも，少しでも上昇傾向が見られるのならまだいい。しかし，ますます落ちているのだ。「このまま放っておいたら，ずっとこの子たちはビリでいくにちがいない」と思った。

　なんとかならないものか。そうだ，担任が彼らの学力アップの手助けをしたらどうだろうか——そう思いついた。子どもたちは明るく，ニギヤカで，雰囲気は悪くはない。私は美術の教師なのだから，「成績のことなんか知らないよ」と言えば言える。しか

し，担任が関われば，少しはよくなるような気がする。3年になってからでは遅い。今ならまだ間に合う。もともと頭の悪い子の集まりのはずがないではないか。何とかしてやりたい。

　私なりに精一杯彼らに関わっていくなかで，進学指導として偏差値で輪切りにしていくのは現状ではしかたがないと思う。けれど，ここで見捨てておいて輪切りにしていくのは自分自身で自分を許せないような気がする。それぞれの子が，今よりはそれぞれに学力アップしてほしい。させてやりたい。

　たしかに，入試科目を1教科も自分で持ってない中でそれをやるのは，かなり苦しいものがある。そしてまた，子ども自身が「やらなければ」と思ってもいないうちに，そこに手をつけ始めたら，半ば嫌われるであろうことは確実で，それも覚悟を決めなければならないだろう。

　私自身の気持ちでいえば，そりゃ仮説実験授業の方をやってみたい。しかし，子どもたちの願いはそこにはないような気がする。彼らは「たのしい授業」より「偏差値アップ」を願っていると断言できる。今は自分たちの願いなんて，自分たちでもわかりゃしないだろうけれど。とはいえ，「貧しい授業」ばかりを受けている生徒たちに対してだったら，もっと私の中に迷いが生じたかもしれない。しかし，我がクラスの生徒たちは，幸運にもすばらしい授業を受けられているのである。音楽と社会(歴史)と，そして美術(入れさせてくださいね)。この3教科は生徒たちにとても人気があるのだ。週6時間もたのしい授業が受けられるなんて，今の日本の中ではぜいたくとしかいいようがない。他の教科も人柄のいい先生に教わっていて，それなりに満足している。そして，私自身も美術の授業に充足感を感じている。

　特に，今年うれしいのは，「歴史」の授業を子どもたちが熱烈歓迎してくれていることである。関谷幸弘さんという30代のまだ若

い教師だけれども（すごい勉強家で仮説にも興味を持ち，あたたかい眼差しを送ってくれている），関谷さんの授業があった日は必ずといっていいほど，「今日も歴史の授業がたのしかった」と子どもたちは書く（私は毎日〈班日記〉をつけてもらっている。詳しくは『たのしい授業』No.92，堀江「この方法でバッチリ感想文がとれる」参照）。入試科目である五教科の中の授業が歓迎されていることが，私を元気づけてくれている。

　たのしい授業を1時間も受けられない生徒に学力アップを叫んだら，なにか私自身がわびしくなってくる。でも，私のクラスの生徒たちは，3教科も質の高い，たのしい授業を体験できている。「だから，いいじゃない」とも思える。どうしよう——やってみたいとは思うものの，すぐには踏み切ることができなかった。

担任が関わったらちがうはずだ

　そんなふうに迷っていたとき，板倉聖宣先生とお話する機会があり，「クラスの子たちの成績が悪いんですが，担任が関われば少しはちがいますか」と聞いてみた。すると，「うん，10点はちがうね」。そうか，やっぱり関われば関わっただけのことはおこりそうだな。やってみようかな。〈担任が関わったら，学力がアップできるかどうか〉——それを一つのテーマにして研究し，実験してみる。なかなかそれもおもしろそうじゃない。「できの悪い子どもたち」が，私に一つ研究課題を提示してくれている。それに関わることで，なにか新しく見えてくるものがあるのではないか。クラスで起こる〈困ったこと〉に関わることで，私はいつも新しい発見をし，自分自身を成長させてきた。そこにはどんな宝物がひそんでいるのか見当もつかないけれど，私を成長させてくれるなにかに必ず出会いそうな予感がする。やってみよう。

しかし，どこからどう手をつけていけばよいのか皆目わからない。子どもの反発をくうのは覚悟でやるしかないけれど，それでも子どもたちが少しは納得できる形ですすめてやりたい。一人で考えたけれど，わからない。仮説実験授業研究会の人にも聞いたけれど，私の知るかぎりではやった人がいないので相談にのってもらえない。担任とはいえ，中学校の教師が自分の専任教科以外の勉強に関わるなんて，あまりないことなのだろう。困っていたら，いい相談相手が見つかった。それも「校内」というのがいい。クラスの子どもたちを知ってくれているということもありがたい。それは，社会科の教師，関谷さんであった。関谷さんは今でも十分に若い教師なのだが，「若いとき，そういうことやったんだよね」と言う。

　私が，「どうしたらいいのか教えて」というと，いつもニコニコ相手をしてくれる彼が，「ほんとにそう思うの。どうしてそう思うの」と真顔で聞き返してきた。そういう反応をしめされたことは私には予想外であった。「仮説実験授業」とか「キミ子方式」などの理想的な教育を追い求めることと「偏差値アップ」という現実妥協路線は，私の中ではバランスがとれているのだけれど，他人には矛盾してみえるのだろうか。それとも，ふつう中学校の担任は，できなくてもそんなに気にしないからだろうか。よくわからないけれど，私は自分の気持ちを一生懸命説明した。いつもは，私が何か聞くとスッとすぐに教えてくれる人なのに，この時ばかりは私がどこまで本気で関わるつもりなのかを試されてしまった。というより，「生半可なことでは関われませんよ」ということを教えられたような気がする。だいぶ話したころ，私の一生懸命さが伝わったのか，「クラスの平均点をあげよう，と言って子どもをのばせるのは2年生のうちだよ。3年生になったら，自分の点しか考えなくなるからね」といつもの笑顔に戻って知恵をさずけてく

れた。
 1．今の子どもはデータ人間だから，クラス平均点をきちんと知らせてやり，それで子どもにも考えさせる。教師は余分なことを言わず，そういう事実から「先生は考えたんだよね」と切り出すとよい。
 2．数学と英語をやるとよい。国語は日本語なんだから，なんとかなるけれど，この二つはやらなければなんともならない。
 3．〈帰りの会〉を使うとよい（朝自習は学年統一でやっているので使えない）。〈帰りの会〉の前にそうじが入っているが，勉強があると思えばかえってそうじを一生懸命やり，早く終わる。〈帰りの会〉だって手際よく進めるようになり，かえって他のクラスより早く終わる。

1と3は意表をつく答えであった。しかし，いわれてみればその通りかもしれない。

ウワー，悲惨なクラスだ！

数学と英語か。さて，どうするかな。2つ一遍には無理だ。本当は数学こそ手をつけてやらなければならない教科であろう。しかし，小学校3年や4年の問題ができなくてついてこられない子がいるにちがいないわけで，過去に過去に戻ってやるのは気分的に重いものがある。その点，英語なら1年前（中1）に戻ればすむ。それに，全教科それぞれに学年平均点より低い我がクラスではあるけれど，英語は比較的よいほうで，「英語だけは好き」という子もいる。得意な方から入る方がノリやすくていいな。そう考えて，教科は〈英語〉と決めた。しかし，〈英語〉の何から始めるべきか。

「1年生の単語からやらせるといいよ」と我がアドバイザーの

関谷さん。すぐに調べたが，1年だけで3ε0個もあり，途方に暮れてしまった。「これ，全部やらせるの」と聞くと，「重要なのだけでいいよ」。でも，重要なのがどれかなんてわからない。「あなた，わかる」と聞くと，「だいたい見ればわかるよ」と言う。しかし，社会科の先生に印をつけてもらうなんて申し訳ないと思って，我がクラスの英語の教科担任に聞いたら，「＊印のついたのだけやればいいですよ。それはスペルまで書けなきゃいけない。あと，基本文型も暗記しなきゃいけない」とすぐに教えてくれた。

　そうか。重要単語と基本文型が大事なのか。しかし，当分は〈単語〉でいくしかないな。〈帰りの会〉を使ってやるのは，2学期に入ってから，「体育祭」後にしよう。でも，夏休み前に英単語（1年）のテストをして，刺激しておきたい――大まかにそんなことだけを決めて，クラスの生徒にいよいよ私の作戦の1から話すことにした。

　夏休みを間近に控えたある日。黒板に1学期の中間テストの結果から書く。教科別に，「学年平均点」「学級平均点」「学年平均点との差」「教科別学年トップクラスとの差」を表にして，数字を淡々と入れていった。

　そして，最後に「8位」と書くと「ウワー，ビリだ」と子どもたち（私は「ビリ」という言葉を決して使うことなく数字だけを上げていく）。「さて，それでは，今度の期末テストの結果はどうだったでしょう。たのしみですね」といって書く。子どもたちはシーンと見つめている。中間テストの結果と同じように，項目別に，数字を入れていく。

　そして，「さて，順位はどうだったかというと」――「8位」と黒板に書いたとたんに「ウワー，悲惨なクラスだ」と大騒ぎになった。私が「でも，いいじゃない。これ以上下がりようがないわけで，みんなの前には希望しかない」と言うとドッと笑う。正常

分配曲線のグラフをかいて,「山が少しずつ下にズレているの。それぞれの人がもう少し上がってやっと普通の状態になる。2学期は本来の各自の力をとり戻して,できればもう少し上の方にズレていけるといいんだけどね。みんなだって,このままじゃいけないと思うでしょ。どれも学年平均点よりマイナス点がついちゃったんだけど,英語はまあまあだよね。だから,英語だけでも,今から少しずつやってみようよ。まずは,みんなの得意なものからのばすといいと思うので,明日,テストするよ」

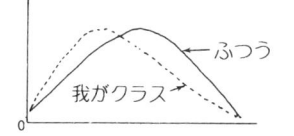

「エ〜ッ,テスト！ 英語の何やるの」「1年生の単語のテスト」「ヤダ〜。急にそんなこといわれても困るよな。テスト,ヤダ〜」「1年生のだよ。もうみんなは2年生でしょ。1年生の英単語なんて軽いんじゃない」「そんなこといわれても,ナ,ナ」と友だち同士で目配せする。「先生,できなかったら,どうするんですか」とワーワー,ギャーギャー。騒然たる中で「予告編」は終わった。

先生,やればできる

美術の授業は1学期分が終わっていたので,翌日の美術の時間2時間を英語のテストに使うことにした。「明日,英単語のテストをすることにした」とアドバイザー氏に言うと,「50問にするといいよ」と教えてくれた。実は何問にするか決めてなかったのだ。「作るとき考えりゃいいや」と放っといたのを見透かされたかのようだ。でも,「50問か,ちょうどいいな」と思った。

その晩,尾形邦子さん（東京・東柴又小学校）との電話でテストの話をすると,「合格点は40問でいいじゃない」と彼女が言ってくれて,そうすることにした。

さて，ついにきた英単語テストの時間。素直には受けてくれない。まず質問攻めにあう。
「合格できなかったら，どうするんですか」「補習するよ。7月末に学校に来てもらうよ。私，つきあうから」「僕，その頃，忙しくて学校に来られません」「いいよ。私，親切だから，夜8時に家庭訪問して教えてあげる」「エ〜ッ！（絶句）」「夜8時にいくから，お母さんに特上のおすしをとって待ってるようにいってよ」「特上?!　先生，ぼくんち，並しか食べません」「いいよ，君や君の家族は並を食べれば。私は，ウニとイクラがないといやなの。お母さんにいってよ」「……」
「君たちが高校進学を希望してないんならいいよ。中学で終わるというんなら何もいわない」「僕，高校行くのやめます」「だめ，だめ。この間，一人ひとりの人と面接してちゃんと聞いてあるんだからね。今さら，だめだよ」
　ここまでいうと，彼らは観念してテストに向かう。合格者は19人。不合格の子たちは，青ざめた顔で，「先生，もう一度チャンスを与えて」という。「いいよ。それじゃ，次の時間の後半にやるから，それまで練習して」。勉強についての心構えなども話してやるが，誰も聞いてやしない。せわしく鉛筆を走らせる音ばかりが聞こえる。2度目（問題は前と同じ）で大部分の子が合格。「ヤッター！」と喜びあっている。不合格者が4名のこり，「補習か」と顔をひきつらせている。翌日は終業式だ。〈帰りの会〉がおわってからその4人と話すと，「先生，もう1度チャンスをください。僕たち，勉強してくるから」と言うので，「わかった。それがラストチャンス。がんばってね」と言って帰した。
　7月20日，終業式が終わってから4人が3回目に挑戦（問題は同じ）した。うち一人は知恵遅れに近い佐藤一夫君なので仕方がない。その佐藤君をのぞいて，みんなみごとに合格。補習はしなく

てよいことになった。

　この時のことで忘れられない光景がある。テストが終わったあと，お客さんが来て私は廊下で話していたのだが，美術室(試験会場)から山本日比紀君がとんできて，「先生，やればできる。合格できた」と叫んだのだ。いつもはモソッとして，シャキっとしゃべらない日比紀君が「やればできる」といって駆けてきた。私は涙が出そうになった。「47点」と書かれた文字が蝶のようにヒラヒラと舞った。

　1年と2年1学期までの重要単語を全部覚えるよう，夏休みの宿題にして1学期は終わった。

〈帰りの会〉でテスト，いいことばかり

　我がクラスは明るくニギヤカなのはいいけれど，先生たちの話をとってしまうくらいおしゃべりだ。「あれじゃ，学力上がらないよ」と関谷さん。そうかもしれない。私は明るいクラスが好き。だけど，先生たちの話も聞けないようではな。私のクラスに出ている先生たちは一様に「話を聞いてもらえない」と嘆く。そこで，2学期のはじめには各教科担任の先生たちが査定表に書いてくれた一言コメントを読み上げて，「静かに話を聞けるようなクラスになろう」と話した。

　9月22日，体育祭が終わった。終わるのをまちかねていたようにして，〈朝のふれあいタイム〉(担任がついての朝自習〔火・木〕)で英単語を，〈帰りの会〉で漢字のテストをやり始めた。英単語は『これで安心！　合格英語』(文英堂，650円)を元にして英語の教科リーダー(各教科クラスに2人ずついる，先生の連絡係)にテスト問題を作ってもらう。たとえば，今日は「曜日」が全部書けるようにする，明日は「月」——というぐあいに項目別にやっていく

225

ことにした。漢字は『高校入試データランク順　中学漢字・語句・文法1700題』（学研，1200円）を使う。この本がよいと思ったのは，「入試必修　300字Ａランク」などとなっていて，漫然と漢字テストをやらせるより切実感をあおってくれるので生徒をやる気にさせてくれるところだ。どちらも，問題用紙と答えは「人数×２」印刷する。１枚は予告して家で事前に勉強できるように，もう１枚はテスト用にするというわけだ。

　合格点は９割にした。漢字は１日12〜13題だけれど，中学生はこれくらいはなんともないようで，よくできる。佐藤君をのぞけば１人か２人しか不合格者は出ない。合格できなかった子はまちがった字を３回ずつ書いてから帰ることにする（はじめは10回にしたが，子どもから苦情が出たので３回にした）。

　〈帰りの会〉をちっとも始めようとせず，ノロノロしていて私をイラつかせていた生徒たちが，５分前には席に着き，静かにテストを受けている。はじめの頃は私も心配で早めに教室に行ったけれど，そうしなくても子どもたちだけでシーンとなってやるようになった。カンニングもしてないようだ。テストを入れてから，かえって〈帰りの会〉はスムーズに，しかも他のクラスより早く終われるようになった。その前にある「そうじ」も早く終わる。〈帰りの会〉がのびて，それが嫌われる原因になるのではないかと心配していただけに，その様子をみてホッとした。

　関谷さんに報告すると，「そうでしょ。〈帰りの会〉は早くできるようになるし，そうじだってちゃんとやるようになる。勉強はできるようになるし，親には喜ばれるし，一石二鳥どころか，一石十鳥ぐらいの効果があるんだよね。子どもたちだって，今はいろいろ反発もあるかもしれないけれど，後で感謝してくれるよ」と言われた。

　「後で感謝してくれる」──そうか，未来の子どもたちに賭け

ればいいんだ。

お母さんたちも苦しんでいる

　子どもたちの苦しんでいる姿をみると、つくづく小学校からの基礎学力や勉強とのつきあい方まで戻って考えこんでしまう。私はかつて小学校教師であった。私の送り出した生徒たちにわびたい気持ちにおそわれる。ドリルや習熟をおろそかにしてしまったことへの悔悟の念にとらわれる。「ごめんなさい。かつての私の教え子たち。みんなも中学校に行って苦しんでいたんだね」。過去はとり戻せない。だからせめて、今わたしの目の前であえいでいる我がクラスの生徒に、私のエネルギーを傾けることで償わせてもらいたい。もし、再び小学校の教師として教壇に立つことがあるとしたら、その時はもう少し基礎学力をつけられる教師としてよみがえらなきゃならないな……そんなことを考える。

　9月30日、お母さんたち主催の保護者会が開かれた。途中から参加して現状報告をする。「たぶん子どもたちは半分はわかっても、半分は私に反発があると思う。これは、お母さんたちの支持がなければできないこと。〈美術の先生は美術だけやってくれればいいんで、そんなことしなくていい〉とお母さんたちに言われれば、即やめます」というと、18人くらいいただろうか、そこにいたお母さんたち全員がテーブルに頭をこすりつけんばかりになって、「先生、そんなことをいわず、お願いします。お願いします」と言った。苦しそうな顔だ。子どもたちばかりでなく、親もまたあえいでいるのである。

　「私なんか〈勉強しなくていいの？〉というと、〈ウルセー、クソババア〉ですよ。言うことなんか聞いてくれないんです」とあるお母さん。「その〈クソババア〉の罵声を私が一身にひきうけよ

うというわけです。私の中にもツライものはあるんですよね。お母さんたちの支持があってはじめてできる。それでは，子どもたちにはお母さんたちに頼まれたといっていいですね」と言うと，「先生，もうやめるなんて言わずにお願いします。お願いします」と言ってくれた。

いい時に保護者会があってよかった。お母さんたちの必死の形相に痛ましさを感じずにはいられなかったけれど，絶大なる支持をとりつけられたこと，これは大きな力となった。

勝手にやってよいのです

反発がおきるのは承知の上で実施したことだった。しかし助かったのは，クラスの雰囲気を作っている朝倉光男君や竹野信彦君などが，「ガンバリマース」と大きな声で応えてくれたことだ。彼らがヘソを曲げたら，うまくいかなかったかもしれない。

ところが，10月2日，上野弘子さんが班日記にこう書いてきた。

> 先生に言いたい事があるんです。漢字や英語のテストなど，先生が勝手に決めてやってる事です。少しは，私達，生徒の意見を聞いてからクラスの事などを決めて下さい。

ついに出たか。これをとりあげると上野さんにプレッシャーをかけることになる。けれど，そういう気持ちは大半の子どもに多かれ少なかれあるように思われたので，とりあげることにした。上野さんのことを「いやな子だ」と私は思っていない。むしろよくやってくれるカワイイ子という気持ちの方が強い。それは私の気分をラクにしてくれる。

子どもたちに話す前に上野さんと話した。「何がイヤなの？

テストをすることがいやなの？」「ううん，それはイヤじゃない」「じゃ，何がイヤなの？」「私たちを無視して，先生が勝手にやることがいやなの」——そういうことか，と思った。

　「先生が勝手にやってはいけない」という論理自体をまず打ち消さなければならない。「勝手にやってよいのです」という論理をきちんと出さないと，これからも私は何もできなくなる。

　私はみんなにこんなふうに話すことにした。

　「たとえば，みんなは国語ができません。学年トップのクラスから12点も13点も離されています。これではいけないといって教科担の先生がみんなに残って勉強してもらいたいと思ったりします。あるいは宿題を出すこともある。その時に〈宿題を出していいかどうか学級会で決めてください〉なんていわないよね。先生が必要を感じた時には出していいんです。学級会なんかで決めてもらうことじゃない。

　それと同じで，担任というのはクラスをまかされているんです。クラスの問題点がある時にはそれをどう解決したらよいか考えるのは担任の責任です。このクラスは明るくてたのしい。だけど，勉強ができないというのはこのクラスの最大の問題点です。それを解決するために必要だと判断したからやってるわけで，いちいちみんなに学級会を開いてもらって多数決で決めてもらう問題じゃないんです。だけど，それじゃ，私が勝手に一人でやっているのかというとそうではない。このあいだの保護者会でみんなのお母さんたち全員に頼まれたんだよね（「アッ，うちのお母さんも出てた」）。そんなふうに，みんなが賛成しなくてもお母さんたちにお願いされれば動くこともあります。私だって，みんなのプリントを印刷して夜遅くまで学校にいるくらいなら，恋人とデートしてお酒飲んでる方がいいよね（「エッ，エッ，今なんて言った？　恋人だって，先生，恋人いるの，ヤルー」）。

たのしい授業の思想

●板倉聖宣著

二〇〇〇円（税別）

たのしい授業とは何か。どんな分野でどこまで現実のものとなっているのか。それらを一望の下に見わたす論文集。「授業書とは何か」「教科書とは何か」他。
B6判・二九二頁

仮説社

　それに、じゃ、なんでも先生が勝手にやっているかというと、そうじゃないでしょ。〈体育祭〉はみんなのやりたいようにやってもらった。むしろ、どんどん自分たちでやってもらいたい。〈合唱祭〉だってそうです。口出しするつもりはありません。ああいうものはあなた方の知恵と協力でやっていくものだからね。〈体育祭〉や〈合唱祭〉とはちがうの、この問題は。

　たとえば、美術で今、〈ファイル作り〉をやっています。〈ファイルやるけど、やっていいですか〉なんていちいち聞きません。何をやるとみんなに喜んでもらえたり、力をつけられるかと考えるのは教師の役目。みんなはやってみてはじめてわかるわけです。そういうものと同じだと考えてください。

　〈勝手にやって〉と考えている人はたくさんいると思うので話しました。反発されるのは覚悟の上でやっています。でも、きっと後でみんなは〈やってよかったな〉と思ってくれるでしょう。今のみんなにはでなく、未来のみんなにかけています」

　「おまえが言ったからだ」なんて上野さんをツツイている子がいる。うなだれて聞いている上野さんのことが気

になった。けれど、その話を終えた後も、彼女は「先生、先生」と話しかけてくれる。イヤな目つきで私を見ることもない。救われた思いがした。

〈自分への信頼〉をとりもどすために

漢字や単語から手がけたのは、やればすぐに成果が見えるものだからである。「やってもできない」と思っている子どもたちに、「やればできる」「オレだってまんざら捨てたもんじゃない。たいしたもんじゃないか」と思ってもらうにはこれが一番だ。

これを〈自分への信頼〉と西川浩司さん（兵庫・塚口小学校）は言う（『たのしい授業』No.81、西川「若き教師に贈る わたしの教師論③」参照）。〈漢字〉なんて、受験勉強のうちのほんの一部分にしかすぎない。しかし、そのほんの一部分のところとはいえ、そこで〈自己への信頼〉を取り戻した子どもは強いにちがいない。

英単語で「やればできる」と叫んだ山本日比紀君、たった一度の体験が彼を動かし始めたようだ。班日記にこう書いてくれた。

> 今日、朝に英語のプリントがあるのかと思って勉強してきたのだけど、朝になかったのでがっくりきてしまった。でも、帰りの会にやった時に合格したので、勉強したのはむだじゃなかったと思った。(10月3日)

そして、何をやってもニコニコと受け入れてくれる桜井淳君、彼の言葉もうれしかった。

> 先生の勉強（英語）のおかげで少し成長した気持ちです。このままこの調子でいくと中間テストがたのしみです。

(10月3日)

　そう，10月23日〜24日は中間テスト。そこで，10月1日からはそれまでやっていた英単語と漢字は中間テストの範囲内のものにきりかえた。でも，それだけではだめだ。他の教科も中間テスト用の勉強をしたほうがいいだろうと思った。

中間テスト勉強大作戦

　まず，〈帰りの会〉は英語の問題集をしよう。「基本文型」もやらなければならない。理科と社会も簡単なテストはしてあげた方がいいかもしれない。これは学級の時間（道徳・学級会）を使おう——とあれこれ考える。あれもこれもやってあげたいけれど，時間がない。そこで，数学はいっさいやらないことにした。教科担任の飯野健治さんにそう言うと，不安そうな目をされた。
　とにかく1教科はきちんとやりたい。それを「英語」と決めた。『教科書準拠問題集　ニュースタディニューホライズン　2年』（シンシンドウ出版，800円）を買い込んで，毎日2頁ずつテスト。予告プリントは前の日に1枚ずつ渡すとどこかになくしてしまうようなので，まとめて渡すことにした。
　子どもたちはけっこう家でやってきているようで，よくできる。やってこなかった子も，帰りの会までに友だちに聞いたりして勉強している。なかなかいい傾向だ。しかし，中間テスト用に切り換えたとたんに分量が多くなり，「さようなら」は他クラスより10分ぐらいは遅くなってしまった。不満がないわけではあるまいが，子どもたちは黙ってついてきてくれる。
　テストは9割できたら合格とし，その場ですぐに○をつけて回収，印を押して返すようにした。これを始めたとたんに，目立っ

て顔つきのよくなった子が出てきた。不思議なことに，なにやかやと私に話しかけてくる子もふえた。一人ひとりの勉強へのとりくみ方や性格も前よりずっと見えてくるようになった。それが私をうれしい気持ちにさせた。ほんとうのところ，テスト対策に関わるようになってからというもの，私のプライベートタイムはかなり浸食され，ヘトヘトな状態がつづいていたのだ。学校を出るのも遅い。だけど，ギブアップするわけにはいかない。

「(受験科目のうち) 数学をのぞいて4教科やっている」私を見て，関谷さんはびっくりしていた。彼の予期していた線をはるかにこえて，私は走り始めているらしい。我ながらあきれるところもあるけれど，しかたがない。どこまでいくのか，私にだってわからない。しょうがないんだよね。中途半端はできない体質なの。よくも悪くもこれが私。クラスの子たちは，そんな激しい私によくぞついてきてくれると妙に感心してしまった。

それから，国語。うちのクラスは国語が一番できない。読解は一挙に力なんてつかないので，「漢字」と「文法」だけはやっておくことにした。特に漢字は100題与えられ，その中から20題(20点)出題されることがはっきりしているので，やっただけの成果は期待できると思ったのだ。

国語の教科リーダーにしか渡さないという漢字プリントを教科担任からもらい，漢字のテストプリントを作る。「重要なものとそうでないものは区別してやったら，子どもの負担は軽くなり，やる気も出てくるだろうに」などと思うが，それを言ってみたところでしかたがない。漢字だけはやろうね。

> 今日の国語にやる5問テストは，昨日の6時間目にクラスでやった漢字テストと同じものが出ました。私は昨日のテストでは書けなかったのですが，昨日3回練習したので今日は

> 1問もまちがわずに書けました。堀江先生はいつも「やればできる」といっていますが,今日はそれがわかったようです。初めはめんどうでなかなかできなかったけれど,もうすぐ中間,がんばってやりたいと思います。(北村幸江　10月16日)

> 今日の6時間目の漢字と英語のテストは大変でした。でも,漢字など「やりなさい」といわれないとやらない私にはとてもいいことだったと思います。社会や理科も,どんなものをやればいいかと思って,けっきょくやらないことが多いのでプリントなども役に立ちます。中間テストがんばりたいと思います。(田中基子　10月15日)

〈成果〉が反発を信頼に変える

　なぜ定期テスト対策に関わったかというと,2つ理由があるような気がする。

　1つは,子どもたちがテスト勉強の仕方を全然知らない,ということがわかったからだ。「どうやってテスト勉強をしてるの」と聞くと,「教科書を読んでる」と答える。かなり上位の子もそれで,「それじゃあできるはずがないな」と呆れてしまった。小学校の時の勉強の仕方とまったく変わらないのだ。「問題集や参考書はもってないの？」「なーい」。「ある」と答える子も中にはいる。ところが何冊も買い過ぎてぜんぜんやれないらしい。

　板倉先生に聞いたら,

　「やさしくて,うすい参考書や問題集を一通りやるとよい。〈一通りやった〉ということが大事。やり残しを作るとあせる。あせ

るのがよくない。厚い問題集を買ってしまった時には，3題とびか5題とびでやって一通り終えること」
と教えてくださった。「堀江さんがいい問題集をみつけてきて，〈これでやるといい〉とすすめてやるといいよ」と言われるのだが，今の私にはそんな自信はない。各教科の先生たちに，教材屋さんがおいていったものから選んでもらおうかとも考えたが，そこまで理解してくれる教科担任がどれくらいいるのか，それも自信がない。自信がない時には無理はしたくないので，手頃な問題集を私が買ってきて，それを印刷して渡すようにした。

　また，彼らは「覚える」ということをやっていないことにも気づいた。暗記しなかったらどうしようもない問題がたくさんあるのに，その重要性に気づいていないようだ。それも，具体的に指示してやる必要がある。しかし，だからといって，ヤミクモにやらせることは逆効果。重要なところをしぼってやらなければ，と思い，理科と社会は『高校入試攻め方のコツ』(社会〔歴史〕〔地理〕，理科〔第一分野〕〔第二分野〕。社会各570円，理科各650円，文英堂)を買って来た。この問題集のよいところは，項目別にAランク，Bランク，Cランクが記されていて，重要なところとそうでないところが一目瞭然になっているところである。

　そんなとき，たまたま小原茂巳さん(東京・清泉中学校)と話す機会があり，「重要なところだけを抜き出して，きれいな色画用紙などに印刷してやり，机のところとかトイレなどよく目にするところに貼らせるようにするといいんじゃない」というアドバイスを受けた。それで，理科の重要事項プリントは，隣の中学校の理科教師で，よく一緒に勉強している大浜みずほさん(千葉・三山中学校)にみてもらって2枚作った。社会はその問題集をそのまま印刷して渡した。その効果がどうであったかは注目すべき結果が出たので，後で詳しく報告することにする。

もう一つ，中間テスト対策に携わった理由は，「やればできる」という結果を数字で実証したかったからである。1年生の基本からやることはとても大事なことではあるけれど，その効果のほどが形としてみえにくい。「こんなのやってどうなるの」では意欲がなくなるというものだ。「やればできるんだね」というものが数字として出たときにはじめて，人は次のステップへの意欲をもつことができるのではないだろうか。それには中間テストはまたとないよい機会である。結果主義に徹することで，私への反発は次第に信頼に変わっていくことであろう。反発を信頼へ変えていく術は，〈成果〉以外，私には考えられなかった。

みんなでやりましょうよ

　ナンダカンダ言いたいことはいっぱいあっただろうに，クラス全体としてはよくやってくれるようになった。関谷さんからは「授業に出てもいい感じになってきたよ。前より人の話が聞けるようになったし，〈僕たち今，勉強がんばってるんです〉って子どもたちはりきっていたよ。明るいし，いいよ，なかなか」といってもらえた。関谷さんは3年生の担任。私のクラスに出たときには，進路指導の話もしてくれる。「ぼく2年3組の副担ですから」なんて笑って言ってくれる。
　家庭科の錦野恵子さんも，授業で折りにふれ，私の援護射撃をしてくれている。「3組の子どもたちってカワイクって，ついいろいろしてあげたくなっちゃうのよね」。錦野さんは子どもたちとのコミュニケーションを大事にしていく人だ。「みんなのママ」と慕われている。生徒たちから絶大な支持を受けている二人の教師が，行末を見守ってくれ，私と子どもたちとの関係が悪化しないようにバックアップしてくれるのは，本当にありがたかった。

美術室にこもってばかりいる私が，たまに職員室にいくと，「最下位脱出！　打倒７組！（前回７位で当面の我がクラスのライバル）」なんてデカイ声でやるのでヒンシュクをかっていたかもしれない。同じ学年の教師たちは，私のやっていることを気にしているようだが気にしない素振り，無視している。話に入ってくるのは他学年の教師ばかり。それも，ハナッカラ私のやることを認めず，「そんなのやったってダメだよ。やったってダメだ，という結果がでるだけ。かえって逆効果だね」という人。「僕も若い頃やったけど，ダメでしたね」「私のクラスも最下位だけど，ぜんぜん気にしてないわよ。私のせいじゃないもん」という人――こんな具合で，前述の二人以外は支持者ゼロ。ただ同学年の若い国語の教師・橋本玲子さんだけは，「どうやってやってるんですか，教えてくださいよ」とせまる。「ダメダメ，同学年の人はライバルなんだから」と笑ってケムに巻きつつ，彼女には少しずつ話してやった。特に「漢字テスト」のやり方は直接的に役立つとみえ，徐々に私のやり方を取り入れ始めている。

　ある時，同じ学年の若い人たちと女ばかりで昼食を食べに行った。その時，一人が「堀江先生が学年主任になって，３組でやってるやり方を学年みんなでやるようにしてくださいよ」なんていう。他の二人も「そうそう」とうなずいている。「ナーンダ，やっぱり注目していたのか」とわかったけど，私は驚いてしまった。「いい」と思ったら，やればいい。なんで，学年主任に押しつけてもらったり，統一してもらわなければできないのか。

　その点やはり関谷さんはセンスがいい。「学年主任の角さんが，〈３組でやってるプリントは成果が上がってるらしいですね。学年みんなでやりましょうよ〉なんていうのよ」と私が言うと，「ダメダメ。あれは堀江さんのクラスでだけやってるからいいんで，学年みんながやり始めるとやらなくなるよ」と心配してくれた。

「僕たちのクラスだけ，どうして」と思いつつ，「僕たちのクラスだけなんだ」という思いが子どもたちを支えている。一種のエリート効果が，ここにも働いているのであろう。一見矛盾しているようにもみえるパラドックス，ここが見えるか見えないかが分岐点というわけだ。

投げやりだった子も「イエーイ」

　〈帰りの会〉で勉強を始めるようになってから，目立っていい顔をしてきた子がいる反面，女子の中には数人，イヤーナ目付き，フテクサレタ顔でつきあっている子もいる。いかにも「ナンデコンナコト，ヤンナキャイケナイノヨ」とその顔は言っている。まァ，そういう子がいるのも当たり前で，数人くらいなら仕方がない，と気づかないフリをしていた。

　男子の方でもノッてこない子が3人いた。内田洋平君，山崎利春君，古川秀樹君だ。しかし，この3人は反発するというより，投げやりという感じ。学年会でもよくこの3人の投げやりぶりは話題になる。気にはなるけど，シツコクいうと逆効果になりそうなので，あまりいわないようにした。いつかノッてくるかもしれないし，ノッてこなければそれはそれでしかたがない。全員つれていこうと思うとシンドクなる。生徒とはいえども，所詮，他人である。他人のことなど，できようとできまいと「ワタシノ　シッタコトジャナイ！」と最終的にはケツマクル。

　もう私が期待しなくなったころ，中間テストまであと5日というあたりから，突然，内田君と山崎君がノッてきた。漢字と単語だけだけれど，9割以上とれたのだ。この二人はけっこう「気難しいヤツ」だから，みんなの前でほめるのもどうかな，いやがるかなと思ったので，名前を出さないで，「いつも合格していない人

の中で，今日はすごくいい点がとれて合格した人がいます。とてもうれしい」と言うと，山崎君の方は立ち上がって「オレだ，オレだ」と大ハシャギ。内田君の方は誰もいないベランダに向かって，「イエーイ」とやっている（ガラにもなくシャイなヤツなのだ）。シャイな内田君も，これ以後は，みんなの方を向いて「イエーイ」とできるようになった。これで，佐藤君をのぞくと，最終的にまったくのらないのは古川君だけになった。

「やらせる」から「やっていただく」へ

　関谷さんは「若い時，問題集でやらせたんだけどポケットマネーで問題集を全員分買ってあげちゃったんだ」と言っていた。「エーッ?!　今から10年前に，1冊1000円として40人分買ったら4万円じゃない。大学出たてで，それはかなりキツイよ」と私は言ったけれど，感動していた。それは心意気というものである。そこまでやれば「やらせてる」というよりも「やっていただく」という感じになる。そうなんだな，「子どものため」とはいいつつ，結局は私が好きでやっていることなのだ。やっていただいてるのだ。私もどこかで，私の心意気を示したかった。

　でも，4万円分も……ムムム。そうだ，〈ファイル〉にしよう。〈ファイル〉なら1万円ちょっとで済むし，どんどんたまる一方のプリントをとじてもらうのにもよい。1冊 350円。1万3650円也で済んだ。赤・青・黄・白・黒と用意して，子どもに希望の色をとってもらった。「ワーイ」と子どもみたいにハシャイで，でもいざもっていく時には「スイマセン」なんてちょっぴり大人びたいい方でもらってくれた彼ら。素直に受け取ってもらってうれしかったな。

　実はもう一つ，どうしても一人ひとりに持っててほしいものが

あった。ラインマーカーだ。尾形邦子さんは，「理科と社会は教科書の重要部分にラインマーカーで線を引かせるだけで成績が上がった」という。それを聞いた時からすすめているが，買おうとしない。「最下位を脱出したらあげる」といっていたが，なにかモノでつるようで我れながら気持ちが悪くなった。また，万一脱出できなかったらあげそこなってしまうではないか。早めにあげれば使う子は使うだろう。それで，中間テストまであと3日という日にあげることにした。名簿を渡して，ピンクか黄色，どちらか希望する方に○をつけるように言った。ところが，返ってきた名簿をみて，私はギョッとなってしまった。

内田君のところだけ「いらない」と書かれているのだ。ムカッとしたり，メゲそうになったり，私は一瞬顔色が変わったにちがいない。しかし，よく考えれば，内田君のところへは初めのころに名簿がまわっているわけで，他の子がよくぞ「右へならえ」をしなかったと感心した。よほど「いらなきゃいらないでいい」と無視してやろうかと思ったけれど，屈折型で得体のしれないところのある内田君だ。単に反発して「いらない」といったのかどうかもよくわからない。どういう理由かはわからないけれど，いざ自分だけ渡されなかったら淋しいに違いない。彼と話すことにした。私が一方的に話す。理由はいっさい聞かない。

「私はあげたいんだよね。みんながとても一生懸命やっているから。あなたもバースデイ・プレゼントもらうことがあるでしょ。その時に，気に入らないとか，もらってもしょうがないなというものをくれる人もいるよね。だけど，〈いらない〉なんて返さないよね。一応〈ありがとう〉と受け取るでしょ。私は，あなたにも受け取ってもらいたいの。その上であなたがどうするかはあなたの勝手です。捨てるなり，誰かにあげるなりされても仕方がない。どうぞ，したければしてもいいよ。でも，私の目の前でやるのは

やめてほしい。私はキズつくから。やるんなら，私の見てないところでやって。どうする。もらってくれる？」「うん」「ピンク？黄色？」「ピンク」。

　意外にもすんなり「ピンク」と言ってくれた。やれやれです。受け取ってもらうにも中学生は気骨が折れます。

テストを楽しみにしてくれるなんて

　中間テストまでに，単語と基本文型と漢字は二回テストをした。社会・理科・文法はそれぞれ１時間ずつテストをした。一番よくやったのは英語。２週間の間，毎日毎日〈帰りの会〉でテスト。まったくやらなかったのは数学。

　さて，いよいよ明日から中間テスト（10月23日国・社・数，24日理・英）という日の帰りの会で，「一夜漬けのススメ」をする。特に〈社会〉は一夜漬けがきくからやるようにと話した。「睡眠時間は３時間。５時間以上寝たらダメ」というと，クラス中がギャーギャー，「病気になりますよ」とか「お母さんに叱られます」とかいって，てんでうけつけない。冗談だと思われてしまったらしい。ウーン，困ったクラスだ。

　職員室に行くと，数学の飯野さんに「〈３時間しか寝ちゃダメ〉って言ったそうですね」とからかわれた。飯野さんも冗談と受けとめたらしい。「そうよ。中間や期末は一夜漬けやらなかったら点とれないじゃない」というと，飯野さんは急に真剣な顔になって「そうだな。僕だって一夜漬けで点とったんだな」という。そうでしょ。そうなんです。一夜漬けをしたから，できたんです。私なんかは一夜漬けしかしなかった(時には朝漬けもあり)。それでできた(それだから？　できた)。しかし，うちのクラスの生徒は，あれじゃあ，やりそうにない。一夜漬けしなかったら成績は上がら

ないのにな……。

　10月23日，中間テストは国語から始まった。私は自分のクラスの試験監督だ。解答用紙も含めると，国語はプリント5枚もある。やれやれと配り始めると，「先生，早く漢字のところを配って」と浅倉光男君。「アー，出てた，出てた」「ワー，あったね，あったね」「この日のために，僕たち勉強してきたんだよね」「ね，ね」と大騒ぎ。ピーヒャラ，ピーヒャラ，お祭り騒ぎを始めてしまった。隣近所に聞こえそうで，私は思わず「シーッ，シーッ」。困ったなと思いつつ，「テストを楽しみにしてくれるなんて，なんて素敵なことだろう」とジーン。思わず胸があつくなってしまった。そうなんだ，確実にできることがわかればテストってたのしいものなのだ。小学校低学年はテストが好き。中学生だってテストが好きになる可能性はある，とこの時はじめて思えた。「漢字」というほんの一部のところとはいえ，うれしい出来事であった。

　しかし，反省材料もおきた。問題が多すぎて，やり残しを作ってしまった生徒が続出。まん中へんの「読み取り」につっかかってしまったらしい。最後には「文法」があったというのに，そこが手つかずのまま。「文法」は学級で勉強したから点はとれたはずなのに。「テストは前から順番にやらなくていいの。自分の得意とするところ，点のとれそうなところからやらなきゃダメ。特に，国語のように問題数が多い時には，時間配分を考えなきゃ」と後でいうと，「エーッ，そんなー」とびっくりしていた。

　さあ，2時間めは社会のテスト。重要事項のプリント，みんな覚えてきてくれただろうか。

　〔本文中の教師名・生徒名はほとんど仮名です〕

特別勉強の効果は？

●中学の担任がクラスの学力アップに大奮闘（下）

（初出No.100，91・3）

堀江晴美 千葉・船橋市三田中学校

覚えかたがわからない？

　中間テスト１日め。１時間目の国語のあとは社会であった。テスト終了後，社会科担当の関谷さんは「すぐに丸つけて報告するね」と言ってくれて，３時間目にはもう結果を見せてくれた。「悪いよ」と言う。白紙でまったく書いてない欄もある。ウーン，ダメだ。要点をまとめたプリントを配って，「一夜漬けで覚えなさい」と言ったのに……。

　社会がダメということは，２日目の理科もダメということになる。なぜなら，この二つは同じ方法をとっていたからである。うーん，プリントを渡しただけじゃダメなんだ。

　社会などは，重要な，出そうなところをまとめたプリントを渡して，その内容のテストもした。そればかりでなく，関谷さんともう一人の社会（地理）の先生，富田秀夫さんも授業の中で予想問題をやってくれていた。社会のテストは私の学年の学年主任，角孝司さんが作っていて，なにが出るのか関谷さんたちには当日ま

で見せてもらえないという。それで，心配した関谷さんたちがあれこれやってくれたのだ。マイッタナー……。

　なんとしてでも，学年最下位から脱出したい。そのためには，一夜漬けのきく，社会と理科で点がとれなければならない。そうしないと，今回の中間テストの結果が目に見えてよくなるとは思えないのだ。勉強した結果がキチンと現れないと，また勉強しようという意欲がおこらないではないか……。目の前が暗くなりそうだった。関谷さんも責任を感じて暗くなっている。試験問題は，テスト問題としては基本的なことを問う形になっていて，「あれができないんじゃ，しょうがない」と思える。

　もうダメかと思えたけれど，「いや，まだ明日がある。理科がある」と思い直した。なんとかしなければ……。「そうだ，あの形ではうちのクラスの生徒は覚えられないんだ。そこまでレベルがまだ達してないんだ。〈答え〉が入っていると覚えられないのかもしれない。〈答え＝重要事項〉の部分を空欄にしたプリントを用意してやろう。そして，〈そこは必ず覚えること〉と言えばできるかもしれない」——そう思いついたものの，もう時間がほとんどない。30分後には生徒はいなくなるのだ。

　それでも，諦めるのは……と思い，そうじの時間にあわただしく「酸化銅の還元と化学反応式」の暗記プリントを作って印刷した。「細胞」と「消化液」のところもやりたかったけれど，時間がないのであきらめた。それでなんとか，帰りの会に間に合った。

　「なに，なに，これ」——いきなり「酸化銅の還元と化学反応式」のところどころに空欄があるプリントを渡され，目を白黒させている子どもたちに，うむをいわせずやらせたが，できない。

　「できないよね。今はできなくてもいい。だけど，今日は半日でヒマもある。これを覚えないうちは寝ちゃダメ！　〈睡眠時間3時間でやれ〉と言ったのにやってないでしょ。だから，社会は

悪いよ。理科と社会は一夜漬けがきくんだから，理科だけでもやらなきゃ」，そう私が話すのを，子どもたちは昨日よりは静かに聞いていた。でも，私が「これ覚えないで寝た人はリンチ」と言うと，「アッハハ，リンチだって」とギャースカ騒ぐ。そりゃ，「リンチ」と言ってシーンとなられるよりはいいけれど，なにを言っても拍子抜けするくらい明るいクラスに，「こりゃ，またダメかも」とガックリ。いったい何人やってくれるのだろうか。

「酸化銅の還元〜」は，今テストしたものと同じ空欄のあるプリントとその答えのプリントを渡した。「細胞」と「消化液」のところは，暗記用の空欄のあるプリントではなく，重要事項をまとめたものだけを渡し，「〈還元〉のプリントを参考にして覚えなさい」とだけいって帰した。

ユリーカ！　発見したぞ

翌日，試験問題を見たら，バッチリ「還元と化学反応式」のところが出ている。まるごと覚えなければ解けない問題だ。ヤッター！　これで子どもたちが暗記してくれたらと思いつつ，解

たのしい授業プラン国語 1・2

「たのしい授業」編集委員会編

各二〇〇〇円（税別）

よみかたプラン・ウソの作文・漢字指導・ことば遊び……その他，どれも多くの教室で試しずみの安心プランが満載。すぐに授業で使えます。国語の時間もこれで楽しく過ごせます！

仮説社

答用紙を集めて，この部分だけパラパラとみていくと……埋まっている。やったんだ，彼ら。「5～6人かな。10人もやってくれるだろうか」と考えていた私の予想をはるかに上まわって，ほとんどの子ができていた。問題を作った鳥海彰さんに，ここの配点を聞いたら「16点」という。16点。すごい。じゃあ，他のクラスはどうだろう，と見てみると，半分くらいしかうまってない。これで「勝った」と思えた。詳しくは見てないけれど，埋めてあるだけで十分だ。あっている確率が高い。

　関谷さんに感謝した。関谷さんがいち早く社会のテストの採点をして報告してくれたから，新たな方針が出せたのだ。よかった。これで「たぶん，いけた」と思っていたけれど，教科担任から報告を聞くまでは落ち着けなかった。「細胞」と「消化液」のところは見てないけれど，どうなんだろう。できたのだろうか。

　後で，教科担任の細井信博さんに聞いてみた。「どうでしたか，うちのクラス。つけていて気づいたことがありますか」「なにを聞きたいの」「〈還元・化学反応式〉のところの出来具合が，他のクラスと違っていたかどうかを知りたいの」「アー，〈還元と化学反応式〉のところはすごくできていましたよ。ビックリしましたよ。〈細胞〉と〈消化液〉は他のクラスと変わらない。平均点，あがるんじゃないですか」と教えてくれた。

　アッ，ソウカ。ソウナンダ。ヤッパリ。「細胞」や「消化液」のところも暗記用のプリントを作ってやれたらできたのにな，残念！――と思う一方，そっちを作ってやらなかったから，より結果がはっきり出たわけで，そういう意味ではいい実験材料になったわけだ。覚え方を知らない子も，〈答え〉の入った重要事項のプリントと，〈答え〉をぬいた暗記用プリントをペアにしてやり，「これで覚えなさい」といえば覚えられるんだ。なーんだ，そんなことだったのか。答えは簡単なところにあった。私なんかは，空欄

になっていなくても,重要な語句は消しゴムや筆箱で隠して覚えた。だけど,そういうふうにして覚えればいいということを,彼らは知らないんだ。それを教えてやれば,何回かくり返すうちに覚え方のコツがわかり,自分でできるようになるのであろう。早く一人立ちしてほしい。しかし,当分はしかたがない。

　わかってしまえば簡単なこと。だけど,それがわからなかった。関谷さんも「すごいじゃない。いいことに気づいたね」とほめてくれた。この時,私は「ユリーカ!」*と叫びたかった。大科学者みたいに。〔*アルキメデスが「重さと密度の関係」を発見したときに叫んだ言葉〕

ヤッター!　最下位脱出ができた

　「還元と化学反応式」がバッチリあたって,私ははじめて「テスト勉強もおもしろい」と思えた。なぜって,方針が正しければ飛躍的にのびるし,方針がまちがっていればまったくのびないからである。「ちょっといい」などということはなく,「飛躍的にいい」という結果がもたらされる。それは迫力があるのです。

　うれしかったので,板倉先生にも報告してしまった。「そうやって何回かやってあげれば,そのうちに覚え方のコツがわかってくる。だから,予備校の先生はおもしろくってやめられないんだね」と話してくださった。

　さて,「最下位(8位)脱出!」が当面の目標であったが,ライバルの7組(前回7位)より上がったかどうか,各教科担任の先生からの報告がたのしみであった。

　国語の答案をパラパラとみせてもらうと(見るのは勉強した「漢字」のところだけ),我がクラスはよく埋まっている。国語の教科担任の大林裕子さんが,「3組,すごく漢字ができたんですよ。つけ

てて気持ちがよかった」と話してくれた。そばからもう一人の国語の橋本さんが,「女子はどこのクラスもよくやるんですが,男子がね……。男子は（20点中）10点とれない子がけっこういるんです。3組はすごいですよ」と声をかけてくれた。大丈夫! 国語はいける。7組より+3点。

「悪いよ」と言われていたけれど,社会はどのクラスも60〜62点と横一直線だった。ところが,数学がガクンと落ちている。学年平均点より「−7点」（7組は「−5点」）。トップのクラスとの差は「−13点」にもなってしまった。1学期の中間テストでは学年平均点より「−2点」であったから,確実に落ちている。他教科に力を入れた分,おろそかになってしまったのだろうか。教科担任の飯野さんも,肩を落として沈みがちだ。「ごめんね。今度は学級でもやらせるから協力してね」と声をかけた。次の課題が生まれてしまった。

英語と理科の結果はなかなかわからなかった。しかし,理科はいい感触を得ている。英語だって,あれだけやったんだ,悪いはずがない——とは思うけれど不安だった。

そんなことを考えながら,ある日,昼休みに職員室にいくと,なにかとクラスをバックアップしてくれる錦野さんが「中間テストの結果が出ましたよ。おめでとうございます。3組は目標を達成しましたよ」と知らせてくれた。「えっ,ほんとですか。どれ,どれ。ワー,ヤッター! 最下位脱出できた。7位だ。7位ならいいんです。よかった」。今までのはりつめていた気持ちがやっとほぐれた。クラスの子たちにも報告すると,「ヤッター,ワーイワーイ」と大喜びだ。

コンピューターでうちだされた結果をよく見ていくと,順位はビリから1番上がっただけだけれど,内容がよいのだ。うちのクラスと入れ代わってビリになった7組とは,平均点で「13点」の

差がついた。3位のクラスとは「5点」しか開いてない。なーんだ,「細胞」のところの暗記プリントを作っていたら,そのくらいとれていたのに,と残念に思う。けれど,一番勉強した英語が,学年2位の成績になったのはうれしかった。やればやっただけの結果が出た。これはすごいことだ。子どもたちへのなによりの励ましになる。そして,理科は1位。「化学反応式」ができているだけでピッピーンとはね上がった。子どもたちは,それを聞くと,「エッ,エッ,ほんと？ 信じられない。僕たちのクラスが1位だなんて。すごーい」とはねて喜んだ。今までは,どの教科も学年平均点よりマイナス点だったクラスがやったのです。

教科別学年平均点との比較

	国	社	数	理	英	合計
1学期中間	－8	－1	－2	－3	－2	－15
1学期期末	－7	－4	－2	－3	－1	－18
2学期中間	－3	0	－7	＋6	＋2	－3
2学期中間順位	7位	6位	8位	1位	2位	7位

こう見ると,「悪いよ」と言われていた社会も健闘しているではありませんか。

一人ひとりがのびた

「たかだか平均点。一人ひとりの力とは関係ない」という言い方をする人がいる。しかし,確実に一人ひとりも力をつけたのだ。1学期の期末テストと比較してみて,今度のテストで学年順位が1番でも上がった子を調べたら,27人（73％）もいたのだ。しかも,飛躍的にのびた子がかなりいるのである。下位の子が中位になったり,中位の子が上位になったりしている。できる子はできる子なりにのび,できなかった子もそれなりにのびている。逆に下がった子は少ない。少ないけど,男子より女子にいる。

上田知美さんが一番下がっているけれど，これはどうしてだかよくわからない。特に〈帰りの会〉での勉強に反発していたようでもない。下がった子の中で気になったのは，落合敦子さんと佐竹早苗さんだ。特に落合さんは，いつもフテクサレた顔をして，おそらくは一番私に反発していたものと思われる。佐竹さんは休みがちだった上に，出てきても「オモシロクナイ」といった顔をしていた。この二人が下がったのを見て，その行動がそのまま結果に出てしまったのではないかと思った。

　クラスで，「最後まで反発していた人の中に，みごとに下がった人がいます」と言うと，落合さんは「私のことだ」とポツリ。「シマッタ！」という顔をしていた。「反発して下がった人のことまで私はメンドーみないからね。ザマーミロです」と私ははっきり言った。お調子者の竹野君が「そうだ」などと言う。これくらい言ってやっても，中学生にはいいと思ったのだ（とはいえ，誰に対してもこんな乱暴な言い方をするわけではありません。念のため）。その日から，落合さんは表情がすっかり柔らかくなって，私を見る目にトゲトゲしさがなくなってきた。よかった。

　それから，最後までノリの悪かった古川君のことも気になっていた。しかし，その彼も「43番」も上がっていた。そのことが嬉しかったのか，以前より明るくなり，前向きな姿勢が感じられるようになった。一人ひとりがのびた結果が，クラスとしてもよい結果に結びついたのだ（それから，「勝手にやるな」と書いた上野さんも，42番上がっていたのもうれしかった）。

　私の学校では，学年順位をいちいち子どもに知らせてはいない。しかし，担任の手元には届く。私は，合計点が平均点以上とれていれば，希望する子には順位を教えている。今回は，すごーくのびている子には呼んで教えてやった。65位から34位になった北野まゆみさんもその一人で，大喜びだった。北野さんは，毎日一番

いい表情で帰りの会のテストを受けていた。彼女は前期に学級委員をやっていたけれど、私が学級会を大事にしないので、たぶんそういう点で私に不満をもっていたと思う。でも、帰りの会の勉強で仲良しになれた。成績の良い子ではあったけれど、伸び悩んでいた。聞けば、問題集を持っていず、教科書だけで勉強していたのだそうだ。だんだん勉強のコツがわかってきたのかもしれない。早く私の手から離れて、勝手にとびはねていってほしい。

お母さんたちが支えてくれていた

今回のことで、各教科担任の先生たちとも仲良しになれた。はじめは遠慮して言えなかったけれど、今は「問題集がほしい」と言うと、探してきてくれる。尾形邦子さん（東京・東柴又小学校）などは、「なんかヘンね。本来は教科の先生が責任を負うべきで、担任に〈またお願いします〉と言ったり、手放しで喜ぶなんて」というのだが、私は教科担任の先生がわかってくれただけでうれしい。「担任がシャシャリでることではない」と反目されてもしかたないと考えていたからだ。まア、そういう意味では、教科担任としてしっかり責任を感じ、「僕がやるから」と言ってくれるのは、社会科の関谷さんだけである。授業でしっかりと実績をあげ、子どもから支持を受けていないとなかなかそうはなれないんじゃないかな。

しかし、実際的に担任が関わればちがってくるわけだから、ある程度は学級担任に責任があるともいえるかもしれない。それに、近頃、私のクラスは「提出物も前より出るようになった。話も聞いてくれるようになった」とよく言われるようになった。テストばかりでなく、授業にもよい影響を与えていることが、教科担任の先生たちからも評価されているのである。

11月5日は習志野文化ホールで「合唱祭」が行われた。お母さんたちとも話ができた。「先生，成績が上がったそうですね」とニコニコして話しかけてくれる。子どもたちは，「僕の」というよりも「クラスの成績が上がったんだよ」ということを，イノイチに報告しているらしい。そして，飛躍的にのびた子の一人，馬場浩行君のお母さんとも話ができた。

　はじめ馬場君は，家に帰っても私に反発してブツブツ言っていたという。そういう彼を見て，お母さんは「先生がどういう気持ちでやってくれてると思ってるの。先生の気持ちを考えたことがあるの？　こんなにたくさんのプリントを刷る先生の労力はたいへんなことだと思うよ。それを考えたら，おまえのつとめはこのプリントをやりこなすことしかないじゃないの」と言ってくれたという。お母さんに諌められてからの馬場君は，ブツブツ言わなくなり，私の出すプリントは全部こなしたという。「他には何もやりませんでしたけどね」とお母さん。それで，158番から71番へグーンとアップした。「へー，たいしたもんだ」。馬場君もたいしたもんだけれど，私もたいしたもんだなと思えた。

　こんなふうに，私と子どもとの間にお母さんたちが入って支えてくれていたらしい。藤野泰二君のお母さんは「こんなことしかできませんが……」といってお重に詰めたお弁当のさし入れをしてくれた。お母さんたちもまたクラスの成績が上がったことを喜んでくれているのだ。

結果主義で考えるようになった教師たち

　さて，数学ができないというのが，次の課題になってしまった。「過去へ過去へさかのぼるのがいやだ」と思って手をつけずにいたけれど，そうもいっていられない。数学の飯野さんは「今やって

るのは図形だから，そんなにさかのぼらなくてもできるから」という。飯野さんに，朝自習程度でできる問題集と，自分で家でやるとよい基本的な問題集を探してもらった。それを保護者会でも紹介したら，27人の方が買うという。「学校ではいっさい指導しませんよ」と念を押して買ってもらうことにした。だいたい，書店ルートで手に入るものより，業者ルートのものの方が基本的であり，かつ安い。もっと学校で紹介してやるといいのにな。どんな問題集がいいのか，親も子もわからなくて困っているのだ。

　その問題集を使って，帰宅部の子（部活に入ってない子）たちの中で希望者を募り，毎日1ページか2ページやるようにした(とりあえず，2学期の期末テストが終わるまで)。時には，他のクラスの帰宅部の子が入ることもある。

　そうそう，私の作っているプリントを他クラスからもらいにくる子がいるのだ。数人なのでそっとあげている。「いいな，3組の人たちは。こんなことまで担任の先生がしてくれるんだもん」とうらやましがる。「そんなことない。うちのクラスに入ったらたいへんよ。地獄の特訓させられるからね」というのだが，こういうのもなかなかうれしいものです。

　さて，そうやって勉強を始めてみたものの，数学をどこかに位置づけて毎日やれるようにしてやらなければ，全体的な向上は望みえない，と思った。どこに入れようか。〈宿題〉ではダメだろうな——どこをどう見渡しても〈朝自習〉しか考えられない。月・水・金の朝自習を，どうにかして独自にやれないものだろうか。朝自習は学年統一でやっている。それを乱すわけで，スンナリ認めてくれるとは思えなかった。けれど，若い人が多い今の学年なら受け入れてもらえるかもしれないと思って，学年会でお願いしてみた。とりあえず，11月6日〜12月23日の間だけでも，と。

　学年主任ともう一人から，「他クラスへの影響——今でもうま

くいってないのに，ますますやらなくなるのではないか」という反対の声が上がったけれども，家庭科の錦野さんや，「統一と管理」が大嫌いな理科の細井さんが断固支持してくれた。あと二人，若い人が「今の朝自習を見直さなければならないのは確かなことであり，実験的にやってみたいというんならいいんじゃないか」といってくれ，やらせてもらえることになった。これは大きい。

　独自の朝自習を認めてもらえた背景には，結果主義で考えるようになった教師たちの判断があった。この日の学年会では，朝自習問題を討議する前に「遅進児（学力不振児）指導をどうしたらよいか」というテーマで話し合った。私はなにも言わず黙っていた。「土曜日の午後とか短縮日課になってからの何日間かを使って行なう」——係からはそういう提案があった。しかし，若い人たちから，「やってもしょうがないよ。3組がやってるのは成果が上がってるからいいけど，遅進児だけ集めても成果上がんないよ。第一，彼らをどう説得するかだってむずかしい。〈なんでオレたちだけ集められるんだよ〉って言われるに決まってるしさ。僕らだって，いろいろ忙しくて指導なんてできないよ。成果が上がらないようなものをやるのはやめようよ」。これでチョン。〈成果〉でものごとをみていくようになった教師たち，この日の学年会はいつになく印象に残る会であった。

2回か3回やると習熟する

　さっそく朝自習の時間を使って始めることにした。内容は数学の飯野さんがすすめてくれたものである。いつものように，答えを渡さず，問題用紙だけ2部ずつ印刷する。問題用紙のうち1枚はあらかじめまとめて何日分も渡してやり，いつでも勉強してから朝自習テストにのぞめるようにしてある。「ここは，どうしてこ

うなの」とか「こうで，ああで，こうでしょ」などと，子ども同士教え合う姿が見られるようになった。放課後，飯野さんのところに教えてもらいにいく子も出てきた。自分から求めるようになればちがう。いいぞいいぞ，子どもたち。今度は「数学の点もひきあげよう」が目標だよ。

　子どもたちを見ていると，本来，人はテストが好きなんじゃないかなと思う。毎日毎日テストをしているから，「ワーイ，ヤッター」とか「イエーイ」という声があがってくるようになったのである。ノート整理なんかではこうはならないもの。「ゲーム的になってくれば大丈夫」と関谷さんは言った。

　今日（11月10日），このレポートを書いている途中で職員室に行ったら，数学の宮本和子さんが声をかけてきた。宮本さんは1年生の担任であり，学習指導部の主任でもある。

　「うちのクラスでも堀江さんに教えてもらったやり方で，〈帰りの会〉でテストしてるのよ。朝自習でやったものを，もう一度帰りにやるの。いいね，この方法は。すごくよくできる」

　アー，そういうやり方もできるなと思った。2回か3回やるといいんだよね。そうすると習熟する。たぶん私のクラスで成果が上がっているのも，予告編を先に渡していることが効いていると思う。家で1回，〈帰りの会〉で1回と，合計2回は勉強していることになるからだ。

私に喜びをもたらしてくれて，ありがとう

　しかし，よく考えれば私のやっていることは，世の中の識者からゴーゴーの非難をあびても仕方のないことだと思う。教育内容を変えずに，受験体制にのって，ヤミクモに「暗記しろ」と言ってみたり，「一夜漬けのススメ」をしてみたり……。でも，しかた

がない。私は教育内容に関われる立場にないし、時間だって与えられていないのだもの。だから、「あんなふうにして化学反応式を覚えさせてできるようにしたからといって、どうなるの」と言われれば、返す言葉はない。

　受験期は誰だってユーウツ。勉強をやらなくたってユーウツだ。同じユーウツにすごすなら、勉強の仕方を知って、少しは明るい見通しの下、自信をもって生活した方がいいんじゃないかと思う。多くの子は、たのしく勉強することを教えてくれる優秀な塾教師などにめぐりあわないし、もちろん仮説実験授業でたのしく勉強するということだってできない。普通の子が普通に日本の教育を受けて受験にのぞみ、とびたっていく。私は、そこにほんの少し手助けをしているだけなのだ。考えてみれば、私たちは〈たのしい授業〉はしてくれなくても、〈受験指導〉のうまい先生は好きだったではないか。今は、私たちの頃よりそういう先生が少なくな

効果アリ？
テスト前の特別勉強
〈初出No.100, 91・3〉

湯沢光男

栃木・宇都宮市鬼怒中学校

　期末テストに向けて、我が1年生全クラスでは、1週間、放課後30分間の特別勉強を行いました。参加も勉強する内容も自由で、とにかく放課後30分残って勉強していくというものです。「わからないところは先生が何でも教えるから」と話してスタートしたのですが、これが驚くほど熱心にやるのです。30分という時間も丁度いいのかも知れません。

　数学の問題や社会の勉強の仕方や理科の重要事項など、ワタシの所へ聞きにくる生徒もいて、こっちも退屈せずにつきあえました。

　さて、その効果のほどは？？ワタシの予想は「少なくとも自分のクラスは必ず上がるはずだ」です。それは、ワタシが初めに「社会と理科は一夜漬けがきくから。やれば必ずできるから」と話したこともあって、うちの生徒はほんとにみんな理科を一生懸命やって

ってきているように思うのだが，どうだろうか。

犬塚清和さん（愛知・西尾小学校）も中学校教師だったころ，家庭教師をしてやったり，放課後，数学を教えてやったりして喜ばれたという。重弘忠晴さん（千葉・新松戸南小学校）も「ちょっとメンドーみただけなのに，卒業してから〈先生にはずいぶんお世話になりました〉ってよく言われるよ。感謝されるよ」という。中学校の先生が自分の教科以外のことに関わるということは，子どもたちにとって，ずいぶん特別なことに見えるのかもしれない。

だからかもしれないが，たとえば，教科担任の先生が授業の中でテスト勉強の仕方を話してやってもボンヤリとしか聞いていず，わかっていなかったりする。それを担任がクラスできちんと話してやったり，具体的な形として示してやるとずいぶんちがってくる。私が話すと，いちいち「エーッ，本当ですか」と驚くのだ。

もちろん，私が関わったからといって，クラスの子どもたちが

いたからです（この辺の話は，堀江さんの資料をマネしました）。

さて，理科の丸つけをしてびっくり！ いつもだったら50点にも達しない生徒が60〜80点をとっているのです！ 男子の平均点は前回のテストを10点も上回り，女子はなんと20点も上回ったのです!!

ワタシが教えている他のクラスも同様でした。定期テストではいつも予想問題プリントなどを配り，「ここが出るよ！」と念を押しているにもかかわらず，デケナイ生徒が多いのに。

さて，これで社会もアップしたら，特別勉強は本当に効果があったと言っていいと思うのですが，結果は，前回の平均が48で今回が55。やはり，効果があったのです。ただし，各人の結果を見てみると，大幅アップしたものがいる反面，40点以下のまま，かえってダウンしている生徒も……。やはり，できない生徒は自分で勉強するといっても何から手をつけていいかわからなくて，成果が全く表れなかったのだと思います。社会の勉強においても，どこを重点に覚えるべきか，ワタシがはっきり教えなければいけないのでしょう。

できたのはほんの一部分だけである。漢字であったり，化学反応式であったり。だけど，たったそれだけのことで喜んでいる。そういう姿を見ていて思う。オチコボレ意識ばかりもたせて卒業させていくのか，それとも自己への信頼を回復させて卒業させていくのか——問われているのはそこなのではないだろうか。

＊　　　　＊　　　　＊

うちの学年の音楽は，安田純さんというとても優秀な教師が教えてくれている。学唱祭のための練習は「学級でなまじ歌うとヘタになるからやらなくていい」という指示を出してくれて，音楽の時間だけでしあげてくれた。だから担任はラクであった。その分，中間テスト勉強にエネルギーを集中できたのでありがたかった。

当日，私のクラスは「親知らず子知らず」を歌って3位に入賞した。心に響くような素晴らしい歌声であった。しかし，にもかかわらず，印象のうすい合唱祭だと思った。ラクだということは，ありがたいけれど，大きな喜びをもたらしてくれないものらしい。勉強ではまだまだ私にラクをさせてくれない子どもたち。しかし，彼らは，大きな喜びを私にもたらしてくれている。「ありがとう」と言わなければならないのは，私の方なのかもしれない。

そんな私のクラスにピッタリだと，関谷さんが素敵な言葉を探して贈ってくれた。パネルに大きく書いてくれたのは国語の橋本さん。「燃」「爆」「立」を大きく，芸術的に書いてくれたので一層ひきたっている。

　　　燃えあがらねば石炭もただの黒い石である。
　　　爆発しなければダイナマイトも甘い泥のかたまり。
　　　立ちあがらなければ人間はサルよりも低い。

大勢の素敵な先生たちに囲まれて，幸せな子どもたちです。

〔文中の教師名・生徒名はすべて仮名です〕

子どもが先生に求めているものは？

子ども中心の学級経営

子どもが嫌いな先生って？
なぜクラスが荒れるの？

よく学びよく遊びの学級経営

■崩壊しかかったクラスを立て直すための仮説実験的対応とその結果

(初出No.215, 99・9)

角友 仁（かどとも ひとし） 香川・大川郡福栄小学校

はじめに

　97年の春に今の学校に転勤になり，4年生を担任することになりました。最近，高学年を担任することが多かった私は「やれやれ，少しは気楽に授業できるかな？」なんて考えていたのです。ところが，そのクラスが，実は3年生の段階でかなりあやしい状態になっていたのでした。でも，こんな時こそ，「転んでもしめた！」で，以前から試してみようと考えていたこと――「よく学びよく遊べば，崩壊しかかったクラスも立ち直る」――を実験してみることにしたのです。

　前担任より引き継ぎをした際，そのクラスはおおむね次のような学級であることを伝えられました（1学年に1クラスしかないので，クラス替えはありません）。

　「全体的におとなしく，授業中もあまり積極的に発表はしない。学習面で特に遅れた子が2〜3人いるが，いわゆる〈山の子〉で，このあたりのどこの学校にもあるようなクラスだ」

　私が担任になって1か月くらいの間は，確かにそのような学級

集団でした。しかし5月の連休明けの頃から，何だかおかしな状況になってきたのでした。子どもたち1人1人は，確かに「ふつうの子」なのです。あからさまに授業妨害するとか器物を壊すとかの問題行動は見られなかったのですが，やっぱり自分自身の持っていた「小学校中学年の子ども観」に照らし合わせてみると，何だか変なのです。学級の「集団」として，どこかしっくりしていないようなところが感じられました。

「何だか変だ」というのは私の感じ方ですが，そう感じた根拠をもう少し客観的に記してみます。

実験前の状況

欠席・体育の見学が異常に多い子たち

4月の欠席数は7日でした。授業日数が少ない月の割にはちょっと多いかなという感じでした。ところが，5月に入って何と22日，さらに6月も18日という状態なのです。新学期の疲れがでて……，というにはあまりに多すぎるようです。インフルエンザが流行する寒い時期というならともかく，1年の中でも比較的気候のよいこの時期に，クラスの人数28人，登校日数20日前後ということから考えると，毎日1人ずつ誰かが休んでいるというこの状態はやはり異常だと思われます。しかも，欠席の理由が「疲れ」「だるい」「足が痛い」など，なんだかはっきりしないものが多いのです。

また，4年生くらいの子どもたちなら，体育を見学するというのもほとんどなくて当たり前というのが，これまでの私の「常識」でした。むしろ，少々体の調子が悪くても，やりたいという子の方が多かったように思います。にもかかわらず，体育がある時間

ごとに毎回，1人か2人の見学者がでるのです。それもある特定の子がというわけではありません。全体の3分の1くらいの子が日替わりで見学するという状態なのです。子どもたちにとって，体を使って活動でき，楽しい時間であるはずの体育が，もうひとつ魅力的な時間ではなかったようなのです。

　昼休みにどこにいるのか分からない子たち
　昼休みといえば，子どもたちにとってもっとも楽しい時間帯の一つです。大勢の友達といっしょに運動場で走り回って，というのが当たり前ではないでしょうか。
　ところが，私がこのクラスを受け持った当初，子どもたちが昼休みにどこで遊んでいるのかを見つけるのに苦労したものでした。というのも，このクラスの子たちは，運動場の隅の方や，体育館，教室や図書室などに散らばって，1人で，または2～3人ずつで何かやっているのです。4年生にもなれば，もう10人近くの集団で楽しく遊べるようになっているものだと思っていたのですが……。
　女の子が7～8人，集団で遊んでいるので，いい傾向だな，なんて思っていたら，これもとんでもないことだったのでした。あるリーダー格の子が，「私といっしょに遊ばないと，悪いうわさをみんなに流してやる」とか，「ほかの子と遊んだりしたら，仲間はずれにしてやる」といった圧力を何人かの子に加えて，無理やりにグループを作っていたということがあとで発覚したのです。グループに入ることを無理強いされた子らは，リーダー格の子に「いじめられた」と感じているし，逆に無理やり仲間づくりをした子は「みんなから仲間はずれにされそうだったから」と，お互いがクラス内の人間関係において，非常に不安を抱いているようなのでした。

給食を食べるのが遅い子たち

私の学校はランチルームでの給食のため，食事の準備や食べているときの様子が，他学年のほうまでよく見えます。4年生は，配膳の際には当番になった子がてきぱきと仕事をして，人数の一番多いクラスの割にはすばやく準備できています。ところが食べ始めるととんでもありません。とにかく食べるのが遅いのです。おしゃべりが過ぎて……というわけではなく，うまく表現できないのですが，食べ方に力強さが感じられないのです。好き嫌いがあるために特別に食べるのが遅い子が数人いますが，2・3年生がほとんど全員食べ終わっているにもかかわらず，まだ食器の上に食べ物の残っている4年生が10人くらいはいるという状況です。

そこで，「あまり食べられない子は，手をつける前に，食べてもらえる子に分けてあげるように」とも話したのですが，もらい手がいないのです。

注意されたら強い反発をするか，大泣きする子たち

子どもたちの言い争いがあって，両方の言い分を聞こうと，私が間に入って話を始めたときのことです。

「おまえには関係ないだろ」「うるさいんじゃ」なんてことばを私に対して発するのです。私は初めはだれに言っているのかよく分からなかったものですから，「それ，だれに言いよん？」と聞きました。すると，「おまえゆうたら，おまえじゃあ」なんて，私に向かって言うのです。気の短い私がこの言葉を聞いて，反撃を食らわしたのは言うまでもありません。

ところが一方では，子どもどうしのいざこざについて事情を聞こうとしただけで，幼児のように泣き出す子もいるのです。大声

で泣いて、自分の主張をするのです。ほかの子たちから事情を聞いて、やっぱりその子に責任があると判断されるような状況になると、決まって泣き出すのです。なにか、責任逃れのために泣いているような感じさえ受けました。

学習に対するやる気と、基礎学力の個人差がひどい子たち

国語の教科書の本文を順に読んでいくのですが、2年生くらいで学習したはずの漢字の読みのあやしい子が7〜8人いました。さらに、漢字は読めるものの、言葉のまとまりを考えながらスムーズに音読できない子が5〜6人はいます。当然、文章をまずまず理解しながら読んでいける子はクラスの半数くらいという状態でした。さらに、3年生までに習った漢字がほぼ正確に書ける子はほんのわずかなのでした。

それでも、国語の力はいいほうでした。算数に至っては、個人差が激しすぎて、毎日の授業をどうして進めようかと苦心したものです。例えば、2年生のうちに90％くらいの子には身につけておいてほしい「九九」ですが、六〜九の段あたりがあやしいという子が28人中11人もいたのです。今彼らは4年生なのに、その状態なのです。さらに繰り上がりのある1桁どうしの足し算（7＋9など）や、2桁から1桁の繰り下がりのある引き算（15－6など）をするときに、指折りして数えなければできない子が、半数近く（12〜13人）もいたのです。

全体的に基礎学力が低いわけではなく、個人差がひどいのです。

＊　　＊　　＊

以上が、私がみて「何となく変だな」と感じたおもな点ですが、そのほかにも細かい点を上げればまだまだありました。目に見える問題行動は男の子に多いのですが、女の子の間にも表面的には

よく見えないものの,先に述べたように,人間関係の不安感から起こったと思われるいじめ問題が起こっていましたし,さらに,すぐに他人のあげ足を取ろうとする子,授業中の友達の発表に対してふざけた合いの手を入れたり冷やかしをいったりする子なども気にはなりました(でもそれらは,1人か2人の子,多くても数人の限られた子のとる問題行動であって,今まで担任したクラスにもあったことですが)。また,宿題や教科書などの忘れ物,遅刻,落とし物がひどいことなども気になる点ではありました。

いずれにしても,これまでに私が受け持ったことのない傾向を示しているクラスでした。最近,全国的に問題になっている「学級崩壊」の一歩手前の様相であると判断しました。対応しだいでは,とんでもない結果を招くかもしれません。

このように「集団としてなんだかおかしい」状態になったのには,いくつかの原因を推測することもできます。しかし,実際には様々な原因が複雑に絡み合っているというのが普通ですから,その原因については,深追いはしないことにします。そして,私が講じた対策とその結果のみについて述べることにします。

仮説実験的対応とその結果
仮説:よく学びよく遊べば,崩壊しかかった学級も立ち直る

教育に関する言い回しに「よく学び,よく遊ぶ」があります。私がこの子たちに接してみてまず感じたのが,これまでの小学校生活の中で,まさにこの「よく学び,よく遊ぶ」ことが適切になされなかった,または決定的に不足していたのではないかということです。

これまでも,私は5～6年生を担任することが多かったのです

が，落ち着きがなく，まとまりの悪い学級を受け持ったことはありました。しかし4年生の段階で，ここまでおかしくなってしまっているクラスは初めてでした。こんな時にはへたに「生徒指導」に力を入れると，とんでもないことになるのを経験的に知っています。そこでこの1年間は，とにかく授業に集中すること，さらに，しっかり遊ぶという経験をさせることにしました。

　読み・書き・計算等の基礎的な学習の力をある程度まで身につけさせること，学ぶに値する教材を適切な方法で提供し，子どもたちに，本当の意味で頭を使う知的な体験をさせることによって授業を楽しんでもらうこと，さらに身体接触をともなう集団遊びを仕掛けることなどによって，子どもたちの満足要因を満たすことができる。そうすれば自ずから子どもたちの集団が変わってくるはずだと考えたのです。

実験（具体的対処）1——「よく学ぶ」編

1　読む——山本正次さんの〈よみかた授業プラン〉*など

　　（*印の項目については，文末に参考文献などを掲載します）

　国語の時間には，とにかくみんなの前で読む機会を多くとりました。文章の読み，特に国語の時間の音読は宿題などにせず，授業時間中に読ませました。

　座席の順に1人ずつ段落ごとに音読する「順番読み」，グループの中で登場人物の役割を決めて読み合わせする「役割読み」，2〜3人ずつ声を合わせて読み進める「グループ読み」などを組み合わせて，機会あるごとに音読するようにしました。そして「一斉読み」を全員が声をそろえてはきはきとできるということを最終の目標としたのです。

初めての国語の時間に，いきなり一斉の音読をしてみましたが，まず声が小さく，それぞれの言葉をかたまりとしてとらえられない子が多いため，もちろんみんなが声をそろえて音読するのにはほど遠いものでした。そこで，国語の時間だけではなく，他の教科の時間にも，できるだけ席の順番に従って読ませるようにしました。そして１学期も終わりに近づいた頃，ようやく一斉音読が何とか形になってきたので，授業もやりやすくなってきました。

2　書く——作文と漢字

　書くことには，音読よりもっと多くのエネルギーが必要でした。すでに４年生の初めの段階で，作文や日記を書くことに対して，アレルギーともいえるような拒否反応を示していたからです。

　そこで，作文を書く際にも，〈行事が終わったら……〉とか，教科書教材の例文にあるような，道徳的でかたいものはできるだけ取り上げないように心がけました。

・「たんけん宝島」＊——宝島の地図を参考に，探検しながら，宝を手に入れるまでのストーリーを文章に表す教材。主

たのしい「生活指導」

「たのしい授業」編集委員会編　一八〇〇円（税別）

実際の生活に役立つ知識だけを教えるなら子どもたちに歓迎される。押しつけを排除した「生活指導」の実際を多数掲載。「突撃ラッパは大けがのもと」「万引・金銭のトラブル」「席替えはテッテーテキに管理する」「僕のイジメ対策」ほか。

仮説社

人公を自分にしたり，宝島に住むいろいろなキャラクターとのふれあいや戦いを自分で創作する楽しさがある。みんなが同じ地図を持っているため，作文を通じて共通の話題が作りやすい。

・「ぼく，わたしと〇〇」——身近にあるものや人と自分とのつながりについて，友達にお知らせする形で記述する。前年度に担任した学級の子が書いた，気持ちがよく分かる，読んで楽しい作文を例文として読み聞かせると，題材に対するイメージをふくらませたり，書こうとする意欲を持たせるのに効果的。予想される題材としては，「ぼくとお兄ちゃん」「私と犬のしろ」「ぼくと宿題（勉強）」「私とテレビ」など。自分と周囲との関係を意識し，自分の考えが現れ始める中学年以上の子に歓迎される。

・「見たままレポート」——子どもたちの前で少しずつ提示した不思議な実験や現象を，それを実況するように文章に表す作文の方法。見たままを即座に表現するので，文章表現が不得手な子も，それなりに何とか書き表すことができる。全員が共通の体験をしているため，作文発表会をするのもよい。提示する実験や現象として「ボトルウェーブ*」，「教訓茶わん*」，「圧電ポン*」など。

・「創作・運動会作文」（うその作文*）——運動会が近づいたら（けっして終わってからではない），〈今年の運動会にはどんなことが起こると予想されるか〉を書く。とんでもないことが起きても全く罪はないのだが，実在の人物を登場させるときには，本人の了承を得てから書くよう周知しておく。終わってから書く運動会の作文に比べると，子どもの発想の自由度や，読んでみての楽しさには格段の差がある。

「行事の後には作文を……」という意識が固定してしまっている頭をもみほぐし，書く楽しさ，友達の作品を読む楽しさを教えるのには最適の教材である。その他に考えられる題材として，「創作・遠足」「創作・卒業式」などがある。

書くということで，もうひとつ大切なことが，漢字の練習です。漢字練習といえば，多くの場合，それを宿題にして，ノートを点検し，間違っていたらやり直しをさせる，たまに小テストをして，また間違っていたらやり直しをさせる，それでもできない子には居残りをさせる。――これが一般的な練習方法だと思います。これでも，ある程度は漢字の力が身にはつきます。しかしそれと引き替えに，漢字嫌いをかなり生み出してもいるのではないでしょうか。
・「漢字積み木テスト」（香川の石原清貴さん考案のプラン）――これは簡単にいえば，漢字の「繰り返し小テスト」といえるものです。以前テストした漢字の上に，新しく習ったものを次々と積み上げてテストを繰り返していく方式なので，学期の初めに出てきた新しい漢字なども，自動的に何度も練習する機会を持つことができるわけです。だから，定着が大変よく，何度か練習を繰り返すうちに，たいていの子が100点かそれに近い成果を収めることができるようになります。そうなると，子ども達の漢字練習に対する意欲も高まって来るというわけです（テストですから，その都度採点をするという手間はかかります）。

3　計算――水道方式等

　算数に対する既習の知識なり技能が，先に述べたようにとてもひどい状態だったので，とにかく基本的な内容を中心に授業を組み立ててみました。
・「九九表」――九九が完全に覚えられていない子には，九九表を作って机の隅に張り付けてやる。これを見ながらかけ算やわり算をする。これだけでも，計算のスピードが全体的に上がる。
・「筆算」――計算はすべて筆算することを原則とした。下の学年において暗算を強いられすぎて，数字の表す量感とか，足した

り引いたりする操作上のセンスが養われていないのである。それに何より，紙の上に計算の過程が残るので，子どもにはわかりやすいのだと思う。
・「暗算ドリルとぱたぱたタイル」——筆算と矛盾するようだが，「1けた＋（－）1けた」のくり上がりやくり下がりのある計算を，両手の指を使わなくてはできない子が半数近くいるという実態から，4年生の段階ではこれくらいは暗算でという考えから実施した。(「ぱたぱたタイル」というのは，本物のタイルを使ってそろばんのように計算する方法です)

4　仮説実験授業

このクラスの授業に使用した主な授業書は，次の通りです。
《ものとその重さ》《電池と回路》《三態変化》《もしも原子がみえたなら》（仮説実験授業いついては，110ペ参照)。

実験（具体的対処）2——「よく遊ぶ」編

1　集団遊び

「遊びは，休み時間に……」なんてけちくさいことは言わずに，学活やゆとりの時間，時々は(しばしば？)授業の時間にも，とにかくよく遊ばせました。集団で楽しめる遊びをできるだけするようにしました。その中で，友達との意見のくいちがいがあったら，それを押し殺そうとしないようにすすめました。私の監督下の時間ですから，もちろん言い争いなどが起こっても止めに入れますし，両者の言い分を聞いてやることもできます。
・屋外での集団スポーツ——「ドッジボール」「キックベース」「サッカー」など。

・室内でのゲーム——「ジャンケン電車*」「ウシ・ウマ」「まわせまわせ」など身体接触の機会の多いものや,「いつ・どこで・だれが・どうした」などの,とにかく笑えるもの。

　また,休み時間を十分に確保するように努めました。授業のチャイムが鳴って,教室へ帰るのが少し遅くなっても,2〜3分くらいなら目をつむりました。そして放課後も,最終下校時刻さえ守れば,時間いっぱい遊ばせるよう心がけました。

2　ものづくり

　自分の技能で製作可能な内容であり,それが,楽しかったり,何らかの形で自分のためになるのであれば,体(手)を使って物をつくるという活動をいやがる人はほとんどいません。取っつきは悪くても,たいていの人が熱中してしまうものです。食べ物づくりなんてことになったら,もうやらずにはいられません。

　学校でやるものづくりは,「他愛のない遊びごとだ」とも言えるでしょうが,友達といっしょに楽しく何かを作るという活動には,単なる遊びごとを超えた大きな意義があると私は思っています。材料を取り合ったり交換したりする,作り方のこつを教えたり教えられたりする,1人ではうまくできないところは手伝い合うなど,およそ,子どもたちの人間関係づくりには欠かせない活動が自ずから含まれるからです。

　べっこうあめ*,ポップコーン*,プラバン*,エンゼルウイング,切り紙*などをやりました。

3　たのしい音楽授業

　学年1クラスずつの私の学校には,音楽専科の先生はいません。ですから,音楽も担任が授業するというのが原則です。しかし,音楽については全く素人の私ですから,細かい音楽理論など

はできるだけさけ，とにかく集団でたのしく歌ったり，演奏したりする音楽の授業を組み立ててみました。その授業運営法は以下の通りです。

・音符カードでゲームをする。

　音符カードと階名カードを裏がえしに伏せてばらまき，2〜3人組で，トランプの「神経衰弱」と同じように遊んでもらう。教師はその間に，CDの曲を自動演奏できるようにラジカセに「プログラム入力」しておく。これまでに学習した曲を「積み木」方式に繰り返し歌ったり，演奏したりできるようにする。1学期の終わりになっても，「さくらさくら」を歌うことになるが，こんなときには適当な時期で一段落させればよい。

・自動演奏に合わせて，歌ったり，リコーダーやピアニカで演奏をする。

　新しい曲を学習するときにも，CDラジカセの自動演奏は強力な武器となります。「リピート」機能を使って，同じ曲を3〜5回繰り返すようにセットしておき，最初は聞くだけ，次は小さい声でいっしょに歌ってみて……というふうに，だんだんと新しい曲になじんでいけるようにします。このとき，決して「伴奏用」の曲を選んではいけません。必ず「歌唱入り」を選びます。子どもたちの歌や演奏が格段に上手に聞こえて，お互いに気分よくできるからです。

・「音楽の学習」（ワークブック）や簡単な音楽理論の学習をする。
・輪唱や踊りながら歌う，「たのしい音楽」のプログラムを実行する。

　「ハローハロー」「毛虫が3匹*」「かえるのうた」「大工のきつつき」など

　このパターンは子どもたちからもかなり支持されました。声を出して歌う，手拍子をする，体を使って表現するといった活動を，

友達とそろえてすることによって，一体感とか安心感とかいった心理的な安定を感じられるようになるのではないかと思います。音楽は音楽であって，「音学」ではありません。「授業」ではありますが，「かごめかごめ」や「はないちもんめ」のように，本来なら遊びの中で経験していたような内容をもっともっと取り入れることが必要なのでないでしょうか。けっして「音楽家養成講座」のような時間であってはならないと思うのです。

ただし，このような音楽の授業も，私が素人だったからできたとも言えます。専門的にやっている先生なら，このような授業運営法など，受け付けないのがふつうかも知れません。

結　果

さて，以上のような「よく学び，よく遊ぶ」という，単純かつ大胆な対応によって，子どもたちの様子やクラスの雰囲気は，どうなったと思いますか。予想してみてください。
ア．いじめやいざこざが減り，明るい雰囲気になった。
イ．遊びほうける子が増え，収拾がつかなくなってしまった。
ウ．以前とあまり状況は変わらなかった。
エ．その他。（　　　　　　　　　　　　　　　　）

1　学ぶ

漢字の「積み木テスト」の効果は比較的はやく現れました。新学期から2か月もたった6月の半ばには，特別に漢字の苦手な子数名をのぞいて，漢字練習に対するアレルギー感はなくなってきました。「先生，漢字積み木テストはええな。宿題で100字も200字も書かんでええけん」という声さえ聞かれるようになったので

す。労力の割には，定着がいいものですから，支持されたのだと思います。この学年で身につけるべき漢字が100％身についたとは言えませんが，2学期初めに行われる全校一斉漢字テストでは，特に事前の特訓をしないでも，学級の平均点が80点を超えるという結果になりました。これは，学年当初の状態から考えると，たいへんな進歩です。

　また，文章の音読する力も，1学期のうちにかなり上達しました。もともと彼らには文章を読み取る力がかなりあったのだと思われますが，音読中心の国語の授業や他の教科での音読を通じて，それがうまく引き出せたのだと思います。初めはとてもたどたどしかった読みが，言葉のまとまりを考えて区切りながら読めるようになり，そのことが正しい読みとりにもつながったのだと考えられます。

　計算や数学的な考え方などの力についても，全体的には向上してきたという実感はありました。しかし特に遅れの大きい数人の子と，半数くらいの子の「加減のもとになるような計算が苦労なくできるような力」のなさなどから，1年間かかってもこちらが期待したような成果が現れず心残りでした。

2　友達関係・いじめ

　リーダー格の女の子明美さんが「私といっしょに遊ばないと，仲間はずれにするよ」と，クラスの女の子たちに圧力を加えていたという件ですが，5月初めの家庭訪問の際には，3〜4人の女の子の親ごさんから苦情を聞きました。「何とかしなければ」とは思いながらも，事実関係をもっと多くの子どもから聞き取りながらクラスの様子を観察し続けることしかできず，1学期間に具体的に対応できたことは，やはり「よく学び，よく遊ぶ」でした。

　ところがこれだけでも，以前苦情のあった親から「このごろ，

子どもが家に帰ってから，友達とのことで，あまり（親に）相談しなくなった」ということを，1学期末の個人懇談会の際には聞くことができたのです。これは，女の子たちの人間関係がかなり改善されつつあることを表しています。そこで，さらに明美さんの親に対しても，「この件の事実関係とクラス内の現状とを率直に話す」という，いわゆる生徒指導的な対処をしてダメをおしました。

11月末の明美さんの誕生会には，それまで無理やりに従わせられていた女の子たちがたくさん招待され，お互いが本当に気持ちよくすごすことができたようです。そのことは，2学期末の個人懇談会の際に，招待された女の子のお母さんから聞いたのですが，それを聞いて「これならひと安心」と胸をなで下ろしました。

女の子たちの関係が改善されるのに従って，男の子も含めた学級全体の雰囲気が本当に明るくなってきました。授業中に笑い声やふざけた言葉が飛び交うこともありますが，それらも，学年当初とくらべると，明らかに質が変わってきたのです。間違いをあからさまに非難するとか，揚げ足を取るような発言が影を潜めました。そして，もうひとつ大きい変化は，学年当初には自分の発表したことに対して笑い声が少し起きただけで，怒ったり泣いたりしていた子どもたちが，そんな友達の声を「冗談」として受け止められる余裕が出てきたことです。これは，授業中の笑いや非公式な発言さえもが，子どもたちの人間関係の潤滑油となりつつあることを表しているのだと思います。

3 「集団」の変容

11月も半ばのある日のこと，クラスの子どもたち28人のほぼ全員が，放課後にキックベースを始めました。これは劇的といえる出来事でした。さらに次の日には，朝早くから登校してきて，始

業前にすでに半数くらいの子どもたちが集まってやっているのです。その日は放課後にもまた，特別に用のない子たち20人あまりが集まって，集団で遊んでいました。私が何か指示をした覚えはありませんし，もちろんいっしょに遊んで，そのきっかけを作ったわけでもありません。

　何人かの子に，どういうわけなのか聞いてみたところ，あゆみさんという1人の女の子が言い出して，何となく，しかし全員がなかよく集団遊びをするようになったとのことなのです。この子は学習面の遅れや家庭環境により，どちらかといえば疎外されやすいのですが，スポーツは得意で，そういった面ではリーダーシップが取れる子です。

　いじめられた子もいじめた子も，運動の得意な子も苦手な子も，とにかくいっしょに，しかも薄暗くなるまで遊び続けているのです。忘れていたものを取り返すかのような「迫力」さえ感じました。しかも，この「集団」が健全だと感じられた要因は〈出入り自由〉というところです。何人かの核になるような子はいるものの，その日の自分の都合に合わせてメンバーがいつも入れ替わっているのです。さらに他の学年の子まで混じっていっしょに遊ぶようにもなったのです。変な束縛がない集団，本来の遊び仲間というわけです。私も，この様子を見ていて「もう大丈夫だろう」と安心したのでした。

　この集団遊びは，冬場にはサッカーになりました。寒い北風の中でも，朝早くから，そして放課後も下校時刻ぎりぎりまで，来る日も来る日もクラスの半数以上の子が集まってボールを追って走りまわっていました。そしてこのころから，授業中の発言も，だんだんと解放された（本音の）ものになってきたように思います。

最後に

この後，欠席数も，インフルエンザが流行した時期以外は5月や6月のようなことにはなりませんでしたし，給食を食べるのも（成長とともに食べる量が増えてきたこともあってか）時間内に終われるようになってきました。

さて，ここまで来たら万事OKと思ったら，そんなに学級経営は甘くなかったのです。「目に見える」部分は，ほかの先生方との関係もあってなかなかうまくいかないのです。

遊びに熱中しすぎたために，「授業開始に遅れる子が多い」とか，「昼休みに体育館の陰でかくれんぼをしているのは，生徒指導上問題がある」とか，「遅くまで4年生があんなにたくさん（幼稚な遊びをして）残っているのは，家の人も心配するからいけない」，さらには，「授業中にたのしそうだ（騒がしい）」などです。これらすべてが面と向かって指摘されたことではないのですが，先生方との雑談の中で，何となくそんなことを感じました。

しかし，そうしたことは，いまのところどうしようもありません。それにこれらは「批判」ということではないのかもしれません。

私の見るところ，この1年間で1人1人の子どもやクラス全体の雰囲気は，かなり改善されてきたと言えます。しかし，私ができたのは，1～2年生の敗戦（やるべきことをやっていなかった）処理がやっとだったという感じがします。本来，低学年のうちにもっともっと経験させておくべき事柄（よく学び，よく遊ぶこと）を先送りしたことが，このような事態を招く大きな原因のひとつではないかと思います。目に見えること（同僚や管理職を気にした，見栄や体裁）ばかりに気を取られて，「衣食足りさせずして，礼節ばかりを説く（香川の浜崎泉氏による）」ような教師による弊害が現れているのではないかと思うのです。

今回の学級（授業）経営にあたっては，目に見える現象を問題にしたいわゆる「生徒指導」的な対応を，できるだけ排除しましたし，私の「人柄」とか，「熱意」に左右される内容や子どもたちの情に訴えるような指導は，できるだけさけてきたつもりです。ですから，今回の実験にあたっての仮説
　「よく学びよく遊べば，崩壊しかかったクラスも立ち直る」
に基づく実験（実践）結果は，このクラスだけで成り立つものではなく，かなり普遍性がありそうだという実感があります。他のクラスにも適用できる方法のように思われます。困ったクラスの担任になったときには追試してみてください。

＊

　現在5年生になった彼らの，学校でのくらしぶりはどうなったと思いますか。担任の先生は，いわゆる「生徒指導に熱心な指導」をする方で，整列のしかたや給食の配膳の様式などに厳しい指導をする場面をよく目にします。

　昼休みなどの様子を見ていると，昨年度受け持っていた子たちが，以前と同じように，大勢で楽しく遊んでいる様子を見ることができます。私の教室にやって来ていろいろ話をしてくれる子もいますが，例のいじめの件も，再発はしていないとのことです。「宿題が多い」とか「押しつけがましい注意をされるのがいやだ」なんて不満を言う子もいますが，その子たちにしても，「まあ，仕方がないから先生につき合ってあげている」といった感じなのです。ずいぶん大人になったものです。

　一度楽しいことを知ってしまったら，そして，ちょっぴり冗談の分かる柔らかな頭と，「いいかげんさ（よいかげん）」を身につけた子どもは，少々の不満があっても，変な状態にはもどりにくいということでしょうか。〔子どもの名前は仮名です〕

付録　私の学級経営メモ
「やらなくてもいいこと・やってはいけないこと」

●やらなくてもいいこと
　その先生の教育原理に従って決めればいいことで，普遍的でないこと。担任が代わったとたん，2～3週間で消えてしまうような知識や習慣。学校における世間体に類することなど。
・手を後ろに回して先生の話を聞かせたり，「○○だと思います。みなさんどうですか」「はい，いいでーす」といった発表のパターンなど，過度の授業規律をしつけること。
・給食の美的配膳と，必要以上の清潔指導。
・生徒指導上のルール違反をしてしまったときのやり直し。
　　……その場で注意すればよい。
・朝の会や帰りの会に，教育的意義を見いだすこと。(生徒指導の月目標や週目標を，朝の会などで唱えさせたりしなくてもよい)。
・昼休みに，運動場で子どもと一緒に遊んでやること。
・宿題

●やってはいけないこと
　やり手のベテランの先生の中にその方法を使っている人がいるため，それを目指す若い先生としてはどうしてもやってしまいたいが，こうすると確実に子どもとの関係が悪くなる。それに，世の中では常識でない前近代的な指導の方法。
・教育上それほど重要ではないこと(忘れ物が多い，整列のしかたが悪いなど)に対して，「毅然たる態度」をとって指導をする。
・子どもに100%を強要すること(作文や絵の仕上げ，ワークブック類の消化，そうじのできばえ，持ち物の管理など)。
　　……完璧をねらって，それまでよりも悪くなることが多い。
・漢字や計算といった学習に関する内容を，忘れ物や迷惑行為などの生徒指導上の罰に使う。

- チャイム着席を子どもに要求しておいて,自分はしばしば遅れて教室へ行く。
- 教師の下働き及び,教師のいないときの取締役としてのリーダーづくり。
- 食の細い子や好き嫌いのある子に,泣かせてでも給食を食べさせる。
- 休み時間を削ってまで,全校での行事（草抜きや体育的活動）をしばしば設定する。
- 学習内容を完全に消化させるために居残りをさせているのに,先生が教室にいない。
- 職員室であめやクッキーがしばしばまわってくるにもかかわらず,学校に不要なものをもってこないように徹底した指導をしようとする。

▶参考文献

* 〈よみかた授業プラン〉……山本正次『よみかた授業プラン集』（仮説社（以下同）,2200円）。山本正次「声をだして〈よむ〉ことをもう一度考えよう」『たのしい授業プラン国語1』（2000円）
* 「たんけん宝島」……岩瀬直樹「宝島をたんけんしよう！」『たのしい授業プラン国語2』（2000円）
* 「ウソの作文」……『たのしい授業プラン国語1』
* 「べっこうあめ」「プラバン」
 　　……『ものづくりハンドブック1』（2000円）
* 「ポップコーン」「切り紙」
 　　……『ものづくりハンドブック4』（2000円）
* 「プラバン」……『ものづくりハンドブック1』（2000円）
* 「大騒ぎの〈じゃんけん電車〉」
 　……『教室の定番ゲーム2』（1500円）
* 「輪唱〈毛虫が三匹〉」
 　　……『たのしい授業』No.136,1994年1月号（563円）

いつも子どもの気持ちよさを中心に

● 定番メニューの研究と仮説実験授業

(初出No.100, 91・3)

伊藤恵 東京・国立第四小学校

〔これは1990年3月に東京都西多摩郡で行われた「定番メニュー研究会」での講演で,小川洋さん(東京・昭島市東小学校)がまとめてくださった記録をもとに編集部で再編集しました〕

1 定番メニューと仮説実験授業との関わり

「〈定番メニュー〉みたいなことの位置づけをしてくれるといいなぁ」と小川さんから話があったんで,私自身いろいろ考えていることや,仮説実験授業との関わりみたいなことも話したいと思います〔仮説実験授業については,110ペ参照〕。

ところで,仮説実験授業というのを全然知らないという方がいますか?(2人,手があがる)お〜,2人いるネ,すばらしいネ〜(笑)。そういう2人にいきなり〈定番メニュー〉と言うと,「いろんな授業や給食とかそうじとか生活指導とかをどうこなすか」みたいな話になるんじゃないかと思われるかもしれませんが,「定番メニューと仮説実験授業がどういう関わりがあるか」という話もしていきたいと思います。仮説実験授業ってのを全然知らない人に,いきなりそう言ってもなかなかムズカシイものがありま

すけドネ。

　仮説実験授業というのは〈科学上の基礎的概念とか原理・法則を感動的に教える授業〉で，1963年に板倉聖宣という人が提唱したものです。〈授業書〉というものを使って授業を進めていきます。これを使えば〈8割以上の子どもたちが楽しいといってくれるような授業が実現可能〉で，ベテラン・新卒に関係なく楽しい授業が実現可能になるようにできていて，「それを使ってマニュアル通りにやればうまくいく」という形になっています。

　仮説実験授業は科学っていうすぐれた文化遺産に基づいていますから，すぐにマネができる。つまり，伝える内容と方法がしっかりしている。仮説実験授業研究会ではだんだんしっかりした文化を築いてきた。たとえば，科学といえば仮説実験授業，また社会科学のプランもできてきてて，絵の方では〈キミ子方式〉っていう誰でも描ける方法がある。そういう「しっかりした財産」がまずあって，その他もろもろの細かい生活指導の問題とか，他の楽しい授業のプランみたいなものも考えていけるんだと思います。

　これらはまぁ，仮説実験授業みたいに「授業書があって学年を問わずできる」というわけにはいかなくとも，限界をはっきり決めて，「だいたい小学校のこの学年だったらこういうことがうまくできる」という授業プラン，ちょっとした工夫みたいなものをちゃんと財産として作っていこうじゃないかというのが，今回の「定番メニュー研究会」の主旨なんです。

2 伝承されないベテランのやりかた

　定番メニューについて考えるときに一つ言えるのが，「ともかく，こういうのはすごく伝承しにくい」ってこと。

　私は仮説実験授業がやりたくてセンセーになったわけで，「他にもいろんなことをやらなくっちゃいけない」ってことを全く考

えてなかった。今思うとおそろしいものがありますよね。もう席替え一つとっても，悩む。給食とか掃除のやらせ方でも，わからないから能率が悪い。能率が悪くなるとゆとりがなくなってくるから，子どもを叱りとばしてやらせるとかいうふうになっちゃう。

　一方，ベテランといわれる人たちってのはともかく手際がいいんだよね。なんかいやにクラスがまとまって楽しそうで，能力ありそうなセンセーっていたりするのよ。そんならば，「こういう能率のいい掃除のやり方がある」ってちゃんと伝承されていいはずなんだけど，教育の世界では伝承されにくい。やってる人にとっちゃ当たり前になりすぎてることだから伝わりにくいんだけど，実はそういうことの中に，ボクたちもマネできてネ，少なくとも子どもとマズイ関係にならないみたいなことだってあるわけです。

　教師の仕事ってのは，「授業で子どもたちを楽しませること」が重要なんだけど，けっこう授業以外のこともバカにできないんだよね。だって，仮説実験授業のときは「まちがえてもいいんだよ」ってニコヤカな感じでやってるけど，掃除のときはもう叱りとばしてる，ほかの授業のときはまちがったらイカッてる，とかね。そうすると子どもは「あのセンセー，仮説のときだけはまちがってもいいとニコニコしてるけど，他では全然認めてくれないじゃないかー」となっちゃう。いろんな面で矛盾してくると，やっぱり子どもも迷うと思うのね。センセーの考え方がフラフラしてると。そんなんだったら，カンとか能力に頼るんじゃなくて，ベテランの人のやってる方法を伝承してたら，ほんと，新卒の人なんかも苦労しなくてすむと思うのね。

③ 自由か束縛か？

　たとえば新しいクラスをもつたびに「席替えはどうしようか？」とかけっこう悩む。クラスによっていろんな状況があると思うん

だけど，とかくこちらに方法論がないときは「子どもの要求通りにやる」「子どもの自由にさせよう」と思いがち。でも，自由にさせるとメチャメチャになって，かえってひどい状況を生んでるってことが多い。私なんかも高学年持ってたとき，「今まで自由だったからそうさせろ」って子どもが言うわけね。実際は自由だった結果，男女がメチャメチャに分かれて，イジメが起こったりしてるという状態だったんだけど。

やっぱり「子どもにとって，先ゆきこの方がうまくいくという見通しがたつときは束縛したほうがいい」ってこともたくさんありますよね。それも，仮説実験授業をやるなかで，だんだん私が身につけてきたことのひとつだって思うの。仮説実験授業の場合，〔問題〕で選択支を選ばせて予想をたてさせるまではすごく束縛しちゃいますよね。で，そのあとの〔討論〕では自由にさせる。

だから席替えも，子どもの自由にさせないで無理やり並べちゃう——方法はくじびきとかいろいろあるけど——その方が最終的にみんな仲良くなったりするのね。そういうのも実験してみなきゃわかんない。実験してみて，だんだんいい方法をみつけていけばいいんじゃないかと思います。

4 習熟の楽しさに気づく

あと思うのは，私は小学校のセンセーだから，「楽しい授業をしたい」ってのがあるけども，同時に〈習熟の問題〉ってのがすごくある。中学でもあるよね，受験があるから。

習熟させるとき考えるのは，「せめてラブレターが書けるようになってほしい」ということがある。すべての文章の基本はラブレター——伝えたい相手がいて，書きたいから文章を書く。そのときに，書けないとかわいそうだと思う。それから，「金でだまされるなよ」（笑）というんで，お金の計算だけはできるようにして

あげたいと思う。

でも，新卒のころは「漢字なんか書けなくてもいい」と思ってたね。仮説実験授業の革命的なところ——近代科学の伝統にたちかえって昔の科学者がやったように授業を進めるという方法が全然新しく革命的に思えたので，イッキに私「進歩的なセンセー」になっちゃったの。だから，暗記させるとか漢字の書き順教えるとかが無意味に思えていた。そうすると子どもたちは習熟しませんわね，力入れてないから。

だけど，仮説実験授業をやる中で，段々だんだん「習熟ってのも大事だなー」とすごく思うようになってきた。習熟というより暗記だね。「暗記するのが楽しい」という子もいるというのがすごくわかってきた。仮説の授業書にもいくつかタイプがあって，たとえば〈空気の重さ〉は「空気の重さを計るまでに自分がいろいろ想像したり，方法を考え，構築していく」という感じがありますね。そういう抽象的，哲学的なものが好きな子がいるかと思うと，暗記がすごく好きな子もいるんですよね。〈もしも原子がみえたなら〉という授業書だと，「酸素原子が2個くっつくと酸素分子になる」というように暗記の要素があって，こういうのを喜ぶ子もいる。とにかくすごく覚えたがる。それを見ていて，「暗記するってのも楽しいことなんだなー」と逆にわかってくるんです。

空気中の原子が見えて何の役に立つか？——見えなくても別に生きていけるんだけども，世界観が広がるというか，なんか楽しい。暗記にもそういう種類のものがある。たとえば九九。小学生のとき，私は九九の意味ってのが全然見出せないでいたの。で，ある日うちのおじいさんからこんな話を聞いたのね。戦争に行ったときのことなんだけど，倉庫に荷物がいっぱい積んであるんだって。で，「アメリカ人はバカだぞ〜」って言うのね。アメリカ人は荷物を一個一個数えてたんだって。で，うちのおじいさんが「タ

テかけるヨコ」でパッと総数をだしたんだって。「そしたらアメリカ人が感心した」(笑)という話を聞いて，はじめて九九を覚える気になったね。

　だから，なんでも暗記させればいいというもんじゃないけれど，〈暗記するのに値することもある〉ということだよね。意味のないことを暗記させると，それもすごく苦痛。〈暗記の楽しさ〉にも限界はあるわけです。

6 習熟からめばえる愛もある？

　いろんな楽しみかたがあっていいし，「有能になる楽しさ」もあるんですね。たとえば，「水・金・地・火・木・土・天・海・冥」ってあるでしょう。これ覚えて，何になるのかなって気もするけれど，カシコクなった気もたしかにするでしょ。

　小学校も5年を持つと，地理があるからすごくイヤなんですよね。高校になってやっと東西南北がわかった人ですので。だけど子どもは県名を覚えるのはすごく好きで，白地図配って毎回テストをやるわけです。授業の最初に「10分で覚えろー」といって，それからイキナリ紙配ってすぐテスト。すると，どんなにできない子でも少しはできるでしょ。ちょっと覚えたような気になるでしょ。隣同士で——男女の仲が悪かったからムリヤリ束縛して男女を隣の席に並べたんだけど——問題出し合わせるの。「隣がもしも前よりよけい覚えてたら，それはそのお隣の人の貢献だから」と言って隣もほめてやったりする。するとお互いすごく協力するじゃない。「隣のおかげで進歩した」といって喜んでいる男もいるわけ。それで次第に愛がめばえたりするわけでしょ（笑）。

　仮説実験授業ってのはやっぱり，かなり哲学的な感じがするのね。たとえば〈宇宙への道〉みたいなのをやると「お〜，宇宙にくらべて，なんて人間はちっぽけなんだ」とか，テツガクしてる

ような感想が出るでしょ。で,たとえば「サソリの標本」(『ものづくりハンドブック1』仮説社,参照)なんかだと,5円玉がゴムで巻いてあるだけのオモチャなんだけど,開けると「ギャ〜ッ」とするわけ。一見くだらなさそうだけど,楽しい。

「楽しさにはいろんな種類がある」ということは板倉聖宣さんも『たのしい授業の思想』(仮説社)という本に書いてて,板倉さんはそういうのを「心にゆとりをもたらす楽しい授業」って言ってんのね。かならずしも,哲学的,芸術的じゃなくとも「子どもがどういうことを喜ぶのだろうか」というところから考えていって,「授業書」までいかなくても,ネタみたいな財産が築けるんじゃないかと思うんです。

それが要するに,仮説実験的な考え方ではないだろうかとも思います。「こういうことやったら子どもが喜ぶんじゃないだろうか」という仮説を先生が立ててみて,「子どもが楽しんでくれたかどうか」を実験的に確かめていく。「少なくとも半数以上の子どもが楽しんでくれたか?」というような基準をもうけて。

6 合理的な生活の方法を教える

ところで,こと生活指導に関することになると,「掃除や給食のやり方なんて管理的だ」という議論になるんだよね。じゃあ,ただ「掃除やれー」といってうまくできるかというと,うまくできないのね。たいていきたないわ。ただ「遊べー」といっても,みんな飽きて帰ってくんのと同じで(笑)。すると,「キレイにやっておけと言ったじゃないか〜!」と叱ることになる。それより管理しちゃって早くきれいに掃除できる方がぜったいいいでしょ。

そういうのはどういうふうに位置づけるか? 私は〈合理的に生活する方法を身につけること〉と位置づけるといいんじゃないかと思う。「そんなのどうだっていいじゃんか」「見逃してくれよ

〜」(笑)とかいう人がいるかもしれないけれど,「生活の知恵」って必要だよね。生きていくうえであんまりとっちらかってたらイヤだよねー。いつも自分たちが入っていく教室きたなかったら,気分よくないよね,子どもたちだって。

　だけど,合理的にやれるとこっちにも余裕ができるじゃん。給食なんかでも,下手にやってるの見てるといらだつもんね。それは精神衛生上よくないですね,怒りをおさえているとどっかで爆発しますから。それだったら,ちゃんとやり方を教えた方がいい。〈人生をゆったりと豊かにすごす方法〉もばかにはできない。

7 子どもにとって楽しいかどうか

　ところで,ぼくたちってのは仮説実験授業というしっかりした核があって,ゆとりの部分でこういう〈定番〉とかを考えてるわけで,「掃除のやり方」ばっかり研究したら(爆笑),「なんのためにオメー学校のセンセーやってるんだ！」ということになっちゃう。ともかく小学校なんかだと,ただ子どもをイカリとばして迫力だけでやってく人とかいるでしょ(笑)。なんか,子どもがもう逆らえないようなオーラが出てて(笑),クラスも一見うまくまとまってるけど専科時間に荒れてるとか――そういうのもベテランというんだよね。だけど何も能力が伝承されてないんだよ。若い人だったら,「こういう授業やりたい」というのがあっても,生活指導に困っちゃうと,授業をやる前に迷っちゃうよね。「授業のときは楽しいけど,子どもが荒れている」ことだってありうるわけだから。

　だから,「そういう技術におすがりしたい」というのもわかるし,下手に子どもを押さえつけてるだけよりは技術にはしる先生の方がよっぽどいいかもしんないよ。

　じゃあ,どこが違うかというと,「センセーがこっちの方向にも

っていきたいから」というんじゃなくて,「子どもにとってどうか？」が基本にあるのがやはり仮説実験授業的だと思うのね。〈定番メニュー〉の問題を考えるときにも〈子どもにとって気持ちいい〉ってのが一番だと。やはりいつも子ども中心に考えたい。それが仮説実験授業の中に流れる〈たのしい授業の思想〉だと思うんです。要するに評価論が全然違うね。「体裁よく整えたい」というんじゃなくて,「子どもの気持ちよさ」を中心にすえる。その評価論抜きにやっていくと,〈定番メニュー〉もイッキにおかしな方向に行きますから。「見栄えのいい板書のしかた」とかさ（笑）。

　だけど,「子どもにとって楽しいこと」ってのは大人にとっても気持ちいいんで, そのへんはなかなか深いものがありますね。仮説実験授業は「だれにでもわかる」という考え方から出発してるでしょ。「大人の科学者たちが楽しんできた本格的な問題は, 子どもたちだってぜったい楽しめる」というのが根底にある。そういう人間に対する信頼がまずある。

　子どもも大人も楽しい。そしてお互い関係がよくなることって, 仮説実験授業の思想と深く結びついている気がします。そういうふうに他の授業以外のバラエティーなことも考えていくと, 下手に「ま, 仮説実験授業さえやってればいいや」と硬直してやっていくよりは, よっぽどクラスが民主的な感じになるかもしれないよね。

8 目に見えやすいのが習熟の成果

　あとね,「自分が仮説実験授業をやる中でかわってきたな」ということを話したいと思います。私はさっきも言ったように, 新卒の頃は「進歩的なイキオイ」のあまり, 習熟させることに意味を見出せなかった。そうするとどうなるかというと, 親から文句が来たりすんのね。子どもたちは仮説を楽しんでくれてるんだけど。

中学校のセンセーでも，進歩的なセンセーだと「受験は敵だー！」という考え方になるでしょ（笑）。「受験勉強なんか意味ないわー」といって仮説実験授業ばっかやってて，不合格者がいっぱい出たらどうする。他人の人生に責任とれませんから。そんなんだったら，硬直せずに受験勉強をちゃんとやればいいんだよね。

　たとえば，「元素記号の面白い覚え方」が『たのしい授業』に載ってたりする。別に知ってても悪くないからさ，そういうのが大事だなと思ったら，キチッとやってあげれば子どもだって安心するよね。だけど，そういうのが最初なかなかわかんなかったんだよね，私の場合「やりたいこと」が多すぎたんだね。「まったく無い」という人も困るんだ，これが（笑）。

　でも，小学校っていいのね。高学年になると「やっても無意味かな？」っぽいのが教科書にあるんだけど，中学年まではかなり「知ってると生活に役立つな」というのが多い。低学年では，とくに私は漢字とか計算をかなり習熟させますね。

　どうするかというとドリルをやる。もう反復練習ね。高学年でもあてはまるけど，国語ではほとんど毎日漢字テスト。算数は毎日計算テスト。ここまで繰り返しやれば，もういいかげん覚える。

　たとえば仮説実験授業とかで哲学的にすばらしい授業やってても，「哲学ってのは伝わりにくい」ってのがある。考えが深まったかがどうやって他人に見えるかというと，これがなかなか見えにくい。だけど技術の習得はパッと伝わりやすいから，そういうところでしっかり習熟させとけば親も安心してくれるのね。

　かといって，無理やり暗記させられるとイヤでしょ。ぜったい成果があがるような，成果が見えるような方法がいいのね。ともかく「覚えたら，即テスト」。漢字なんかも宿題にしちゃう人がいるんだけど，学校でまず練習させちゃうといいんだよね。練習して確実に点数があがると，子どももうれしいじゃん。

ただでさえ学校の役割がなくなってきているんだから，せめて習熟はさせて，それで哲学的な意味ぶか～い授業もやる。もうこうなると「こわいものは何もなくなる」という気がします。

9 音読も自己表現のひとつ

仮説実験授業のとき，討論のときとかは発言しないけど，問題文を「読みたーい」って子いるでしょ，不思議に。問題自体が楽しいからってのもあるけど，「ここで出番だぞ」ってヤツもいるんだよね(笑)。「小学校の国語では音読がすごく大事」ってのも仮説実験授業から学んだことなんです。最初，私ね，「自分が本読むとき，いちいち音読なんてするか！」と思ったのね。電車の中で声出しながら本読んでたらブキミだよねー(笑)，『カラオケの上達法』とかさ。

板倉さんが「授業書の問題文やお話を読むとき，先生の範読のあと何人かに読ませるといい。すると何か所かつっかかるところがある。そこは子どもがその言葉を知らないか意味がわからないところだから，ていねいに説明するといいですよ」と言ってたのね。「あっ，そうかー」と思ったね。国語でも，音読してて新しい言葉が出ると子どもは悩むじゃない。「雑木林」をザツボクリンと読むとか(笑)。ま，それは冗談だけど。だから，つっかかったところは必ず説明してあげるとかする。

子どもが「読みたい，読みたいー」っていうのは，「それって自分を表現したいってことなんだよ」とは山本正次さんという大阪の国語の先生が言ってることで，「なるほど！ 授業書を読むときといっしょだなー」と思いました。それで仮説実験授業の〔問題〕も「あっ，読ませりゃいいじゃん」と，どんどん読ませる感じになりました。

だから国語も，最初に漢字をやって，あとはガンガン読ませち

ゃう。そうやってくと，かなり読解力がついてくる。読解力といっても「深く心情を読みとろう」とか「バアさんの心情をくみとる」とかは (笑)，私の場合おいといて——それから先の深読みは個人の勝手だからね。「バアさんのやさしさを読み取れー」というと急に道徳教育になりますから，必ず限界というものをもうけておきます。

　低学年のときは大きい声でガンガン読ませるといいのね。「まちがえてもいいよー。はずかしくないからねー」というふうに。実際，まちがえてもおっきな声で読めたら「オ～，いいじゃん」という感じでやる。おっきい声で気持ちよく読めると，ひとつ子どもが発散できるでしょ。そういうのも，細かいことだけど大切だなーと思っています。

＊　＊　＊

　話が散漫になりましたけど，ともかく〈お互いが気持ちよくなる方法〉〈教師がラクにできる方法〉で考えていきたい。タイヘンだとマネしたくなくなりますから。ともかく，こっちが思ってるよりも〈いろいろな楽しさがある〉ということね。

　仮説実験授業をやってると，教科書がすごいバカらしくなるときもある。だけど，低学年なんかだと，理科で「オモリをいれると上から下に降りていく」という当たり前な工作でも，子どもたちは「つくりたーい」っていうもん。そういう楽しさもバカにしちゃいけないんでね，「これは技術を習得する授業だ」と考えてやってやる。

　仮説実験授業をやっていく中で，「こういうことをやれば楽しくなるんじゃないか」と自然に予想できるようになっていく。仮説実験授業やったことのない人にとくに言いたいのは，そういう勘がよくなるためには仮説実験授業をまずやったほうがいいのね。それはすごく思っています。

担任の仕事

山田正男
愛知・名古屋市立緑高校
(初出No.149, 95・1)

今年は高校3年生の担任をやっていますが、とても気持ちよくやれて、気分よく学校へ通っています。(高校教師を19年、9回目の担任です)「担任というのは、気持ちよいクラスにするのが仕事だ」とボクは思うのですが、どんな事をすると気持ちよくなるのか？ 誰にでもやれて、しかもやれば必ず効果があると思っていることを二つやっています。

一つは「席替えを毎月やる」こと。竹内徹也さん（天王寺商高）に教わってから（『たのしい「生活指導」』仮説社）、くじ引きで毎月やることを宣言して、機械的に決めています。くじは専用の番号ふだを作って、箱の中に入っているくじを各自順番に取り出します。「席を選んでいるのは自分だ」という感覚があってよいのです。前方の席に当たっても、ひと月たてば変わるので文句はでません。逆に、座席はいつも前のほうがいいという人もいて、その8人は別枠にしてあります。

もう一つは「黒板をきれいにする」こと。授業に来た先生が教室に入ってまず目につくのは黒板ですが、これがきれいだと教科担当の先生に気持ちよく授業をやってもらえるのではないか。そうすれば、何となくクラスの雰囲気はよくなるのだから、「黒板をきれいにするのは担任の仕事だ」とボクは思っています。朝のホームルームのとき、黒板をふいて、下にたまったチョークの粉をはきよせるだけですから、時間もかかりません。

ところが、今年は朝だけでなく何時間目に行っても黒板がきれいなのです。「3Gは黒板をなめたようにきれいになっている」と言ってくれた先生もいました。4月にクラスの係を決める時に、「何かやりたい係があれば作ってもかまいません」と言ったら、西川郁乃さんが「黒板係」というのを作って、やってくれているのです。

いつもきれいな黒板を見て、「黒板がいつもきれいだというのはとても大事なことだ」と初めてぼくは気がついたのです。

現在、ボクに残されている仕事は「そっと黒板ふきクリーナを手入れする」ことぐらいです。

（初出No.43, 86・9）

雑用

「雑用」を考える

山路敏英　東京・葛飾区金町中学校

「最近，雑用が多くて……」というセリフがある。ふつうは，そう言われると，〈この人は自分のやりたいことが，雑用に追われてなかなかできないのだな〉と思い，「いそがしくてたいへんですね」などと儀礼的に答えるのです。「雑用ってどんなことですか？」などと聞こうものなら，「雑多な用事で，いちいち言ったらきりがないから雑用というんだ！」としかられてしまいます。「ボクは雑用について考えているんです」なんて言うと，よほどのヒマ人と思われてしまいますが，ボクはそのヒマを少しでも作りだして仮説実験授業（詳しくは110ペ）をしたいので，雑用について考えるのです。

雑用でない仕事とは　雑用について考えるには，雑用でない仕事を考えると，はっきりしてきます。うまい言葉が見つからないので，この「雑用でない仕事」に「主用」と名前をつけることにしましょう。

では「教師にとって主用は何か」を考えてみましょう。

社会的には，教師は子どもたちにガクモンを教えるのが仕事であるということで通用しています。すなわち，教師の主用は授業であ

るわけですが，実際，学校の中で同業者としてのセンセイの言葉を観察してみると，どうも，授業を主用としている人は少ないようです。1日5時間の授業を こなしている といえばたしかに主用 ですが，〈どの仕事に 一番エネルギーを ついやしているか〉という見方で主用を考えると，あるセンセイは主用がクラブ活動，あるセンセイは学級担任，あるセンセイは生活指導，ある先生は学年会・職員会と，さまざまに主用がわかれてしまうのです。

教師にとっての雑用　主用が さまざまでは 雑用は もっと さまざまで，まさに雑用であ〜る。なんて，これでは考える意味がありません。

そこで，ガンコに，「教師の主用は 授業であ〜る」という 立場からだけ考えてみることにしましょう。

しかし，それにしても教師にとって授業以外の仕事——すなわち雑用——はなんと種類の多いことでしょう。しかも，もっともらしい名前がついているから思わず雑用であることをわすれてしまいます。学級指導，進路指導，生活指導，給食指導，安全指導，清掃指導，ゴッツイ名前がついていますが，授業でなければようするに雑用であるわけです。

その〇〇指導という名の雑用に主に情熱をそそいで，生きがいとしているセンセイは，授業には情熱をそそいでいないような気がしてきます。学校の外から見ると，まさに反社会的なセンセイということになってしまいます。その点では仮説実験授業（以下，⑯と略）教師は，「授業以外はすべて雑用」と考えるので，実に社会的に通用するセンセイということになります。

雑用処理の原則　では，その⑯教師にとっての雑用はどのように考えて処理したらよいのでしょうか。

雑用という言葉の中には「大切でない」とか「しかたなく」という意味が含まれているように思います。だから雑用という名の仕事

は大切にしないこと，しかたなくさっさと終わらせる，ということを頭においてやっていくこと，これが㊷教師の雑用処理の原則です。

大切な仕事・大切でない仕事

「雑用は大切でない」などというと，マジメな先生方からおしかりを受けます。「教師の仕事はすべてが教育活動で，どんな雑用も子どもたちのためであり，どれも大切な仕事なのだ」と。

しかし，ちょっと考えてみてください。「大切」とはどのような意味があるのかを。

あのことが大切だ，ということは，同時に，他のことは大切ではない，と言っていることと同じことです。そうすると，ぜんぶ大切だ，というのは，ぜんぶ大切ではない，と言っているのと同じことになります。

一人の人間の能力には限界があります。だから，大切にできることは1つ2つでしょう。あれもこれもぜんぶ大切だと思ってハァハァしながら，みんな中途はんばに大切にするというのは，実は何も大切にしていないのと同じではないでしょうか。

もういちど雑用のイミを考える

ここまでくると，じつは，雑用とはもともとなくてよい仕事である，という結論になります。このもともとなくてもよい仕事に不用（不要ではない）という名前をつけましょう。つまり，雑用 イコール不用，というわけです。

では，なぜそんな不用を多くの人々（教師）が考えだし，作りだしたのか，ということになります。そんなものを作りだすのはアホ（差別用語——というコトバも差別用語だね）の仕事デアールと考えるとおしまいです。そうなると，日本中の学校や教師はみんなアホで救いようがない——そんな結論にまですすんでしまいます。

しかし，多くの人々が，その不用である雑用を熱心にやっているのは，それなりに，理由があるからだと思うのです。

それは，雑用という言葉のイミを常識的にとらえているからだと思うのです。常識的なイミとは，
　　「雑用とは，主用をなしとげるための必要欠くべからざる，
　　準備と，あとしまつ」
ということだ，と思うのですが。
　うーん，もっともだ。やっぱり雑用というのは，大切で必要なものだと思うのです。

雑用の迷路　でも，なぜその雑用が，不用にまで手足をのばし，迷路のように入りくんでしまうのでしょうか。

　ひとつは，主用が何か，ということを一時的には「授業である」と思っても，その授業がたのしくないために，自分にとっては主用とは思えなくなってしまう，ということがあると思うのです。
　人間というのは，何かひとつぐらいたのしみがないと生きていけない。そういう高等な動物です。
　仕事がたのしくない，という人は興味あることをたのしむし，仕事がたのしい，という人は仕事の中の何か一つのことがたのしい，というのがフツーの人です。
　そして，教師にとって何がたのしい仕事かというと，たいていは授業でなくて，クラブ活動や生活指導になるというわけです。
　クラブ活動の何がたのしいかというと，「イヤなやつは来ない」「エリートだけで命令によくしたがう」だからおもしろい。生活指導の何がたのしいのか。うまくいかないときは子どもをいじめるたのしみ。たまにうまくいって，非行少年が立ちなおる。そのささやかな善意と淡い期待のたのしみ。そんなことがあると思うのです。
　それがたったひとつの仕事のたのしみ，とすると，その人にとっては主用になるわけです。そうなると，「授業が主用」という意識が少なくなり，何が雑用かという意識もうすくなります。だから，何が「必要欠くべからざる準備とあとしまつ」か，わからなくなります。

そんなときには,自分のまわりの人たちがやっている仕事をまねしていれば安全ということになります。ところが,そのまわりにいる人々も何が雑用か,はっきりしないので,心配であらゆることをやろうとしています。結局,ぼう大な不用を全職員一致して雑用と思いこむことになります。
　これが「雑用でいそがしい」職場の実態なのです。

仮説教師の雑用　　㋲教師にとって何が不用を含まない雑用なのでしょうか。

　まず,「仮説実験授業が主用」なのですから,
　　　「雑用とは,仮説実験授業をなしとげるための,必要欠くべからざる準備とあとしまつ」
ということになります。
　それは,授業書をえらぶこと,実験材料をそろえること,予備実験をすること,授業書を印刷すること,……などのことです。
　そして,いざやってみると,この雑用までたのしいのです。だから,ついにこれも雑用ではなく,主用に思えてきます。また,どれも大切だと思えてきます。もう,雑用と主用の区別は必要としないのです。あるのは主用と不用の区別だけ,ということになります。
　だから,㋲教師は,
　　　「教師の仕事はすべて教育活動(仮説実験授業)で,どんな雑用も子どもたちのためであり,どれも大切な仕事である」
というマジメなセリフを堂々といえるのです。

　　　　　　　　　　＊　　＊　　＊

　日本全国の㋲教師のみなさん！　あわだたしい毎日の仕事の中から,何が無意味な仕事か見つけだし,上手に切りすてて,短い教師生活を たのしく すごそうでは ありませんか！　あなた一人 ぐらい「授業書だけ」——という人生をおくっても,学校はつぶれたりしません。

㊙ 雑用処理マニュアル

　雑用の中の不用（前記）といっても，そう簡単に切りすてられないのが浮世の常。ぜんぶ切りすてては給料がもらえなくなることもあるし，ぜんぶやるなら仮説実験授業の教師でなくたっていいわけです。

　そこで，この雑用の中の不用も，浮世にあわせて分類して，切りすてかたを考えましょう。

　分類その1　義務としての不用

　これをしないと法律や条令にイハンしてしまうこと。

　〔例〕指導要録，年間指導計画，出席簿など公簿の作成。

　　切りすてられないので，つぎのことを頭においてやる。

　① 時間をみじかく，エネルギーを少なくさっさと。

　　（早く終わってもヒマそうな態度をとらないこと）

　② 美しい仕上がりを求めたり，他人からホメられることを期待しない。

　③ 管理職をめざしていない先輩のセンセイのマネをする。

　④ ムカシの資料のマネをする。

　分類その2　義理としての不用

　これをしないと，父母・職員・管理職からヒンシュクをかい，立場がなくなること。

　〔例〕通知表の作成，校務分掌，学年分掌，学校行事の分担など。

　　切りすてられないものについては「分類のその1」と同様。

　⑤ だれかがやればよい仕事のときは，「そのだれかは，自分ではない」と思いこむこと。

⑥　自分の信用を少しずつなくしていくこと。

その具体策は超マル秘なので,いくらボクでも公開できません。各自で研究してください。

分類その3　他人の趣味としての不用

これをしないと,他の職員から白い眼で見られ,たまに苦情が耳にはいり,いごこちが悪くなること。

〔例〕「共通理解」「共通行動」という名の,学校または学年ごとの病的流行任務,など。

つぎのことを頭において行動する。

⑦　「あまり乗り気ではない」という態度は表に出してよいが,カッカしてギロンするのは時間のムダ。

⑧　流行だから,いずれ下火になる。嵐のすぎるのを「やるふり」をしながら待つ。

⑨　自分より先におちこぼれる勇者がたいてい一人ぐらいいる。

分類その4　自分の趣味としての不用

これをしないと気分が悪い,という習慣的または発作的仕事。

〔例〕　子どもにたいする〇〇点検,テストの得点分布表作成や偏差値の計算,補習やのこり勉強のめんどう,朝・帰りの会の形式的長時間化,など。

⑩　やらないと……子どもたちがよろこぶ!

⑪　もう,勝手にしてください。これでいそがしい人にはボクは興味がありません。

* 　* 　*

さて,こんな分類も不用の上級者コースを紹介して終わりにします。

⑫　すべてわすれる,すべてあやまる,すべて他人の善意にすがる。そのセコさを気にしない。

これができたら,もう,あなたは仮説実験授業の仙人!!

教師, こんなとき嫌われる?

●山路さん、小原さんに学ぶ「教師の嫌われる条件」とその対策

(初出No.271, 03・9)

山路敏英 東京・足立区扇中学校
小原茂巳 東京・羽村市羽村第二中学校
編集 中 一夫 東京・福生市福生第二中学校(当時,昭島市昭和中学校)

　「教師,こんな時嫌われる?」というテーマで,僕〔中　一夫〕がすぐに思い出す文章が2つあります。それは山路敏英さんと小原茂巳さんの文章です。今回はそれにボクの考えをつけ加えて,みなさんにご紹介したいと思います。

　まず紹介する山路さんの話は,僕が仮説実験授業を始めて間もない頃に講演されたものです。

　この講演の中で山路さんは,仮説実験授業を始める前の授業の様子,子どもたちとの関係を語ってくれているのですが,ちょっとビックリするくらい悲惨な授業の様子や子どもから嫌われた先生の姿が伝わってきます。それが今の山路さんの姿とあまりにも違うから,今と当時の違いを生んだ原因を知りたくなります。もちろん,仮説実験授業の存在が今の山路さんを生んだのでしょうが,この講演で山路さんは,仮説実験授業に出会う前だったから,ということ以外に,「自分が子どもに嫌われた

301

理由」を整理して3つ挙げてくれています。

　それは何だと思いますか？　あなたならどういう理由を思いつくでしょう？　まずは，自分なりに予想をしてみるといいと思いますよ。さて，それをこれから山路さんの講演記録で紹介しようと思います。ボク自身，この山路さんの話をいまだによく思い出します。それほど役に立つことだと思うので，みなさんも，たのしみに読んでみてください。　　　　〔中　一夫〕

教師が嫌われる3つの条件
（『教師論再入門』（丸屋剛編のガリ本）より，中再編集）

山路敏英

　最近になって，子どもに嫌われる原因が分かってきたんです。僕がやっていた「三悪」というのがあるんですね。「〈これをやったら嫌われる〉という三つの悪いこと」ですね。

その1：他の先生に子どものことをチクル
　一番目は，「自分の授業での子どもとのトラブルを担任にチクル」ということです。
　僕が教室に入ると，「起立！　礼！」ってかかるでしょ。そこでふつう生徒は「おはようございます」と言ったり，言わなかったりです。けど，僕の授業の時は，そこで僕のあだ名を言うんです。

号令係の子が「礼！」と言うと，声を揃えてみんなで「タコ坊！」って言うんです（笑）。僕のその当時のあだ名は「タコ坊」と言って，ちょっとおでこが人より広かったからだと思いますけど……。ほとんど僕はバカにされていたんです。授業中でも教室の後ろでプロレスをする子どもたちもいました（笑）。また，僕が「じゃあ，この問題をやれ！」と言うと，優秀な生徒がその問題をパッパッとやって，問題の解答を教室中に回すんです。それをみんなで写す。だから，すごい早さで問題は終わるんです。そのあと，みんなでワーッと騒ぐ。

　もっと最悪の場合だと，強い子が弱い子に「お前やれ！」とか言って，強制的に問題をやらせて，できた問題用紙に自分の名前だけ書いて出すの。僕はそういう現場を見ると，当然怒るんです。でも，僕が怒っても彼らは「タコ坊」と言って，全然だめなの。

　で，僕はどうするかと言うと，担任にチクルのね。告げ口をして，「担任の先生，何とかしてください」と言うんです。けど，そうすると，ますます事態は悪くなるだけです。担任の先生が，そういうことに慣れた先生だと，逆に僕が言われます。だいたいこういうことを言われます。

　「あなたの授業なのだから，あなたの責任でなんとかしないとダメですよ。私があなたと子どものトラブルのことで，子どもたちの前に出て学級担任として何か指導したら，その時は子どもは私の言うことは聞くかもしれません。けれども，その後のあなたと子どもたちとの関係は最悪になりますよ」

　その時も，そんなことを言われました。けれども，その当時の僕は，言われたことの意味が全然わからなかったんです。それで，

「担任のくせに何もしないのか。ウルセエ！　クソジジイ！」と，激しく怒りました（笑）。

その２：態度をコロコロ変える
２番目は，「僕の態度がコロコロ変わる」ということです。

たとえば，学年会でいろいろと子どもたちのことについて決議がありますよね。「この頃，子どもたちの服装が乱れている」「この頃，遅刻が多い」なんていう問題が次々と提起されて，「服装の違反を重点的に指導しましょう」とか，「ちゃんと遅刻を取り締まりましょう」という決議が学年会で決まることがあります。

そこで担任として自分のクラスで遅刻について指導するんですが，１カ月もたたないうちに次の指導をしなくてはいけないテーマが出てきます。その前までガミガミと子どもたちに言っていた遅刻のことはすっかり忘れて，違うことを注意し始める。「この頃，火災報知機をイタズラする子どもがいるので注意しましょう」と学年会で決まったら，今度はそればかり。子どもたちに指導することがコロコロ変わるんです。

僕はマジメですから，コロコロ変わる学年会の決議にそのつど合わせるんです。学年会の態度がコロコロ変わるように，僕の態度もコロコロ変わるんです。そうなると，僕は子どもからまるっきり信用がなくなります。それはそうですよね。１カ月毎に子どもたちに言うことが違うんですからね。

その３：熱心でしつこい
３番目は，「熱心でしつこい」ということです。

その頃の僕はマジメだから，一生懸命，非行少年に説教をするんです。子どもたちがいけないことをしたら，すぐ職員室に呼んでいっぱい説教をしました。これで徹底的に子どもたちから嫌われたのね。僕は子どもたちのためにと思って熱心でしつこく説教したのに，徹底的に嫌われたので，くじけちゃって死にたいと思いました。
〔以上，山路敏英〕

●嫌われないための4つの条件

　この3つの条件を読んで，どう感じましたか？

　僕は「うん，うまくまとめてくれたよ，山路さん！」と思うのです。けれども，山路さんの文の引用を上のところで終わらせてしまうと，「じゃあ，嫌われないためには，どうしていけばいいのか？」と思う人が多いでしょう。やっぱり，そうならないためのうまいやり方が知りたくなります。

　実は，このあとの文には，山路さんが仮説実験授業と出会って，子どもたちを弾圧できなくなったり，コロコロ態度を変えられなくなった自分のことが出てきます。そして，学年会の決定や生活指導にもセコク逃げ回る様子が書かれています。

　それも一つの道かとも思いますが，今の山路さんや僕などのやり方とはちょっと違う感じもするので，引用はあえて以上のところまでにさせてもらいました。

　さて，出てきた3つの嫌われる条件の中で僕が一番心あたりのあるのが，3番目の「熱心でしつこい」という点です。生理的に嫌われたりすることなどもありますが，どうも一番多いパターンはこれではないかと，ちょっと前から思っています。

たとえば，ふだんつきあっていて，けっこうやさしくて人あたりもよく，子ども想いにみえる先生でも，子どもたちにすごく嫌われていることがあります。なぜ，そんなに子どもに嫌われているのか，不思議に思ったりすることがあるのです。
　よく原因が分からないので，僕の母で，ベテラン教師でもある中　和子さん（元中学校教師）に相談してみたことがありました。和子さんの答えははっきりしていました。

> 　うーん，たぶんその先生，〈しつこい〉んじゃない？　教えることなんかにしても，〈これもちゃんと分かるようにしないといけない〉とか思って，分からない子がわかるまでずーっとやるとか，相手がいやがっているのに〈これも相手のためだ〉とか思ってくどくどと話をしてるんじゃないの？　いい人でも嫌われるという先生は，そういう人が多いわよね。
> 　だいたい，「何のために勉強するんだ？」なんて思ってる子に，そんなくどくどやってもダメだわよね。ドリルみたいな感じでサッサと進んじゃった方がいいわ。
> 　子どもが問題起こした時だって，そんなに長く説教してみたって変わるもんじゃないし，〈早くおわらないかなー〉って思ってるだけだもん。「分かったか？」なんて聞いたり，分からせようとしたりするより，早く終わらせて「これからがんばれな！」みたいな感じであっさりした方がいいわ。
> 　熱心な人だけでなく，「教師はこうあらねばならぬ」ってけっこうみんな思ってるから，みんなしつこくはなりがち

よね。

「なるほど」と思えるベテランの言葉でした。これを聞いて以来，僕は自分だけでなく他の先生と子どものトラブルがあった時は，「しつこさ」という言葉がすぐ浮かんでくるようになりました。

けど，それだけでは具体的にどんなことをしていけばいいのか（しないでおけばいいのか），はっきりしません。かえって困ってしまう人もいるでしょう。そこで，もう一つの文章，小原茂巳さんの「この4つで，子どもたちとちょっぴりイイ関係」（初出，『たの授』92年4月号，No.114，小原著『たのしい教師入門』（仮説社）にも収録）を紹介します。

なお，ここで紹介できるのは，最初の部分だけです。この後の文章にも詳しい説明が挙げられているので，ぜひ，小原さんの本を手にとって，この章（同書147ペ）を読んでみて下さい。なお，タイトルは中が改題しました。　　　　　　　〔中　一夫〕

最悪の関係を免れるためには

（『たのしい教師入門』
　　　「この4つで，子どもたちとちょっぴりイイ関係」より）

小原茂巳

最悪の関係だけは免れたい

子どもたちとイイ関係を作るには，そりゃーなんといっても子

どもたちに喜んでもらえることをするのが一番。たとえば，授業。うんっ，できたら一時間でも多く，子どもたちに歓迎されるようなたのしい授業ができるといいな。たのしい授業でたのしい関係――これが教師と生徒のイイ関係の基本かな。

　ところで，現場の常識では，子どもたちに歓迎されるようなたのしい授業の実現ってなかなかムズカシイ！（でも，実は誰〔僕〕だってできちゃうたのしい授業があるんだよ。ここでは詳しく紹介できないけれど，その名前だけは教えてあげるね。それは，カセツジッケンジュギョウ）

　僕だって，教科書の授業で，教える内容に自信がなかったりしている時なんて，ほんと冷や汗タラタラさせながら授業してる。「う〜ん，ほとんどの子どもが退屈そう，つまらなそう……あくびしてる……あ〜，これじゃー，俺，喜ばれるどころか，どんどん嫌われそ〜！」。

　そこで，まずは，「僕たち教師が子どもたちに嫌われるという最悪の関係を免れるためにはどうしたらいいのか？」について，ちょっぴり考えてみようと思うのです。

　僕が，現在思いつくのは，次の４つのこと。
　①授業延長しない（チャイムで直ちに授業をやめる）。
　②急に指名しない（恥をかかせることはしない）。
　③注意する時はしつこくしない（過去の事例を持ち出さない）。
　④「大人に失礼かな」と思うことは，子どもにもしない。

　とりあえず，この４つをしないだけでも，子どもたちとの最悪の関係におちいらない，あるいはそんな関係から脱出できるような気がするのですが，いかがでしょう。　　　　　　〔小原茂巳〕

● ボクがつけたす「嫌われないための条件」プラス１

　この小原さんや山路さんの文には，これ以上つけたすことはない感じがします。けど，ワープロの前に座っていたら，「そういえば僕が最近気にしていること，気をつけていることがもう一つあったなー」という気がしてきました。そこで，ちょっとその話を最後にしておきたいと思います。

　それは，「聞いてみないとわからない」ということ。

　最近，毎日のように親や子どもと話をしなければならないことに巻きこまれているのですが，そんな中で改めて，「聞いてみないとわからないものだ」ということを痛感しています。

　「あの子はこうだ，こうに違いない」とか，「こんなことをしてた」などという間接的な情報や意見がいっぱい耳に入ってきますが，ていねいに本人に確かめてみると，事実はまったく違っているということが実に多いのです。先生たちの間でも「あの子がこんなことをした。大変だ！」などと大きな声で報告があったりしますが，そんなときにきめつけた対応をしたら，子どもが反発してかえってたいへんな状態になった，ということもありました。

　そういう時も，他の先生の話だけをうのみにしないで，「とにかく本人に確かめてみる」ということの大切さを感じます。「まず話を聞く」という姿勢があれば，相手も素直になってくれます。少なくとも，思い込みでいきなり叱ったりするより，ずっとよく話を聞いてくれるし，「さらなるトラブル」も減ること間違いないと思うのですが，どうでしょう？　　　　〔中　一夫（1996.12.20）〕

●大学生に聞いてみました

どんな先生が嫌われる？好かれる？

（初出No.271, 03・9）

小原茂巳 東京・羽村第二中学校

●予想以上に歓迎されたアンケート

　僕は，非常勤で講師をしている明星大学での「理科教育」の時間に，「どんな先生（授業）が嫌われる？」「どんな先生（授業）が好かれる？」というアンケートをとってみました。

　教室にいる約80名の学生たちは教職課程をとっていて，将来は小学校の先生になることを希望している学生たちです。僕はそれまでの５回の講義で，主に「たのしい科学の授業＝仮説実験授業」を紹介・体験してもらってきたのですが，６回目のとき，ちょっとだけ時間を割いてもらったのです。

　　アンケートのお願い
　　みなさんは，小・中・高・大学と数多くのいろんな先生と出会ってきました。そして，生徒としてたくさんのさまざまな授業を体験してきました。その経験をもとに〈生徒の立場〉

から次のアンケートに答えてください。なるべく具体的に書
　　いてください。(いくつ書いてもかまいません)
　　（1）こういう先生は生徒に嫌われる
　　（2）こういう先生は生徒に好かれる
　　（3）こういう授業は生徒に嫌がられる
　　（4）こういう授業は生徒に喜ばれる

教師を約30年やってきて，僕自身は「こんなことをする（しない）と生徒に嫌われる・好かれる」といういくつかの具体例は頭にあったのですが，それがさらに明確になって役立つだろうなーと思ったのです。それに，学生たちにしても，自分だけの好き嫌いでなく〈一般的にどんな先生が生徒に嫌われている（好かれている）のか〉が見えてくるので，興味を示してくれると予想したのです。

僕としては，思いつき程度のアンケートだったのですが，学生たちはけっこうニコニコ顔で，中には友だちと相談しながら回答している学生もいます。

　　これから教師をめざす僕にとって「好かれる先生・嫌われ
　　る先生」はすごく興味があります。今まで，大学でも，この
　　ような実践的に役立つ授業があってもよさそうなのに，無か
　　ったので，とても良い機会だと思いました。同じ教師をめざ
　　している他の人の意見も聞いてみたいです。そして，今後，
　　必ず役に立つような気がします。(西留弘蔵)

僕としては，「こんなことに時間をとって，ごめんね」という

気持ちもあったので，よろこんでいる学生たちの姿をみて，新鮮な驚きを感じました。教員を目指す学生たちにとって，かなり興味のあるテーマだったようです。

● **「教師」に対する評価は具体的**

さて，7回目の講義では，アンケートの結果を示しながら，いつもの「仮説実験授業の紹介」とは違った，ちょっと「教師論」っぽい授業をしました。

「さぁー，みなさんが選んだ〈嫌われる先生〉のワースト3，〈好かれる先生〉のベスト3は，いったいどんな先生のことなのでしょう？」「特に，〈嫌われる先生ワースト1〉は，約80名のみなさんのうちなんと44名という多数によって選ばれていますよ。さぁー，どんな先生がう～んと嫌われているのでしょうね？　予想してみてください」と問いかけました。

これを読んでいるみなさんも，どうぞ予想してみてから，次の集計結果を見てください。(似ている内容を僕が判断して集計)

♠**こういう先生は「嫌われる」**

第1位　ひいきする（不平等，差別する）　　　　　　　　〔44票〕
第2位　自分の価値観を押しつける　　　　　　　　　　　〔19票〕
第3位　よく怒る（すぐ怒鳴る，頭ごなしに叱る）　　　　〔17票〕
以下，5～14票。「気分屋（機嫌の良し悪しを教室に持ち込む）」14票，「見下す態度（子どもを馬鹿にした言い方）」13票，「暴言・暴力」11票，「授業がつまらない」7票，「よく比較する（生徒間，クラス間，兄弟など）」7票，「悪いことばかり指摘」6票，「しつこい，うるさい」5票，「生徒と交流を持とうとしない」5票

♥こういう先生は「好かれる」
第1位　子どもの声（気持ち）を聞いてくれる　　　　　　　　〔40票〕
第2位　子どもの喜び，悲しさを共有してくれる　　　　　　　〔34票〕
第3位　ひいきしないで，それぞれを尊重してくれる　　　　　〔20票〕
　以下，5～14票。「たのしい先生。おもしろい先生」14票，「明るい，元気」13票，「たのしい授業をする」11票，「話しかけやすく，親しみやすい」10票，「いつも笑顔」8票，「叱ってほしいときにきちんと叱ってくれる」8票，「良いところはちゃんとほめてくれる」6票

　僕自身は，〈嫌いな先生〉として，「しつこい，くどい」「よく怒る」「ヒイキする」「いばる」「押しつける」などを予想していたのですが，「ヒイキする」が群を抜いて第一位であったことには驚きました。「う～ん，こんなにヒイキのことが嫌なんだー。これは改めてまじめに考えてみなくちゃー」と思ったのでした。

　それから，〈好きな先生〉の方では，僕の予想していた「子どもの声を聞いてくれる」「子どもの喜び・悲しみを共有してくれる」が一位二位に入っていて，うれしくなりました。

●「たのしい授業」の経験がなければ，評価はむずかしい
　〈授業〉についての回答はやや抽象的で，票も分散しています。
　それも当然でしょう。だって，多くの学生が，小学校から今まで，「あー，本当にたのしい授業だったなー」とか，「同じ先生なのに，内容によってはこんなにもたのしい授業になるんだー」という体験をしてなかったりするのですからね。
　それでも，仮説実験授業を数時間体験している明星大の学生たちの回答には，〈喜ばれる授業〉のベスト3に「たのしい授業」

「生徒が参加できる授業」「納得できる授業」が顔をそろえていて，うれしくなりました。

♠こういう〈授業〉は「嫌がられる」

第1位　先生が一方的に進める授業　　　　　　　　　　〔30票〕
第2位　教科書どおり（マニュアルどおり）　　　　　　〔19票〕
第3位　黒板の字をたくさんノートに書かせる授業　　　〔16票〕

　以下，5〜14票。「間違うといけない雰囲気の授業」14票，「説明が多い授業（たいくつ・眠い）」12票，「つまらない授業」12票，「突然指名する（ストレスになります）」10票，「終了時間を守らない（授業を延長する）」8票

♥こういう〈授業〉は「喜ばれる」

第1位　たのしい授業
　　　（子どもの興味をひく。ワクワクする。あきない）〔40票〕
第2位　生徒が参加できる授業　　　　　　　　　　　　〔33票〕
第3位　納得できる授業　　　　　　　　　　　　　　　〔19票〕
第4位　教科書にないことを教えてくれる　　　　　　　〔15票〕

　以下，5票〜14票。「間違えても恥ずかしくない授業」11票，「みんながわかるまで教えてくれる」6票，「グループ学習」5票

　考えてみると，仮説実験授業では，ワクワクするような〈学ぶに値すること〉を提供して子どもたちに歓迎されているのです。授業の中で〈子どもたちとたのしさを共有しあえる場面〉がしばしばあります。そして，〈子どもたちの声（評価）〉で授業の成功や失敗を判断していきます。〈先生が一方的にすすめる〉なんて，考えられません。また，〈差別〉とか〈価値観の押しつけ〉〈しつこい説明〉のような，教師の性格にかかわりそうなことも，授業書にしたがっていれば悩む必要がないのです。

　そう考えると，「仮説実験授業をする先生が子どもに慕われる

ことが多い」ということも、とてもよく納得できます。

● 「いい教師」とは「いい教材」を持ってくる人

「アンケートに答えてもらう」のも予想以上に好評だったのですが、その〈結果の発表〉がさらに好評だったことに、僕は驚いてしまいました。

〈嫌われる先生〉を発表したときなどは、多くの学生たちが、「あー、やっぱりね。ひいきがワースト１かー。私、予想通りだー！」「そう、そうっ、怒ってばかりの先生って嫌だよねー！」などとまわりの友だちと言い合っていました。〈喜ばれる授業〉を発表したとき、「あ〜、やはりベスト１がたのしい授業ね！だって、小原先生の授業、たのしいんだもの……」というささやきが聞こえてきて、僕は思わずニンマリしてしまいました。

ところで、こうしたアンケートの結果だけを頼りに「そういう先生にはなるまい」「こういう先生になろう」と心がけても、実際には「嫌われない先生」「好かれる先生」になれるわけではないでしょう。そこで僕は、学生たちに次のような話をしました。

＊＊＊

何といっても教師の一番の仕事は、子どもたちに〈役立つこと、喜んでもらえること〉を提供することです。「あー、この先生といるとたのしいことが学べるなー。新しいことを知ることができてワクワクしちゃうなー！」──そんなふうに子どもたちに思ってもらえる〈たのしい授業〉を提供できるといいですね。

その結果として、子どもたちから、「先生、いいこと教えてくれてありがとう」「先生、たのしいなー！」「先生、好き！」なん

て言ってもらえるかもしれません。もしそんなふうに言ってもらえたら，それこそラッキーというものです。

　〈役立つこと，喜んでもらえること〉を提供してないのに，子どもたちから好かれようと願うのは，図々しいというか，恥ずかしいことです。だって，八百屋さんが鮮度の落ちたまずい野菜やくだものを店にずらーっと並べておいて，人気のある八百屋さんになろうなんて，無茶な話ですもの。

　それでは，子どもたちに確実に〈役立つこと，喜んでもらえること〉ってどういうものでしょうね。その一番は何といっても「たのしい科学の授業＝仮説実験授業」です。これは，教師の側に〈子どもたちに喜んでもらいたい〉という熱意さえあれば，誰でもが真似できるように用意されている科学の授業です。この授業をみなさんにオススメしたいので，僕はこの講義でもってみなさんに実際に体験してもらっているのです。

＊＊＊

さて，こんなことを言う僕自身は，学生の目にどう映っているのでしょうか。気になる今日の講義の感想文は……。

> 　本当に楽しくて，楽しくて，授業が終わってしまうのが残念でなりません。これからも多くの子どもたちと教育を目指す学生に楽しい授業を伝えていってください。楽しい授業内容を伝えることが楽しい授業への道であり，楽しい教師への道なのですね。私もがんばって，そんな素敵な先生になりたいと思います。（小林由典　評価5）

　こんな感想をたくさんもらえて，僕はまさに，「ラッキー！」です。

学級担任ハンドブック

2006年4月1日	初版発行（2000部）
2012年6月30日	2刷発行（1000部）

編者	「たのしい授業」編集委員会／代表　板倉聖宣©
発行	株式会社　仮説社
	〒169-0075 東京都新宿区高田馬場2-13-7
	Tel.03-3204-1779　Fax.03-3204-1781
	E-mail：mail@kasetu.co.jp　URL＝http://www.kasetu.co.jp/
印刷	平河工業社／ダイキ　　　　　　　　　　　Printed in Japan
用紙	鵬紙業
カバー：OKトップコート菊Y76.5　表紙：OKサンカード菊Y14	
見返し：タントL-53四六Y100　本文：クリームキンマリBY65	

＊無断転載厳禁　　　　　　　　　　　　　　　ISBN978-4-7735-0191-9　C0037
価格はカバーに表示してあります。落丁乱丁本はお取り替えします。

仮説実験授業のABC

板倉聖宣著　Ａ５判　172ペ　1800円

いつもそばに置いておきたい基本の一冊。仮説実験授業の考え方，授業のすすめ方，評価論，授業書と参考文献の一覧紹介・入手方法まで。

仮説実験授業をはじめよう

「たのしい授業」編集委員会編　Ｂ６判　232ペ　1800円

仮説実験授業の基本的な進め方や役に立つ参考文献，授業記録など，役立つ記事を一冊に。すぐに使える授業書《水の表面》《地球》を収録。

仮説実験授業の考え方

板倉聖宣著　Ｂ６判　314ペ　2000円

「科学的に考える力を育てる」「教師のための基礎学」など，教育を根本的に考え直し明るく教師をつづけるための，具体的で刺激的な論文集。

子どもの学力　教師の学力

板倉聖宣著　Ｂ６判　195ペ　1800円

子どもたちの学力が低下しているって本当？　学力って何？　学力って本当に必要？　学力問題を根本に立ち返って論じた基本の１冊。

たのしい授業の思想

板倉聖宣著　Ｂ６判　346ペ　2000円

「たのしい授業」なしには，本当の意味での「子ども中心の教育」は実現しえない。「たのしい授業」とは何かを見渡す論文集。

科学と教育

板倉聖宣著　Ａ５判　238ペ　2000円

東大教育学部で行われた特別講義の記録。科学は誕生のときから「教育」と深く結びついていた。授業・教材論，テスト問題も掲載。

生物と細胞　細胞説をめぐる科学と認識

宮地祐司著　Ａ５判　238ペ　2300円

概念の形成過程にそって検証。その成果をもとに生物の分野で初めて作られた仮説実験授業の授業書《生物と細胞》。感動の研究物語を収録。

仮説社　　　＊価格は税別です

たのしい教師入門

小原茂巳著　B6判　236ペ　1800円
気楽に授業をたのしみながら生徒と仲良くなるためのノウハウを満載。これならマネできる！　これなら教師を続けられる！

これがフツーの授業かな　仮説実験授業中毒者読本

山路敏英著　B6判　222ペ　1900円
生活指導がヘタでも，暗くても，軟弱でもかまわない。フツーの人間にできる授業が一番。子どもが大歓迎するステキな授業記録をご紹介。

たのしくドリル・マッキーノ

「たのしい授業」編集委員会編　B6判　232ペ　1600円
マッキーノとはビンゴゲームの要領で暗記をしてしまうという，驚異のドリル学習法。他にも子どもから好評の各種ドリルを満載。

たのしい授業プラン国語1～3

「たのしい授業」編集委員会編　B6判　各2000円
授業の手だてと基本，よみかたプラン，作文，詩，俳句，1時間プランなど，国語を楽しくする方法をセレクト。すぐに授業で使えます。

よみかた授業プラン集

山本正次編著　A5判　254ペ　2200円
読むことを中心にした授業は，子どもに大好評。詩・説明文・童話など定評のある題材と，具体的な授業のすすめ方を収録。

たのしい授業プラン道徳

「たのしい授業」編集委員会編　B6判　252ペ　1700円
道徳は「どうすればより楽しく充実した人生が送れるか」を考える時間。押しつけを排除した授業プラン＆読本を収録。

だれでも描けるキミ子方式　たのしみ方・教え方入門

「たのしい授業」編集委員会編　B6判　325ペ　2000円
「三原色＋白で絵を描いてみよう／カット・デザイン・彫塑」……たくさんのモデルの描き方，たくさんの感動的な実践を収録。

仮説社　　＊価格は税別です

学校行事おまかせハンドブック

「たのしい授業」編集委員会編　Ｂ６判　284ペ　1700円
文化祭・運動会・修学旅行に入学式・卒業式……行事に関する記事が大集合。行事は面倒という人も，もっと工夫したいという人にも！

最初の授業カタログ

「たのしい授業」編集委員会編　Ｂ６判　275ペ　1800円
新学期は新しい出会いの季節。子どもたちとイイ関係をつくるための出会いの演出・授業の進め方などアイデア満載。一年中役立つ！

たのしい進路指導

中　一夫著　Ａ５判　205ペ　2200円
「進路を考えること」って，本当は夢のあること。ほのぼのとした話にタイムリーな情報を盛り込んだ〈進路だより〉１年分を収録。

たのしい「生活指導」

「たのしい授業」編集委員会編　Ｂ６判　291ペ　各1800円
無視できない「生徒指導」の問題。押しつけを排除した「生活指導」の実際を多数掲載。万引き・給食・席替え・掃除・いじめ等の対策。

教室の定番ゲーム１・２

「たのしい授業」編集委員会編　Ｂ６判　各1500円
お楽しみ会用から授業用，ドリル用まで，「子どもたちとのイイ関係」を基本にしたゲームを紹介。「楽しみ方・コツ」までガイド。

ものづくりハンドブック１〜７

「たのしい授業」編集委員会編　Ｂ６判　各2000円
作る過程も，完成品で遊ぶときも，とってもたのしいものづくりばかり！　学校で，家庭で，誰でもすぐに作れます。遊び方も紹介！

実験観察 自由研究ハンドブック１・２

「たのしい授業」編集委員会編　Ｂ６判　各2000円
研究の意味をわかりやすく説きながら，みんなが夢中になった研究の具体例を満載。これで「不自由研究」からさよならできる！

仮説社　　　＊価格は税別です